A LENDA de RUFF GHANOR

LEONEL CALDELA

A LENDA de RUFF GHANOR

VOLUME I

O GAROTO-CABRA

A LENDA de RUFF GHANOR

ILUSTRAÇÃO DE CAPA: Marco Teixeira
MAPAS: Vilmar Rossi Jr
PROJETO GRÁFICO, DIAGRAMAÇÃO E CAPA: André Carvalho
EDIÇÃO: Alexandre Ottoni e Deive Pazos
REVISÃO: Jair Barbosa
PRODUÇÃO EDITORIAL: Victória Cernicchiaro
EDITORA-CHEFE: Karen Soarele
DIRETOR-GERAL: Guilherme Dei Svaldi

NERD BOOKS

A lenda de Ruff Ghanor, Vol. 1: O garoto-cabra

PRODUÇÃO EDITORIAL

JAMBÔ

Rua Coronel Genuíno, 209 • Porto Alegre, RS
contato@jamboeditora.com.br
www.jamboeditora.com.br
@jamboeditora

2ª edição, 2ª reimpressão: dezembro de 2024 | ISBN 978658863490-5

C146l Caldela, Leonel
A lenda de Ruff Ghanor: O garoto-cabra, v.1/Leonel Caldela.
– Porto Alegre: Jambô Editora, 2024.
304 p.

1. Literatura brasileira — Ficção. I. Caldela, Leonel. II. Título.

CDU 794:681.31

Para Emília, por estar em sincronia.

PREFÁCIO

RUFF GHANOR FOI um acidente. Talvez seja a melhor forma de descrever a concepção do personagem, que aconteceu em uma sessão de RPG gravada e publicada em áudio pelo Jovem Nerd. O nome que deu título à aventura em podcast não foi pesquisado, não constava em nenhum roteiro nem eu o havia visto ou pronunciado antes.

"Em que reino nós estamos?" — perguntou um dos jogadores.

"Ghanor" — o nome despontou em minha mente sem qualquer explicação.

Ser surpreendido pelos jogadores com questionamentos e ações imprevistas é bastante comum para um mestre de jogo. A resposta deve ser rápida e coerente. É geralmente desses espasmos criativos que surgem os mais memoráveis momentos das aventuras imaginárias. No fim da sessão, Ghanor não era apenas um reino, mas também o nome de seu fundador, um antigo herói, uma figura lendária conhecida e venerada por todos, de nobre a aldeão. Nada disso fazia parte da aventura que vinha sendo narrada. Foi tudo tirado da cartola da criatividade no calor do momento.

Ruff Ghanor era um detalhe secundário. Uma vírgula narrativa para dar alguma profundidade histórica àquele universo fictício, protagonizado por um grupo de aventureiros. Porém, Ruff estava destinado a ser mais que isso. A aventura em podcast ganhou uma expansão na forma de um guia ilustrado, intitulado "Crônicas de Ghanor". Em uma página dedicada ao herói, Ruff ganhou um resumo mais detalhado de sua história e uma forma visual concebida pelo ilustrador Andrés Ramos, que fez com que ele deixasse de ser apenas um fantasma do passado.

Ruff Ghanor ficou interessante. Esses discretos novos parágrafos sobre o passado do personagem lá estavam por mera curiosidade. Mas foi como abrir um pequeno buraco no chão e ver a terra umedecer. Havia uma fonte d'água a ser descoberta. Só era preciso escavar mais. Haveria de fato uma boa história a ser contada ali? Era preciso encontrar alguém com talento na literatura fantástica e sensibilidade para compor uma narrativa compartilhada, uma vez que o universo de Ruff já havia sido bem definido em três aventuras de RPG em podcast e um guia ilustrado.

Leonel Caldela teve essa experiência com o mundo de Arton, romanceando o cenário de RPG brasileiro *Tormenta*. Além de talentoso, estava claro que sabia trabalhar bem com projetos de terceiros. Ele foi o primeiro e único candidato cogitado.

Foi uma relação de trabalho fantástica. Após pesquisar o material base, Leonel rascunhou uma grande sinopse, observando cuidadosamente todos os fatos descritos previamente sobre a vida de Ruff Ghanor e o histórico de seu mundo, e preencheu as lacunas magistralmente com novos elementos, personagens e tramas. Na condição de editores, eu e Deive Pazos nos reunimos mais uma vez com Leonel para fazer uma sintonia fina de seu texto com nossas expectativas. Foi um processo colaborativo incrível e senti-me honrado de participar dele, principalmente pela humildade e pelo profissionalismo de Leonel ao aceitar alegremente inúmeras sugestões nossas em um texto que primariamente era de sua autoria.

Ao retornar meses depois com um manuscrito da primeira parte, ficamos apreensivos e ávidos para devorá-lo. Um de nossos pedidos mais veementes ao autor era que o leitor não precisasse ter prévio conhecimento do universo Ghanor para ler esta história. É claro que os fãs do podcast reconheceriam personagens, lugares, acontecimentos, mas tudo isso deveria ser apresentado de uma forma que o mais leigo dos leitores pudesse compreender a trama por completo. Leonel cumpriu.

O que li foi surpreendente. Não estava apenas acompanhando a origem de um personagem curioso que aparecera no rodapé de uma sessão de jogo. Estava genuinamente apaixonado e envolvido por uma história fantástica e surpreendente. Até mesmo para mim. Leonel Caldela conseguiu mais que expandir, criou uma nova base para o universo Ghanor, com personagens verdadeiros e uma trama intensa que nos faz virar as páginas com voracidade.

Ruff Ghanor está vivo!

Alexandre Ottoni
Julho de 2014

SUMÁRIO

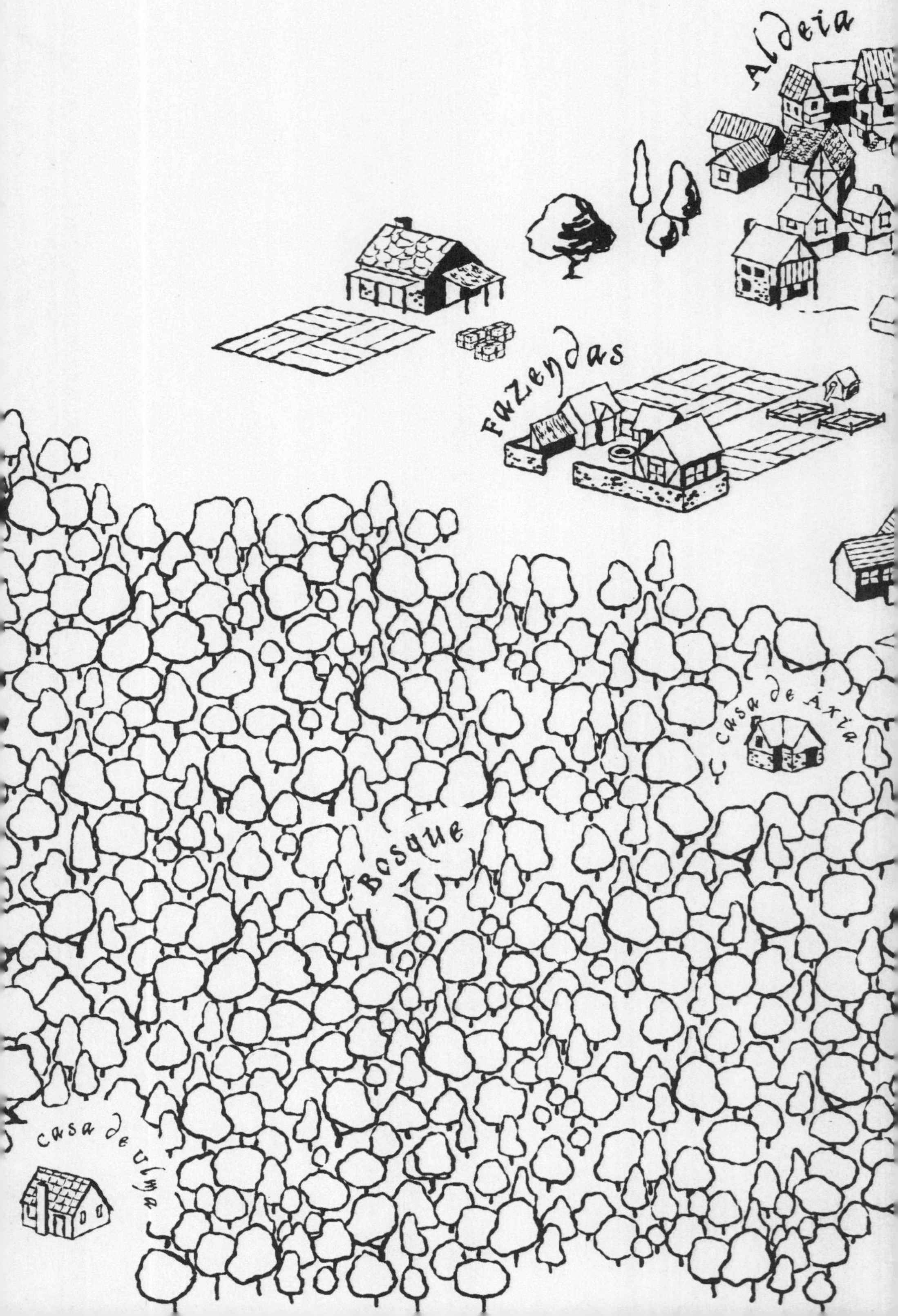
Aldeia
Fazendas
Casa de Áxia
Bosque
casa de Ulma

sopé da montanha
Mosteiro
Torre do sino
praça central
Estrada
O
S
N
L

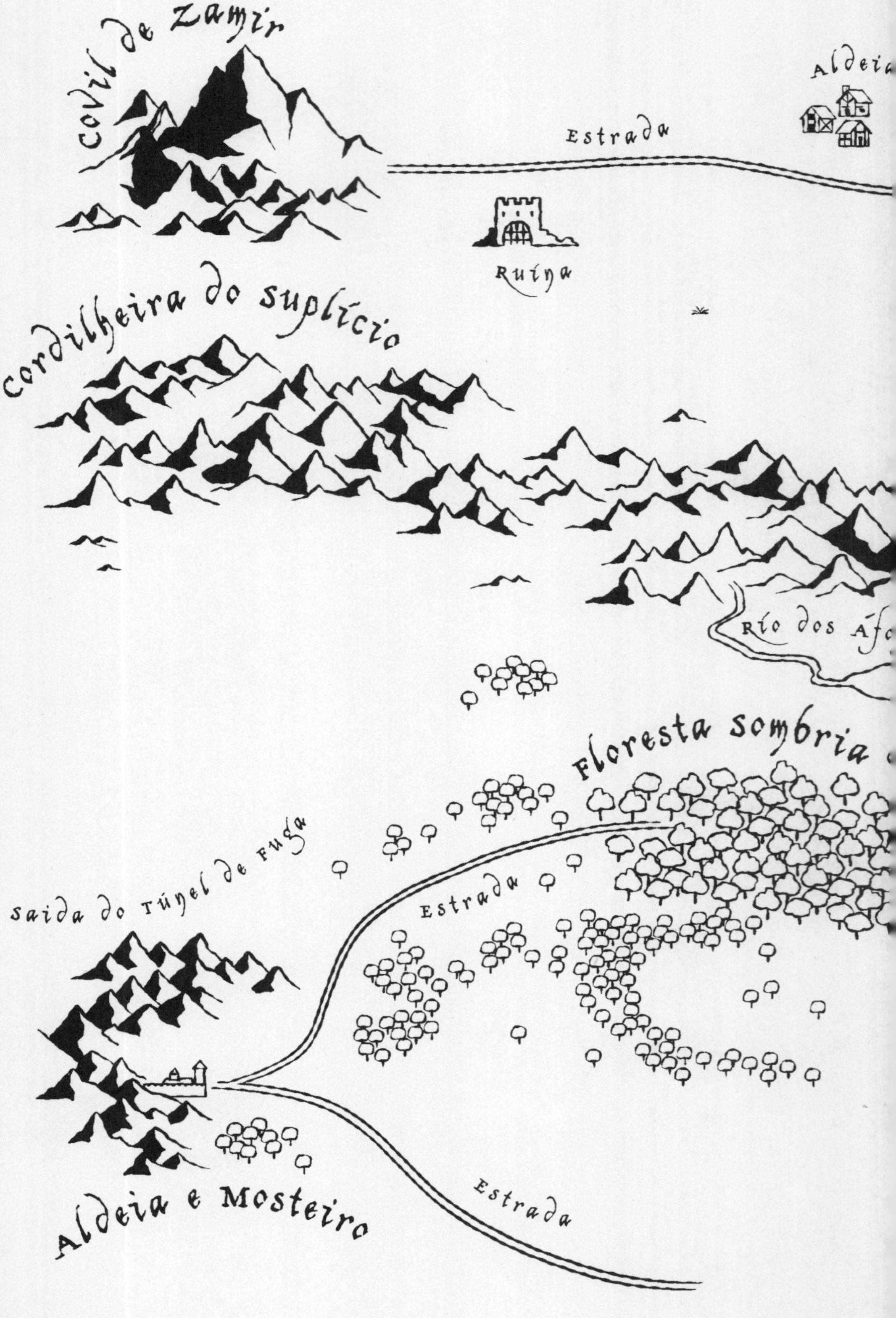
Covil de Zamir
Estrada
Aldeia
Ruína
Cordilheira do suplício
Río dos Áfo
Floresta sombria
Saida do Túnel de Fuga
Estrada
Aldeia e Mosteiro
Estrada

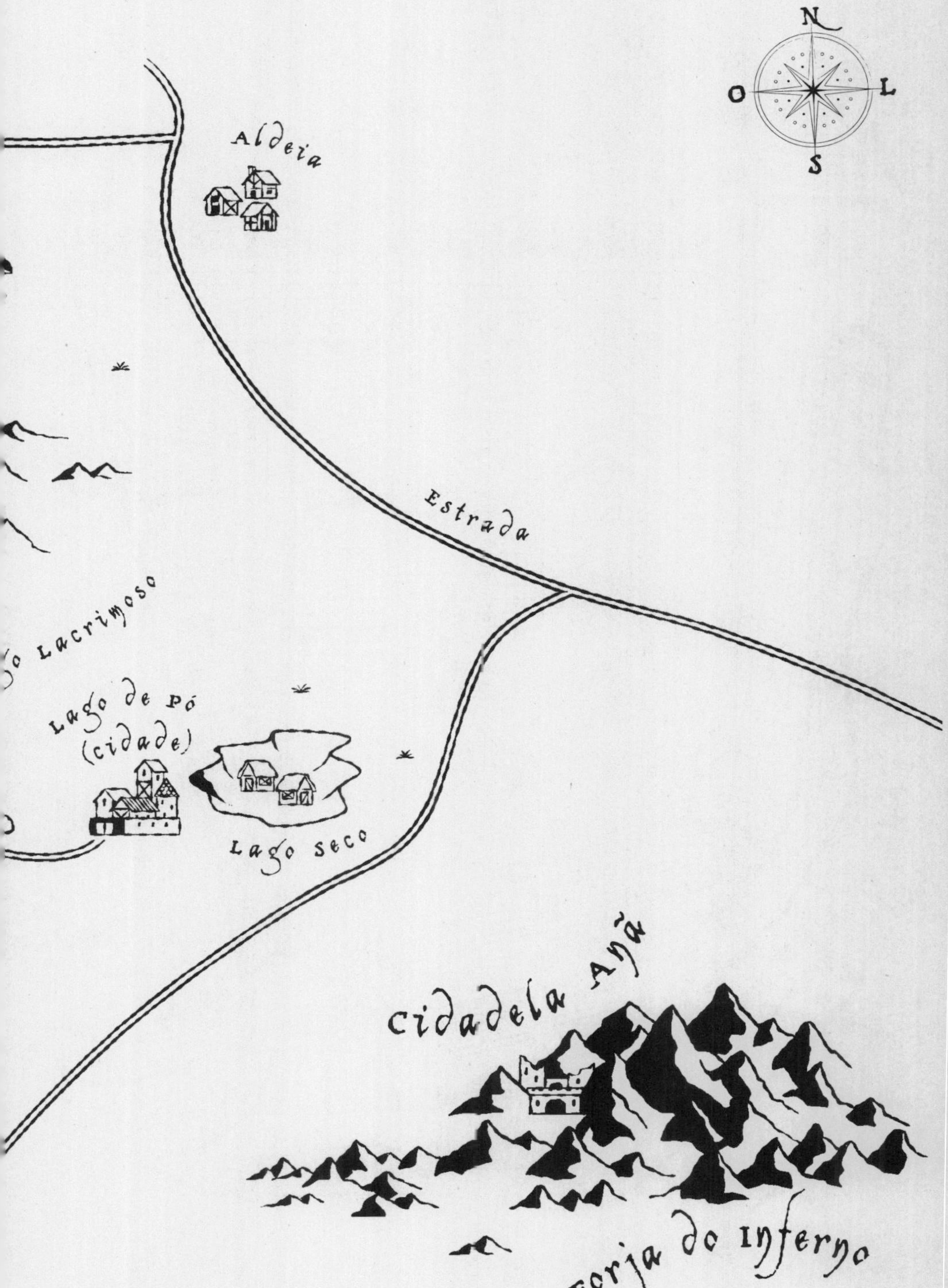
N
O
L
S
Aldeia
Estrada
ão Lacrimoso
Lago de Pó
(cidade)
Lago Seco
Cidadela Anã
Forja do Inferno

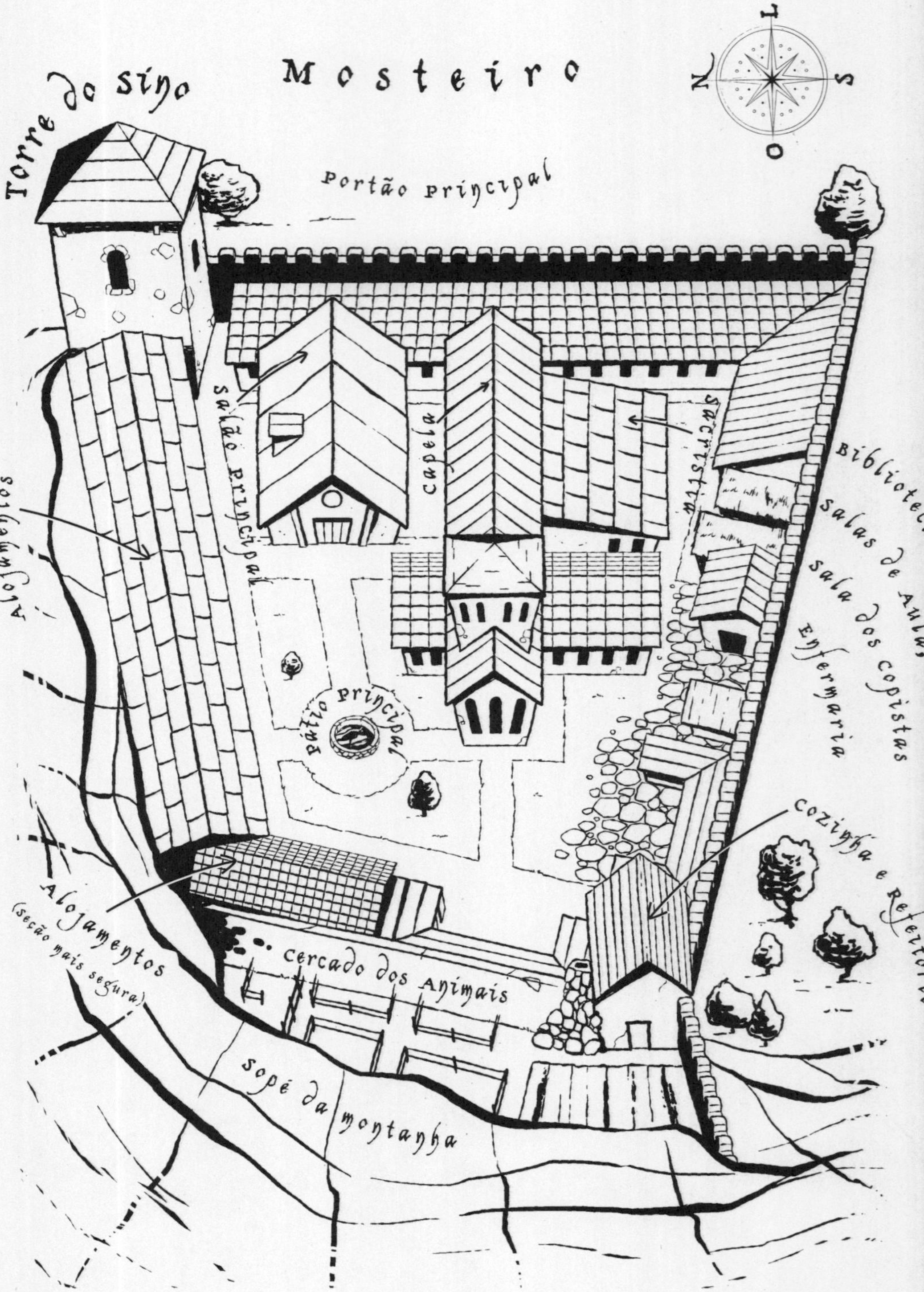
Mosteiro
Torre do Sino
Portão Principal
N
L
S
O
Salão Principal
Capela
Sacristia
Bibliotec
Salas de Aulas
Sala dos Copistas
Enfermaria
Pátio Principal
Alojamentos
Alojamentos
(seção mais segura)
Cercado dos Animais
Cozinha e Refeitório
Sopé da montanha

O Devorador de Mundos

NO INÍCIO, HAVIA os deuses.

Uma confraria que existira desde antes do tempo, desde antes do início. Mas, solitários, estavam insatisfeitos.

Forjaram a Criação.

Em conjunto, moldaram a terra, o céu e os mares. Povoaram-nos com criaturas. Era seu mundo, e agora era o mundo dos homens. E, durante muito tempo, os deuses observaram este mundo e sorriram, pois tudo era verde e bom.

Mas toda luz causa sombra. Oculto, atrás da bondade e da pureza da Criação dos deuses, havia o mal.

Os seres que habitavam este mundo usaram seu livre-arbítrio para matar e roubar, para escravizar e oprimir. Descontentes com a Criação perfeita que as divindades lhes ofereciam, os homens corromperam-na com suas almas imperfeitas. Voltaram-se uns contra os outros. Ambição, guerra, fome, traição e loucura assolaram as terras como uma mazela indomável.

Olhando o que o mundo havia se tornado, os deuses sentiram repugnância. Desencantaram-se com sua Criação.

Aquilo fora um erro.

Decididos a corrigi-lo, os deuses moldaram uma criatura vasta, de fome insaciável, para que pusesse fim ao mundo doente que eles haviam originado.

O Devorador de Mundos.

O monstro tinha uma couraça impenetrável, feita de rocha vitrificada semelhante ao ônix. Seu sangue era um óleo negro com propriedades mágicas imprevisíveis. Nada que as civilizações dos homens possuíam era capaz de deter a fera. Incontestado, o monstro avançou livre por pradarias, montanhas e florestas. Transformava o que era vivo e verde em uma aridez estéril.

Devorava tudo que era mau...

E tudo que era bom.

Era o fim do mundo.

Mas houve aqueles que resistiram. Porque, assim como existiam deuses, havia também demônios. Criaturas abissais, de maldade inconcebível. Seu poder não se comparava ao dos deuses, mas possuíam magia e capacidades muito além dos meros mortais. Os demônios viviam nas profundezas escuras e se alimentavam do ódio, do medo, da ganância. Sobreviviam às custas dos pecados dos seres vivos. E, se o mundo fosse desfeito, pereceriam à míngua.

Para combater o Devorador de Mundos, os demônios criaram uma horda de dragões. Criaturas poderosas, répteis voadores com presas e garras capazes de dilacerar castelos. Magia rivalizando a de seus próprios mestres. Em seu ventre, fogo capaz de derreter montanhas.

Os dragões enfrentaram o Devorador de Mundos, numa série de batalhas que abalou a Criação. Incontáveis deles morreram. Contudo, mais e mais eram enviados, movidos pelo desespero de seus senhores demoníacos.

Por fim, deixando um rastro de devastação e morte, os dragões venceram. O Devorador de Mundos tombou seu corpanzil gigantesco imóvel como uma cordilheira no deserto que resultou da última luta.

A fúria dos deuses foi sentida em tempestades de relâmpagos e erupções vulcânicas. Em terremotos e inundações. Mas o mundo perseverou, pois o Devorador fora vencido. Mesmo ante o desgosto divino, a terra continuava existindo. Cidades seriam reconstruídas, plantas voltariam a nascer.

O Devorador de Mundos estava adormecido. Enquanto o dia fosse dia e a noite fosse noite, ele dormiria seu sono de morte.

E os mortais viveriam, após serem salvos de seus próprios criadores pelos demônios que se alimentam de toda a maldade.

1 | o filho da montanha

O FRIO TINHA dentes cortantes e, naquela manhã, o Irmão Dunnius achou que perderia os dedos dos pés. As sandálias não protegiam contra o ar gelado. A relva coberta de gelo fazia barulho enquanto se quebrava sob as solas, e isso piorava ainda mais a sensação. Ele se agachou para esfregar os pés, na tentativa de aquecê-los, deixando a bainha dos robes encostar no solo.

Seu companheiro na tarefa daquela manhã, o Irmão Niccolas, não parecia incomodado pelo frio. Quando notou que Dunnius ficara para trás, também parou de caminhar e se virou, exasperado. As reclamações fizeram uma pequena nuvem de vapor ao deixar sua boca. Niccolas era eficiente e estava ansioso para voltar aos clérigos com a missão cumprida. Dunnius olhou para trás, enxergando as paredes de pedra do mosteiro onde ambos viviam e a face esculpida de São Arnaldo, observando-os de longe, na torre mais alta. Pensou que, como um santo dos pobres e famintos, o bom Arnaldo deveria ter piedade para com um acólito de pés gelados. Um pouco de demora não seria um pecado tão ruim.

Ao redor das muralhas do mosteiro, espalhava-se uma pequena aldeia. Dunnius e Niccolas conheciam todas as pessoas que moravam lá; gente que nascera, viveria e morreria sob as vistas do santo na torre. Era uma aldeia minúscula, sem nome, cuja população existia em torno das necessidades dos clérigos. Plantavam, criavam animais, costuravam roupas, fabricavam sapatos, forjavam metais e moíam grãos — trocando os produtos de seu trabalho com os religiosos e recebendo deles auxílio espiritual e cura para seus males. Dunnius e Niccolas já haviam deixado a aldeia bem para trás em sua empreitada naquela manhã. Logo estariam em meio ao bosque, perto da estrada, e nunca era bom se afastar tanto. O bosque era perigoso, a estrada era perigosa. Monges e aldeões viviam sob a proteção de um santo, mas também sob a ameaça de um algoz.

Quando o Irmão Dunnius se ergueu, desistindo de aquecer os pés, ergueu o capuz para proteger a cabeça e avistou o garoto que surgiu correndo de trás do moinho.

— Vocês estão indo para o lado errado! — berrou o menino, esbaforido, antes de chegar perto dos dois acólitos. — A última cabra deu a volta no mosteiro, foi para o lado da montanha!

Niccolas voltou para perto do companheiro, enquanto o garoto tropeçava logo antes de chegar aos dois.

— Estão indo para o lado errado! — repetiu, caindo no chão.

— Já ouvimos, Korin — disse o Irmão Dunnius, ajudando o garoto a se levantar.

A missão de Dunnius e Niccolas naquela manhã era localizar cabras desgarradas. O próprio Dunnius deixara uma porteira aberta na noite anterior, e as cabras haviam caminhado a esmo para uma liberdade inconsequente. A dupla já localizara quase todas. Restava uma — segundo o garotinho —, exatamente no lugar onde eles não queriam ir. Nem deviam.

— A cabra foi em direção à montanha, eu vi! Ela se perdeu das outras. Nunca vão achá-la se continuarem em direção ao bosque.

Os irmãos trocaram um olhar preocupado.

— Tem certeza, Korin?

O garoto confirmou com entusiasmo, fungando e limpando as roupas da sujeira da queda.

Korin, uma das várias crianças da aldeia, estava sempre ansioso por ajudar os clérigos. Filho de um guarda, de alguma forma considerava que a proteção do povo era também seu dever, herdado do pai. Infelizmente, aos 7 anos, podia fazer pouco além de localizar cabras perdidas.

— Então não resta mais nada a fazer — Dunnius apressou-se em concluir. — Vamos voltar ao mosteiro e dizer ao prior que a última cabra se perdeu. A punição não pode ser tão severa.

— Nem pensar — Niccolas segurou o outro pelos robes. — Vamos à montanha, Dunnius.

— *Não podemos* ir à montanha!

— Errado. Não podemos entrar no Túnel Proibido. Nem vamos. Apenas iremos atrás da cabra que você deixou fugir e evitaremos um mês limpando latrinas.

— E se a cabra estiver justamente... — Dunnius começou.

— Nenhuma cabra em seu juízo perfeito entraria no Túnel Proibido.

— Então somos mais burros que cabras perdidas. Que São Arnaldo nos ajude.

O Irmão Niccolas mandou Korin voltar para casa. O garoto reclamou um pouco e obedeceu, correndo de volta ao local de onde viera. Então, fora da vista dos acólitos, se embrenhou no meio das casas simples, contornou a muralha do mosteiro e começou a curta escalada para chegar à trilha da montanha antes dos dois. No meio do caminho, olhou para a face esculpida na torre e piscou. Ele e o santo eram bons amigos, e uma pequena teimosia logo seria perdoada.

Enquanto Dunnius e Niccolas progrediam pela trilha na montanha, o dia ficava mais carrancudo. A manhã que começara com sol tímido logo se tornou nublada e cinzenta. O frio aumentou, ficou mais amargo. Começou a ventar e, quanto mais os dois subiam, mais forte era o vento. A trilha era um caminho razoavelmente plano que circundava a montanha. Não era íngreme ou estreita demais — mas um tropeço ainda assim poderia resultar numa queda e num pescoço quebrado lá embaixo. A montanha ficava atrás do mosteiro, e os clérigos quase nunca tinham razão para se aventurar por lá. Fazendo uma curva na trilha, o Irmão Dunnius avistou o lado de trás da torre, um lado que quase nunca enxergavam. Parecia que São Arnaldo havia lhes dado as costas. Aquilo apenas aumentou seu medo.

As sandálias resvalaram no chão da trilha, enviando pedrinhas em queda livre. Dunnius engoliu em seco.

— Vamos voltar.

— Calma, seu medroso — Niccolas tentou reconfortar o amigo. — Ela não pode estar longe.

— É só uma cabra.

— E a coitada deve estar mais apavorada do que você.

— Acho que isso é impossível.

Súbito, um trovão. E, por trás do estrondo nos céus, ao longe, uma cabra reclamava.

— Está ouvindo? — entusiasmou-se Niccolas. — Vamos, falta pouco!

— E se começar a chover?

— Vamos encontrá-la antes da chuva. Quando começar, já estaremos no mosteiro quentinho, tomando chá com leite de cabra.

Niccolas riu, mas Dunnius não achou graça. Continuou seguindo o outro acólito pela trilha, achando-a cada vez mais perigosa e serpenteante. A cabra reclamou de novo, mais perto.

— Vamos! — Niccolas apressou-se, controlando-se para não correr.

Um novo trovão fez o animal gritar mais alto. Por fim, após contornar uma rocha saliente, os dois avistaram seu alvo. A cabra estava em pânico, paralisada, tremendo, com olhos esbugalhados. A manhã já estava na metade, e o sol estaria alto se não estivesse escondido pelas nuvens. O vento puxava os robes com força, e Niccolas disse algo, mas sua voz foi abafada por mais um trovão. E então outro barulho.

— O que foi isso? — gaguejou o Irmão Dunnius.

Desta vez, Niccolas também sentiu o coração acelerar. Não parecia a imaginação do amigo. Não era só um trovão ou o berro de uma cabra. Teria sido mesmo um rugido?

— É melhor voltarmos — disse Niccolas.

— Agora que a cabra está tão perto?

— Eu também ouvi, Dunnius. Não sei o que é, mas não pareceu amigável.

— Será que é algum enviado de...?

Nenhum dos dois ousou dizer o nome. Havia um tirano dominando as terras. Uma presença longínqua, mas que se fazia notar por seus soldados e seus monstros. Pelo sangue que derramava quando alguém não pagava os impostos ou aventurava-se longe demais da aldeia. A melhor hipótese era que o rugido fosse de algum animal selvagem. A pior, que fosse de uma criatura do tirano.

— Vamos embora — decretou Niccolas.

A visão dos dois foi tomada por um clarão, quando um relâmpago rasgou o céu. Um instante depois, um trovão ensurdecedor deixou-os atordoados. E, quando o som começou a se dissipar, confundiu-se com um novo rugido.

Mais alto. Mais furioso. E logo acompanhado de um segundo.

— Vamos embora, Dunnius!

Mas a frase foi cortada por um grito.

Um grito humano.

O grito de uma criança.

— *Korin!* — o Irmão Dunnius chamou, esquecendo o medo e avançando em corrida pela trilha.

Mas um novo relâmpago o cegou e então revelou a forma do garotinho, saltando de uma rocha acima. Korin estava em segurança. Dunnius correu os últimos passos para abraçá-lo.

O menino empurrou-o, desvencilhando-se do abraço. Tinha lágrimas nos olhos e uma expressão de pânico.

— Tem alguém lá dentro!

Apontou para cima, onde a boca de uma caverna se abria, muito negra, ameaçando com o desconhecido.

Dunnius e Niccolas trocaram um olhar sob o trovão e os rugidos. As nuvens cuspiram a primeira pedra de granizo. Um grito de criança. Vindo do único local em que todos — clérigos, acólitos e aldeões — eram proibidos de adentrar.

Korin avançou em saltos leves até o paredão que levava à boca da caverna, olhando para trás de tempos em tempos, enxergando os dois acólitos tentando alcançá-lo. Ele conhecia o medo como um conceito abstrato, o pavor infantil de uma travessura descoberta ou de uma ordem desobedecida. Era o primeiro encontro de Korin com o medo real, o medo adulto. Rugidos e uma criança berrando — a definição do perigo, o retrato do desespero.

As pedras de granizo caíam intermitentes das nuvens acima. O garoto e os acólitos já haviam sido atingidos por pelo menos meia dúzia, e aquilo ameaçava se transformar em uma tempestade. A trilha logo ficaria intransitável, letal. Uma tentativa de escalada seria suicídio. O coração de Korin martelava um ritmo frenético no peito, enquanto ele mostrava o caminho aos dois adultos e tentava fazê-los andar mais rápido.

Escalou o paredão com agilidade, sem preocupação com a própria segurança, como se houvesse nascido lá. O Irmão Dunnius veio logo atrás, procurando apoios paras as mãos e os pés, testando as reentrâncias na pedra para verificar se eram firmes.

— Por aqui! — Korin gritou de novo. — Rápido!

A mão de Dunnius resvalou no meio da escalada e ele sentiu o terror da queda. Mas conseguiu se segurar com a outra mão. Niccolas subiu mais um pouco, a seu lado, e agarrou seus robes. Os dois trocaram um olhar.

— É muito perigoso! — o Irmão Dunnius gritou para Korin, mais acima. — Desça daí, garoto! Desça daí e vamos voltar ao mosteiro.

Niccolas apertou os lábios. Sentia o amigo tremer. A palidez em seu rosto não era só frio. Olhou para cima e viu o rosto de Korin, desconsolado, esperando encorajamento.

— Dunnius tem razão — disse Niccolas, relutante. — É perigoso demais. Desça, Korin.

— Vocês também ouviram os rugidos!

Dunnius evitava encarar o menino. Eles haviam escutado os rugidos. E o berro de uma criança. Fugir do trabalho, cochilar no meio da meditação, reclamar de cansaço... Todos esses eram pecados que o Irmão

Dunnius praticava com certa regularidade. Ignorar alguém em perigo era um pecado muito maior. Um pecado real. Não era fácil cometê-lo.

Mas ele tremia de medo.

— Na certa não era nada — disse Niccolas, tentando convencer a si mesmo. — E, mesmo se for... É o Túnel Proibido.

— Grande coisa! — gritou Korin, com a argumentação infalível de uma criança.

— Não temos escolha — Dunnius falou em voz baixa.

O garoto olhou para os dois acólitos. Dunnius evitando seus olhos, Niccolas chamando-o com a mão para que descesse.

— É a coisa certa a fazer — disse o Irmão Niccolas, tanto para si mesmo quanto para os outros dois. — É a coisa mais sensata.

Um novo relâmpago cortou o céu. Antes do trovão, veio mais um rugido.

E, inconfundível, um novo grito infantil.

— Fiquem aí, então! — Korin engasgou, com lágrimas escorrendo pelas bochechas. — Eu vou sozinho!

Recomeçou a escalada. Dunnius e Niccolas ficaram um momento paralisados. Uma pedra de granizo atingiu o menino no ombro. Ele soltou uma exclamação de dor, mas não se deteve.

— Vamos atrás dele — disse Niccolas, em voz baixa.

— Mas...

— Ir embora pode ser o mais sensato, Dunnius. Mas não é o certo.

Com essas palavras, o Irmão Niccolas retomou a escalada. Dunnius ainda permaneceu indeciso por um momento. O medo fazia seu corpo todo formigar.

Mas também sabia o que era certo a fazer.

Korin riu ao ver os dois acólitos seguindo-o de novo. O garoto guiou-os pelos pontos mais seguros de escalada, pela trajetória que ele mesmo havia feito. As pedras de granizo ficavam mais e mais frequentes. Uma delas atingiu Dunnius bem no nariz, arrancando um gemido e fazendo-o sangrar. O acólito continuou. Mais um rugido. Um conjunto de rugidos. Eram três, no mínimo.

Nenhum grito de criança.

Dunnius murmurou uma prece a São Arnaldo. O santo defensor dos pobres, dos famintos. Cujo próprio nome era um erro gramatical, mas que perdurava, porque assim ficara conhecido pelos humildes que o seguiam. Dunnius implorava para que São Arnaldo estivesse olhando por aquela criança, fosse quem fosse e como quer que tivesse ido parar no Túnel Proibido. Mas não havia mais gritos infantis, só os rugidos e o barulho do granizo contra a rocha.

— *Eu não estou ouvindo...* — Korin começou a esganiçar, quando Niccolas atingiu o topo do paredão

— Calma, garoto!

Mas a própria calma de Niccolas era fingida. Dunnius também terminou a escalada e os dois trocaram um olhar que era uma conversa. Provavelmente a criança estaria morta lá dentro. Provavelmente eles também morreriam se entrassem no túnel.

Mas que opção tinham?

Que tipo de vermes seriam se não entrassem para verificar?

Então, sem uma palavra e com mil despedidas silenciosas, os irmãos foram até a boca da caverna e penetraram na escuridão.

Nenhum dos dois era alto, mas tinham de andar abaixados. O teto forçava-os a uma curvatura desconfortável, como se fossem corcundas. Logo a parca luz do dia nublado sumiu dentro da caverna.

Dunnius, como sempre, estava desprevenido, mas Niccolas tinha uma tocha. O acólito puxou-a de dentro de seus mantos e, após duas ou três tentativas, acendeu-a com uma pederneira. O fogo iluminou o túnel com sua luz bruxuleante.

A chama refletiu-se em algo líquido e reluzente que recobria o túnel. As paredes exalavam um líquido oleoso e negro. Dunnius estendeu a mão para tocar no óleo, mas Niccolas deteve-o. Não sabiam o que era; melhor não arriscar. A coisa era viscosa, escorria lentamente e, naquele lugar proibido, tinha um ar de ameaça.

Dunnius então viu a mão diminuta imitando-o, tentando tocar no óleo.

— Korin! Você não pode entrar aqui!

— Nem vocês.

Os acólitos ficaram um momento calados.

— Volte para a boca da caverna — ordenou o Irmão Niccolas. — Se demorarmos muito, espere a tempestade passar e avise aos clérigos.

— Não vou obedecer — disse o garoto, com simplicidade séria. — Podem falar o que quiserem, vou continuar seguindo-os. Então desistam. É melhor não perder tempo.

Dunnius desarrumou o cabelo do menino, subitamente orgulhoso de sua postura adulta. Ele não estava mais chorando. Estava tremendo, estava gelado. Mas não estava mais chorando.

Os três continuaram pelo túnel. Os acólitos sempre um pouco abaixados, Niccolas segurando a tocha à frente do corpo. O óleo negro tornava-se mais e mais espesso nas paredes, começava a formar poças no chão. As sandálias grudavam na substância, fazendo barulhos pegajosos quando eles erguiam os pés. Os rugidos ficavam mais próximos.

O túnel se abriu num salão natural, dominado por uma grande poça de óleo negro. Do outro lado, uma abertura levando mais para dentro da montanha.

Então, um rugido ensurdecedor, que pareceu abalar as paredes.

Ambos os acólitos pensaram que iriam morrer ali mesmo. Iriam morrer os três, dois aprendizes dos clérigos e um aldeão de 7 anos, porque nenhum deles conseguia virar as costas para uma criança em perigo. Porque haviam adentrado o Túnel Proibido, contrariando as ordens ancestrais dos sacerdotes, iriam se tornar histórias de cautela, nomes recitados para acólitos e aldeões no futuro, como prova de que o túnel era mesmo letal.

Contornaram a imensa poça e penetraram no túnel do outro lado do salão.

Um rugido monumental fez tremer seus tímpanos — e então parou, súbito.

O Irmão Niccolas começou a correr em direção aos rugidos, tomado por algum pressentimento. Dunnius logo o imitou, e Korin espremeu-se entre os dois, tomando a frente na penumbra. O túnel se abriu num novo salão, e Korin estacou frente à cena que a tocha iluminava.

Três feras monstruosas ocupavam o salão. Eram répteis, seus corpos, com quase dois metros de comprimento, cobertos por escamas. Suas bocarras eram repletas de presas. Os olhos fundos eram negros.

Estavam em volta de um garoto. Um menino magro e nu, sujo de óleo e sangue.

Uma das criaturas abriu a boca e emitiu um rugido.

O mesmo rugido alto, ensurdecedor. Alto porque era um rugido de agonia. A fera sangrava.

O segundo réptil tentava circundar o garoto, agachado e pronto para o bote.

O terceiro estava estirado no chão. Morto.

A criança tinha nas mãos uma pedra afiada. Arreganhava os dentes e ameaçava as feras. Tinha o tamanho de Korin. Não podia ter mais de 7 anos.

— Estamos aqui para salvá-lo! — foi o que o Irmão Dunnius conseguiu dizer.

O garoto virou o rosto para olhar os recém-chegados, e esta era a oportunidade que o monstro precisava para atacar. Impulsionou-se nas patas de trás e deu um salto longo, preciso. Caiu com força sobre o corpo magro do menino, derrubando-o de costas no chão. A boca aberta foi direto para a garganta desprotegida, e os acólitos soltaram um ganido de desespero.

Mas o garoto encostou o queixo no peito e rolou por debaixo do monstro, fazendo-o morder o ar. Continuou o giro erguendo a pedra afiada, enfiando-a no estômago da criatura. O sangue esguichou quando a pele do monstro se abriu, e um cheiro repugnante tomou a caverna quando suas entranhas se despejaram. A fera emitiu um urro — um rugido de morte.

O garoto rolou no sangue e no óleo. Então saltou de pé, mantendo os olhos no terceiro oponente.

Mas o réptil detectava presas mais fáceis. Virado para os três recém-chegados, saltou com garras estendidas e boca aberta. Ia na direção do Irmão Dunnius, quando ele sentiu os joelhos se dobrando contra sua vontade.

Korin pulara em suas pernas, e isso o salvou. Despencando para trás, o acólito passou por baixo das garras do monstro, que se virou para a presa menor. Abocanhou o ombro de Korin, que soltou um grito.

E então o outro garoto estava montado no réptil.

A fera balançava a cabeça, sacudindo o menino que tinha entre os dentes. O Irmão Niccolas atirou-se sobre o monstro, chutando e esmurrando seu couro grosso, mas sem resultado. O menino coberto de sangue então se abraçou ao pescoço do lagarto. Tentou rasgar a garganta da criatura com a pedra afiada. Com seus braços magros, o garoto puxou, urrou de esforço, mas o couro era grosso, as escamas eram fortes. O animal sacudiu-se, derrubando Korin e o menino desconhecido.

O garoto rolou no chão e ficou ajoelhado, de frente para o réptil, com expressão feroz. A criatura urrou de novo, arreganhou os dentes. Preparou-se para um bote. Quando fez menção de atacar, uma luz dourada tomou o ambiente, vinda de lugar nenhum. A fera mordeu às cegas e houve um clangor, como se os dentes monstruosos encontrassem metal. Súbita como chegara, a luz dourada se desvaneceu. O lagarto rugiu, enfurecido, para o garoto.

Então o menino fechou seu punho pequeno e ossudo e golpeou o chão.

O estrondo que tomou a caverna não fazia sentido para a força de uma criança. Não faria sentido para um golpe do mais forte dos mortais. A própria terra rugiu, muito mais alto do que o rugido das feras e, a partir do punho do garoto, surgiu uma fenda.

O solo de pedra rachou e se abriu, numa linha contínua da mão até o lagarto. As paredes tremeram, fazendo o óleo negro respingar por tudo. Então a rachadura se alargou, o solo entrou em colapso, sendo devorado pelo subterrâneo. O último rugido do lagarto foi abafado pelo som de um terremoto, enquanto ele despencava para a escuridão abaixo.

Dunnius, Niccolas e Korin seguraram-se em escarpas de rocha, tentando não cair ante a terra que tremia. O menino desconhecido ofegava.

Então, sem explicação nenhuma, o terremoto acabou. O garoto ergueu-se e olhou os três com desconfiança.

Tudo imóvel. Apenas a respiração dos quatro. Dunnius ergueu-se e foi examinar Korin. O menino estava ferido, mas iria viver. Niccolas contornou o buraco que engolira o réptil e foi até o outro garoto. Tentou tocá-lo, mas o pequeno estranho se desvencilhou num repelão.

O acólito aproximou sua tocha. Pôde ver as feições ferozes da criança. Pôde ver que o garoto estava coberto de sangue — mas não de seu próprio. Desde o início, sujo do sangue das criaturas.

— Como veio parar aqui? — disse o Irmão Niccolas.

Sem resposta.

— Você o conhece, Dunnius?

O outro acólito fez que não.

Korin aproximou-se, pé ante pé, hesitante.

— Também nunca o vi.

Mesmo que os habitantes do mosteiro pudessem esquecer de uma das crianças da vila, Korin nunca esqueceria. Se ele nunca o vira, era um forasteiro.

— Como ele veio parar aqui? — Niccolas pensou em voz alta.

— Como ele conseguiu *sobreviver?* — Dunnius balançava a cabeça.

E Korin disse o que todos pensavam, mas ninguém fora capaz de formular até então:

— Como ele conseguiu fazer aquilo?

O garoto matara três lagartos gigantes. Abrira a terra e a pedra para engolir um deles. Era um milagre. Ou bruxaria.

Korin estava então bem perto do outro garoto. Podia vê-lo ofegar. Podia discernir bem seus olhos azuis destacando-se por baixo do sangue e do óleo.

— Sou Korin — disse, estendendo a mão em cumprimento.

O outro ignorou o gesto. Permaneceu com expressão hostil, punhos cerrados.

— Como é seu nome?

E a resposta daquela criança feroz, coberta de sangue, foi quase um rosnado:

— *Ruff.*

2 | O garoto sem dono

— MANDEI-OS BUSCAR uma cabra e me trouxeram um garoto — disse o prior.

Dunnius e Niccolas estavam ajoelhados frente ao homem, olhos no chão. Ainda sujos da aventura daquela manhã. Mas pelo menos não estavam mais com frio: a sacristia contava com uma lareira generosa, onde crepitava um fogo confortável. Ao lado dos dois, de pé como uma estátua, o menino desconhecido.

Não conseguiram descobrir seu nome, pois ele ignorava quando era perguntado. Apenas emitia pequenos grunhidos. Niccolas tratava-o por "menino", mas foi Dunnius quem sugeriu chamá-lo pela única resposta que obtinham dele.

Decidiram que seu nome era Ruff.

Tinham tentado limpá-lo, e até haviam sido capazes de retirar a maior parte do sangue seco e do óleo negro. Deram-lhe um pequeno robe de monge para vestir, e ele aceitou a roupa. Mas o garoto ainda era o retrato do abandono: magro, cara fechada, manchas por toda a pele.

— Fico imaginando o que me trariam se os mandasse buscar um garoto — continuou o prior. — Um gigante, talvez?

— Perdão, prior — disse o Irmão Dunnius. — Devemos levá-lo de volta?

— Não seja idiota — Niccolas censurou num sussurro alto.

O prior ficou observando-os por longos momentos, sentado em sua cadeira de espaldar alto. Era o líder do mosteiro, responsável pela vida, pelo treinamento e pela saúde espiritual de todos os homens e mulheres que viviam segundo a Norma de São Arnaldo. Por extensão, também tomava conta dos assuntos da aldeia.

— Ou talvez, se eu lhes pedisse um garoto, me trouxessem uma cabra! Considero adotar essa estratégia no futuro. Garotos equivalem a cabras.

Um cesto de pão pode equivaler a um arenque ou a um barril de tijolos. A vida é imprevisível perto de vocês, irmãos.

Os dois sentiram a face ardendo.

— O que posso fazer com um garoto? — o prior ergueu a voz. — Preciso de cabras. Não posso prender esse garoto no cercado com as cabras. Não posso alimentá-lo com feno. Certamente não posso assá-lo para um festival! Digam-me, irmãos, para que serve um garoto?

— Ele matou três lagartos gigantes — arriscou o Irmão Dunnius.

O prior se ergueu, franzindo o cenho. Era um homem alto, mais alto que qualquer um no mosteiro ou na aldeia. Seus ombros largos assentavam-se sobre um tronco sólido, repleto de músculos antigos. A barba farta e grisalha apenas o deixava mais sério e imponente. Suas sobrancelhas eram grossas e peludas, sua mandíbula era quadrada e monumental. Tinha manzorras fortes e cobertas de calos. Ninguém sabia qual fora a vida do prior antes de chegar ao mosteiro, décadas atrás, mas todos sussurravam que tinha sangue nas mãos. Era um guerreiro hábil e não gostava de falar sobre o passado — a combinação que caracterizava alguém que matara muitas vezes.

— Três lagartos gigantes! — trovejou o prior. — Um menino magriço, que chegou até nós por meio de uma cabra perdida, matou três lagartos gigantes! Acha que sou um tolo, Irmão Dunnius?

— Não, prior.

— Mesmo que isso seja verdade, o que farei com um garoto matador de lagartos? Será que ele vai escoltar monges idiotas quando entrarem no único local em toda a região explicitamente chamado de *proibido?* Nas incontáveis próximas expedições ao túnel onde *ninguém, especialmente monges,* pode entrar, o menino será guia e guarda-costas?

Silêncio aterrorizado.

— Diga-me, Irmão Dunnius!

— Não, prior!

— Por acaso enfrentamos uma infestação de lagartos?

— Não, prior!

— Para que serve o garoto, então?

— Não sei, prior! — o terror na voz de Dunnius era cada vez maior, enquanto o líder do mosteiro parecia crescer.

— O que enfrentamos, Irmão Dunnius?

— Falta de cabras, prior?

— As criaturas de Zamir! — Niccolas interrompeu.

O prior sorriu.

— São Arnaldo fala tão alto, e vocês são tão surdos! Está claro, irmãos. Não precisamos de um menino sujo que mate lagartos, mas o povo precisa de alguém que os defenda de Zamir. Acham que foi o mero acaso que colocou esta criança onde nem mesmo um guerreiro adulto sobreviveria?

— Ele também causou um terremoto — disse Niccolas, em voz pequena.

O prior ficou calado por alguns instantes. Observou o rosto do acólito, que sentiu o olhar como algo pesado.

— Um terremoto?

— Bateu no chão, e a terra se abriu — Niccolas quase tinha vergonha de contar a verdade.

Mais silêncio.

— Isso ficará entre nós, irmãos — decretou o prior. — Não contem aos demais sacerdotes ou aos aldeões. E garantam que o tal menino que viu tudo fique calado também.

Os dois monges começaram a rir de alívio. Trocaram outro de seus olhares que equivaliam a conversas.

— Mas ainda temos um problema — o rosto do prior mais uma vez ficou sério. — Se este garoto fosse uma cabra, quem tomaria conta dele seria um pastor, ou dois acólitos aparvalhados, quando se perdesse. Mas um cercado de cabras não é o melhor local para criar uma criança, nem um pastor é o mais adequado para educá-la. Quem vai cuidar deste menino, irmãos?

Korin não reconhecera o garoto, e isso era sinal suficiente de que ninguém o reconheceria. Mesmo assim, os acólitos haviam mostrado Ruff pela vila, para garantir que não era filho, parente ou vizinho de nenhum adulto. Nenhum aldeão jamais o vira. O mosteiro também não recebia viajantes há meses. Ruff não pertencia a ninguém.

— Nós cuidaremos dele, é claro — disse Niccolas, sem pensar.

— É claro, Irmão Niccolas, é claro — o prior sorriu.

O garoto observava tudo calado, estático, sério. Braços e pernas pareciam relaxados, mas um lutador treinado — como o próprio prior — notaria que ele estava pronto para uma corrida ou um bote. Quando o enorme clérigo erguera a voz, Ruff permanecera quieto, sem demonstrar medo. Quando todos estavam sorrindo, ficara reservado, desconfiado. Parecia viver num mundo só seu, dentro de sua cabeça, e até agora era uma fortaleza impenetrável. Se entendia o que os outros falavam, não demonstrava.

— Vamos cuidar de um garoto? — disse o Irmão Dunnius.

— Ele é nossa responsabilidade, Dunnius — Niccolas ficou muito sério. — Nós o achamos.

— Não deixem a porteira aberta durante a noite — o prior falou em voz grave, enquanto se aproximava do garoto — ou ele fugirá como uma cabra. E já descobrimos que, quando vocês vão recuperar fugitivos, podem trazer de volta as coisas mais surpreendentes.

Os irmãos não souberam o que dizer, então não falaram nada. O prior se agachou na frente de Ruff, ficando só um pouco mais alto que o menino. Aproximou a mão de seu ombro lentamente, com cuidado para não assustá-lo.

— Permita que eu olhe você, rapaz. Acho que vi algo interessante.

Os dedos calejados tocaram a pele do menino e provocaram um salto. Ruff num instante estava a um metro de distância, meio abaixado, as mãos na frente do corpo, preparado para sofrer um ataque.

— Calma — disse o prior. — Não vou lhe fazer mal.

Os olhos de Ruff dardejaram para os dois acólitos.

— Confia mais neles, não é mesmo? — sorriu o homem mais velho. — Não o culpo. Dunnius e Niccolas têm a bondade dos tolos, rapaz. Nunca derramaram sangue, nunca viram a morte. O que não posso dizer de mim mesmo.

E, baixinho, sob a respiração:

— Nem de você, não é?

O prior enfiou a mão dentro dos robes e retirou um pequeno embrulho envolto em pano. Estendeu-o ao Irmão Niccolas.

— Vamos, dê ao garoto. É o que ele quer.

Niccolas se ergueu, pegou a coisa e a ofereceu a Ruff.

— O que é?

— O que todos os meninos querem, Irmão Niccolas: doce.

Ruff arrancou o embrulho das mãos do acólito e retirou o pano, deixando-o cair no chão. Pôs-se a enfiar o conteúdo na boca, com sofreguidão e deleite.

Então, ante o gesto encorajador do prior, Niccolas tocou os ombros de Ruff. O garoto permitiu ser virado de costas. O prior aproximou o rosto e afastou o robe, expondo sua omoplata direita. Tocou sua pele, examinando.

— Está vendo isso, Irmão Niccolas?

O outro fez que sim.

Havia uma marca.

— Isso tem um significado. Isso é a prova de que, mesmo quando procuramos cabras, às vezes São Arnaldo nos envia um garoto.

Apenas o doce não foi suficiente. Como o prior garantiu, meninos estão sempre com fome, e o melhor que se pode fazer por um deles é alimentá-lo e deixá-lo ser selvagem. Ruff não precisava de ajuda com a selvageria, mas arregalou os olhos quando foi posto frente a uma mesa farta no refeitório, repleta de pães, queijos, geleias, manteiga, carne fria, sucos, leite.

Assim como tudo no Mosteiro de São Arnaldo, o refeitório era simples e rústico. As mesas compridas e os bancos eram de madeira sem adornos. As paredes eram quase nuas, à exceção de tapeçarias feitas pelos próprios monges, retratando a vida do santo e seus feitos. Todos — clérigos, acólitos, curiosos — deixaram Ruff em paz após lhe servirem a comida.

Todos, exceto Korin.

Korin já estava sentado à mesa quando o outro chegara. Sorriu com a boca cheia. Ruff olhou-o de esguelha e sentou longe. Korin então pegou seu prato e mudou-se, ficando frente a frente com ele. Ruff ergueu-se de novo, indo para o outro extremo da mesa. Korin, sem demonstrar constrangimento, mais uma vez foi sentar perto do recém-chegado. Ruff então pareceu se conformar com a proximidade e escolheu um pão e um corte de carne fria.

— Eles disseram para eu voltar para casa — divertiu-se Korin. — Imagine só! Eu, voltando para casa! Esses clérigos às vezes são burros demais.

Em resposta, Ruff apenas mastigou.

— Ser expulso de lugares faz parte da vida — Korin continuou explanando, como se tivesse uma audiência cativa. — Acontece comigo o tempo todo. O segredo é sempre voltar. Chega uma hora em que eles se cansam de enxotá-lo, e então você pode comer, ver e pegar o que quiser.

Nada.

— Como você foi parar naquela caverna?

Ruff engoliu, apanhou uma jarra de leite e bebeu sem servir em um copo.

— Os irmãos estavam procurando uma cabra, sabia? Coitada, nunca encontramos a pobre. Quer procurá-la comigo depois?

Ruff enfiou os dedos na manteiga, colocou-os na boca. Com um instante de reflexão, notou que a substância e o pão combinavam. Besuntou os pães sem nenhum talher.

— Você não sente frio? A tempestade de granizo já passou, mas lá fora ainda está mais gelado que a teta de uma bruxa.

Ao se servir de mais carne, Ruff usou uma faca, parecia conhecer facas, e fez um corte hábil.

— Qual é seu nome?

Pausa.

— Ruff.

Korin sorriu e apresentou-se também.

— Eu já sabia que você diria isso, mas é a única pergunta que você responde, então precisei repeti-la. Não precisa falar nada se não quiser. Eu posso falar o dia todo, e você só ouve. Vai aprender muito sobre como funciona o mosteiro e a aldeia. Eu sei tudo que se passa aqui. Então, quando você quiser falar, eu pergunto seu nome, você me diz de novo, e todos ficam felizes. Que tal?

Ruff parecia atordoado. Mas encontrava conforto na comida, então voltou a ela.

— Não sei como fez aquilo com os lagartões, mas precisa me ensinar. Eu também sou bom de briga. Meu pai é guarda. Já aprendi quase tudo que ele sabe. Tenho certeza de que, no dia em que conseguir roubar uma espada, serei um mestre. Um espadachim sem par! Um verdadeiro talento natural. Melhor que o prior. Dizem que o prior foi guerreiro, o que você acha?

Nada.

— Poderemos sair em aventuras, eu e você! Nossa primeira missão será a Busca da Cabra Perdida, que tal? Eu sei que pareci assustado no túnel, mas estava com medo por você. Não sabia se era capaz de se virar. E você estava gritando, não adianta fingir. Devia estar com medo também.

Silêncio.

— Já está na hora de perguntar seu nome de novo?

— São eles ou você.

Korin piscou, quase tomando um susto com a voz do outro.

— O quê?

— São eles ou você — repetiu Ruff. — Você disse que queria aprender a matar. Só tem que saber que são eles ou você. Ou você mata, ou morre. Não pode se segurar. Não hesite. Matar as criaturas foi simples. Eu rasguei sua pele, cortei seu estômago. Porque não tinha opção.

— E o que fez com o punho?

Silêncio.

— Não sei — disse Ruff.

Sutilmente, quase uma dezena de clérigos e acólitos haviam se reunido nas portas do refeitório para observar a refeição. Dunnius e Niccolas enxotaram-nos, temerosos do que poderia ser revelado nas palavras de Ruff.

— Não sabia que você falava.

— Eu falo.

— Como é seu nome? — perguntou Korin. — Digo, seu nome de verdade?

O outro deu de ombros. Enfim respondeu:

— Ruff. Eu acho.

Comeram mais um pouco.

— Eu não disse que queria aprender a matar — Korin ficou sério. — Disse que queria aprender a lutar melhor.

— Lutar eu não sei. Só sei matar.

— Acho que não quero aprender isso.

— Tudo bem.

Comeram.

— Mesmo assim, posso ensinar muita coisa a você — Korin entusiasmou-se de novo. — Não precisa me ensinar nada em troca. Conheço onde ficam todas as chaves do mosteiro, todas as passagens secretas e mais piadas de freira do que qualquer um na aldeia. Quer ouvir?

Descobriram que o garoto, afinal, não era um bicho. Deram-lhe uma tina, sabão e novas roupas limpas. Quando ele emergiu do quarto, parecia civilizado. Os olhos azuis imensos brilhavam ainda mais, e os cabelos negros reluziam sem tanta sujeira. Ao longo dos dias, Ruff foi introduzido aos conceitos de talheres e de responder perguntas. Contudo, não podia fornecer as respostas que todos mais desejavam: como fora parar no Túnel Proibido? De onde viera, e onde estavam seus pais? Ruff não tinha memórias antes do confronto com os lagartos, e esses questionamentos encontravam silêncio ou irritação.

Mas isso não importava tanto, afinal. Naquele lugar, ele seria acolhido com ou sem memórias, com ou sem respostas. Estava no Mosteiro de São Arnaldo, onde clérigos cuidavam de plebeus e eram cuidados por eles. Onde a maior preocupação era alimentar os famintos.

Dunnius e Niccolas continuaram responsáveis pelo menino, mas ele quase não precisava de cuidados. Suas maiores dificuldades estavam na adequação a um ambiente caloroso, onde não estivessem tentando matá-lo. Nos primeiros dias, fugia por instinto de qualquer um que tentasse lhe tocar, exceto Korin. Observava os monges como um animal acuado, trancava a porta de seu quarto assim que se via sozinho. Então, com pouco mais de uma semana habitando o mosteiro, aceitou que o Irmão Dunnius lhe apertasse a mão, como cumprimento de bom dia. Duas semanas e até mesmo devolveu o cumprimento.

O curioso era que, sem confiar e sem falar, temendo qualquer aproximação e trancando-se à mínima oportunidade, desde o segundo dia, apresentara-se para o trabalho. Quando os primeiros monges desceram de seus claustros para quebrar a água congelada do poço, ainda antes de o sol nascer, lá estava Ruff, aguardando alguma ordem. Sem saber o que fazer, os sacerdotes chamaram Dunnius e Niccolas — que também não sabiam o que fazer. Ofereceram a Ruff pão quente, pois parecia crueldade fazer uma criança trabalhar antes do desjejum. Ele aceitou, mas continuou esperando instruções. Então lhe disseram para descer ao poço com um martelo. Como ele era pequeno e cabia lá dentro, podia facilitar o trabalho. O menino obedeceu e, naquele mesmo dia, rachou lenha, pôs fertilizante na horta, ordenhou vacas, alimentou porcos.

Até mesmo cuidou das cabras.

E assim passou os dias, até conversar com os adultos, até deixar que o achassem bonito e afagassem seu cabelo. Não estava preso ao mosteiro, nenhuma porta lhe foi trancada. Mas ficava lá dentro por instinto ou por medo do que havia do lado de fora. O que motivava Korin a passar os dias também no mosteiro, orbitando em volta das tarefas de Ruff.

Durante a terceira semana, os clérigos avistaram o prior circulando pelo pátio. Como sempre, quando isso acontecia, esforçaram-se para parecer ainda mais ocupados. Korin passou zunindo em corrida pelo líder do mosteiro. Súbito, sentiu a mão forte agarrá-lo num bote ligeiro, e estava suspenso no ar pela camisa.

— Seu nome é Korin, não é mesmo? — perguntou a voz grave, imperiosa. — O filho de guarda?

O garoto assentiu, quase com medo.

— É o amigo de Ruff?

— O melhor! — orgulhou-se o garoto.

— O único, criança estúpida.

Korin olhou para o chão — incrivelmente afastado —, enquanto suas pernas balançavam no ar.

— Diga-me, Korin. Já viu seu amigo brincar?

— Não, senhor.

— Isto é um absurdo. Nenhum garoto desta idade deve ter esta vida. Você irá levá-lo para fora do mosteiro hoje, Korin. E irão se divertir.

— Sim, senhor.

— Que São Arnaldo lhe proteja se Ruff voltar para cá sem ter brincado pelo menos uma vez, Korin filho de guarda!

A manzorra se abriu, o garoto despencou no chão. Correu para procurar o amigo, preocupado como nunca em se divertir.

3 | A Vida em Vermelho

KORIN E RUFF perambulavam pelas ruelas da aldeia. Em uma tarde, Korin havia mostrado a Ruff tudo que existia para ser mostrado. Eles haviam extraído o máximo de diversão que Korin era capaz de conceber sem fazer algo proibido. Os cachorros vadios da vila já estavam exaustos de tanto correr com os meninos; os riachos não tinham mais mistérios; os ninhos de insetos haviam sido explorados e cutucados. O sol começava a descer, levando consigo o pouco calor que oferecera, e eles retornavam ao mosteiro.

— É isso que você faz o dia todo? — Ruff quis saber.

Korin deu de ombros.

— Às vezes. Quando não estou com você ou trabalhando.

— Você trabalha?

— Ajudo a viúva Chanti de vez em quando. Ela me dá comida em troca.

— E seus pais?

— Meu pai geralmente está de serviço. Ele é guarda. Minha mãe morreu de peste há muito tempo. Eu tinha um irmão mais velho, mas ele foi convocado para uma batalha e não voltou.

— Convocado por quem?

— Os soldados de Zamir. É nosso senhor. De vez em quando eles aparecem, mandam em nós, e obedecemos. De vez em quando levam nosso irmão embora e ele não volta nunca mais.

— Ah.

— Que bosta, não é mesmo?

— É mesmo uma bosta.

Ficaram no silêncio solene das crianças pensativas.

— E vai ser sempre assim? — perguntou Ruff.

— Por alguns anos, enquanto você é pequeno como nós, deixam que fique por aí, circulando. Ano que vem vão me forçar a aprender a ler e a contar. Os clérigos sempre forçam as crianças a aprender.

— Por quê?

— Sadismo. Ficam frustrados com seus deveres e descontam em nós. De qualquer forma, depois que eu aprender, já vou estar velho o bastante para trabalhar de verdade.

— E vai trabalhar onde?

— Na milícia. Vou começar ajudando os guardas com suas armas, levando comida para eles. Então vou crescer, vou treinar e virar guarda também. A esta altura, meu pai vai estar velho demais, ou ferido, e vai precisar se aposentar. Então eu vou tomar o lugar dele e vou ter um filho para tomar o meu.

— Entendi.

A vida estava toda mapeada na aldeia. Não eram obrigações, mas era a realidade. Embora aldeões pudessem virar monges, seguir qualquer profissão ou mesmo fazer longas viagens, na prática não era assim. Todos faziam o que seus pais haviam feito. Aqueles que viajavam para longe se sujeitavam a animais selvagens, monstros e bandidos. Às forças do tirano, em geral, deixavam apenas cadáveres cheios de esperanças frustradas, a poucos quilômetros do mosteiro.

— E você? — perguntou Korin. — O que será que vai fazer?

Ruff não respondeu.

— Será que vai ser um clérigo? — insistiu o menino.

— É. Acho que sim.

E já havia algo ruminando em sua cabeça, mas ele não quis mencionar.

Os dois passavam pelo espaço estreito entre duas casas, quando ouviram sons de correria. Viraram-se para enxergar três vultos em disparada, atrás das casas, nos arrabaldes da vila. Já escurecia, e gente correndo àquela hora não era um bom sinal.

Antes que Korin pudesse fazer qualquer coisa, Ruff seguiu as três figuras, sem fazer barulho. Logo os vultos se embrenharam no bosque, sumindo na sombra negra das árvores. Os dois garotos escutaram um grito de menina. Korin segurou o braço do amigo.

— Vamos chamar ajuda!

— A ajuda somos nós.

Ruff se desvencilhou e correu, também desaparecendo no bosque. Korin sentiu o coração na garganta, mas é claro que não tinha escolha. Não hesitou por um instante para seguir o amigo, metendo-se no desconhecido com ele.

Áxia sentia as costas doloridas onde haviam lhe acertado uma pedrada. Com certeza deixaria um hematoma, mas — tudo bem — pior seria se houvessem lhe acertado a cabeça, e pior ainda se houvessem acertado Rion. Quando o rapaz erguera a mão para jogar a pedra, ela havia por instinto jogado seu próprio corpo na frente do irmão mais novo, e recebera o projétil destinado a ele. Então agarrara seu pulso e arrastara-o em corrida. É claro que os três haviam ido atrás.

Eram três garotos mais velhos. Um deles era alto e magro, desengonçado e ligeiro. O segundo era mais baixo e mais forte. Tinha queixo largo e dentes grandes e acavalados. O terceiro era gordo e sardento. Talvez por ser também um alvo de zombarias juvenis, era o mais brutal dos três.

Áxia não sabia a própria idade, mas sabia ter o mesmo tamanho das meninas de 7 ou 8 anos. E não sabia a idade de seus algozes, mas sabia que já começavam a ter barba no rosto. A idade de Rion ela sabia de cor: 2 anos e meio. Sabia a data do aniversário dele, mesmo que a mãe dos dois tivesse esquecido e o pai nunca tivesse sabido. Rion dependia dela.

Para saber sua idade e principalmente para fugir.

— Peguem a vadia! — gritou um dos rapazes, enquanto começava a correr.

Ela não sabia por que a chamavam de vadia, já que trabalhava sem descanso. Cozinhava, limpava a casa, cuidava da minúscula horta. Estudava com a velha Ulma, mas isso era segredo. Também não sabia por que sua mãe recebia a mesma alcunha — a coitada trabalhava mais ainda, lavando roupas até que suas mãos ficassem em carne viva durante o dia. Depois trabalhava na taverna, à noite, em algum emprego que Áxia não entendia bem. Ela mal via sua mãe e, quando via, ela estava sempre sonolenta e cheia de olheiras. Rion mal a reconhecia. Rion mal reconhecia a si mesmo.

Áxia conseguiu despistar os três nas ruelas entre as casas, mas todos os aldeões conheciam cada detalhe da vila, então era impossível se esconder. Ela dependia de sua velocidade para escapar, e estava carregando o peso morto do irmão. Os perseguidores tinham pernas mais compridas e eram impulsionados pelo ódio — o ódio incompreensível que nutriam por ela, manifestado pelos xingamentos que ela não entendia e pelos olhares de desdém, pelos cumprimentos sem resposta e pelos rostos virados. E, no caso de alguns, manifestado por pedradas e surras. Ela já havia tomado alguns tapas e chutes; sangrara, mas sabia que podia sobreviver. Contudo, uma vez Rion também apanhara e ficara tão atônito e apavorado que continuara chorando por uma semana. Senhoras da aldeia haviam se oferecido para adotá-lo, "oferecer-lhe um lar decente", e precisaram ser expulsas a gritos da cabana que ela, o irmão e a mãe dividiam.

Talvez o desprezo houvesse começado quando o pai dos dois foi embora, logo depois de Rion nascer. Com certeza os dois eventos estavam ligados: a chegada do irmãozinho de aparência esquisita e mente lerda e a partida do pai. Mas Áxia mal lembrava dessa época, fazia muito tempo. Foi então que a mãe teve que trabalhar mais e mais (sendo a única responsável por sustentar a família). Arranjou o emprego noturno na taverna. O que, curiosamente, valeu-lhe a alcunha de vadia.

Áxia achou que nunca entenderia as maldades dos adultos.

Ela mesma se esforçava para ser alguém de valor, para ser respeitada. Mas tudo que fazia tornava a situação ainda pior. Quando aprendeu a ler, muito antes das outras crianças, tornou-se uma sabe-tudo. Quando quis aprender a se defender, tornou-se "violenta e histérica". E, com o tempo, tornou-se também uma vadia. A velha Ulma oferecia-lhe conhecimentos secretos, mas ninguém podia saber daqueles estudos. Se soubessem, ela ganharia um novo nome: bruxa.

E agora Áxia corria dos três adolescentes. Sabia possuir pelo menos um trunfo: no bosque, eles não tinham tanta desenvoltura.

Ela se embrenhou entre as árvores. A escuridão era total, mas ela já contava com uma espécie de instinto, um conhecimento intrínseco daquele lugar, treinado por muitas manhãs e tardes passadas em isolamento. A cabana onde Áxia e sua pequena família moravam ficava na orla do bosque, afastada da aldeia. Além disso, Ulma recomendava que ela conhecesse o bosque, como parte de seus estudos. Contudo, as trevas eram suficientes para deixar Rion apavorado. Ele começou a chorar e berrar. A se debater, tentando se soltar da irmã.

— *Quieto* — chiou Áxia. — Quieto, meu amor. Eles vão nos ouvir.

— Ela foi em direção ao riacho! — a garota ouviu uma voz pouco atrás.

Áxia tentou correr mais, ignorando os pulmões que reclamavam, mas então o bracinho de Rion foi mais forte por um instante. Ele se soltou, cambaleou e tropeçou em uma raiz. Caiu com o rosto no chão e berrou em choro convulsivo. Ela estacou, deu meia-volta tão rápido quanto pôde, tentou erguê-lo no colo. Mas, de novo, o menino estava apavorado, debatia-se como se não a conhecesse.

Uma luz bruxuleante surgiu a poucos metros. Um dos perseguidores tinha uma tocha.

— Não vou errar duas vezes, vadia — e arremessou uma pedra.

Acertou em cheio na testa de Áxia, abrindo o supercílio em um córrego de sangue. Ela caiu sentada para trás, agradecendo aos deuses pelo alvo ter sido ela, e não Rion. Os três cercaram-na.

— *O que querem de mim?* — Áxia gritou.

Em resposta, o mais alto a imitou, afetando uma voz fina e idiota.

— *O que querem de mim?*

Levou um chute.

Eles não queriam nada.

Eles a odiavam sem motivo e não queriam nada. Queriam que ela sofresse por ser quem era. E só.

— Seu irmão é imbecil, não? Foi por isso que seu pai foi embora! Sujeito esperto.

As lágrimas ardiam nos olhos, e ela quis dizer que não, mas não conseguia. O rapaz alto aproximou a mão de Rion, que ainda chorava, e Áxia se jogou contra ele. Mas ela era leve, era fraca, e foi segura pelo colarinho da camisa.

— Sua mãe se diverte de noite na taverna, não é? — o adolescente falou, com desprezo ácido. — Mas isso não vai ser nada divertido.

O rapaz então fechou o punho, recuou-o na preparação para um soco. Ela protegeu o rosto com as mãos, mas então seus antebraços foram seguros pelos outros dois, e ela ficou indefesa.

— Vadia.

Um urro gutural tomou o bosque. Uma figura diminuta surgiu nas costas do rapaz prestes a esmurrá-la, e dois polegares magros afundaram seus olhos.

— *Larguem-na, covardes!*

O rapaz soltou-a, gritando de dor. Em suas costas havia um menino, expressão de fúria animalesca, ainda com os dedos dentro das órbitas do outro, como se quisesse cegá-lo.

Os outros dois largaram os braços de Áxia e enfim ela caiu no chão. O garoto recém-chegado saltou das costas do algoz mais alto, jogou-se contra o dentuço antes que ele pudesse raciocinar. Atacou seus genitais, deixando o rapaz mais velho curvado, uivando de dor. Então, com a rapidez de um relâmpago, catou uma pedra no chão e desferiu um golpe, de baixo para cima, bem no queixo do inimigo, fazendo-o cair para trás, de cabeça contra uma árvore.

O gordo já entendera o que estava acontecendo. Era o que portava a tocha. Atacou o menino com o fogo, mas o alvo se esquivou. Então agarrou o pulso do rapaz, torceu-o num movimento que não exigia força, apenas técnica. O garoto mais velho gritou e deixou cair a tocha. O menino apanhou o objeto e usou-o para atear fogo às roupas do rapaz.

O rapaz mais alto tentava fugir. O menino atirou-se atrás de seus joelhos, fazendo-o desabar. Então descartou a tocha, montou em suas costas e apanhou um galho de árvore. Bateu a primeira vez na nuca, e a segunda, e a terceira. O rapaz chorava de dor, pedia clemência, mas recebeu um quarto golpe, e um quinto. Então parou de chorar, e recebeu um sexto golpe, e então o garoto sentiu seus braços seguros.

— Ruff, não! Você vai matá-lo!

Ruff virou-se ainda em um estado de fúria, quase pronto a atacar quem o havia interrompido. Mas viu Korin, e o frenesi deixou seus olhos azuis. Ele ofegava. O garoto mais alto estava no chão, em uma poça de sangue. Provavelmente sobreviveria. O dentuço estava desacordado, sangrando no queixo e atrás da cabeça, estirado contra a árvore. O gordo sardento conseguira apagar o fogo das roupas, rolando na terra, mas estava deitado, chorando.

Ruff levantou-se. Não disse nada.

— Você está bem? — Korin perguntou para a menina chamada Áxia. — Está sangrando na testa. E seu irmão? O nome dele é Rion, não?

Ela tremia. Abriu a boca para uma resposta desaforada, mas conhecia aquele garoto — todos na aldeia se conheciam. Era um dos que nunca a haviam chamado de coisa nenhuma, além do nome. Seu pai era um guarda, e nunca fora rude com a mãe dela.

Mas havia um outro garoto. O garoto que a salvara. Ela nunca o vira, mas só podia ser o estranho recém-chegado de que todos falavam. Quase ninguém falava com ela, mas ela ouvia as conversas.

— Isto é feio, mas é só sangue — disse Áxia, tocando o corte no supercílio. — Vou ficar bem.

Korin tentou reconfortar Rion, mas era inútil. Áxia foi até o irmão, abraçou-o, falou palavras doces, mas ele não parava de chorar. Então largou-o, foi até o gordo que chorava na terra e começou a chutá-lo.

— Chega! — Korin segurou-a após alguns chutes. — Ele não está fazendo mais nada.

— Meu irmão está chorando. Por que ele também não deveria chorar?

— Ele *está* chorando.

— Por que não deixou seu amigo continuar?

— Porque ele iria matá-los!

— Ótimo!

— Ele iria matá-los e então seria expulso do mosteiro, sua...

Áxia sentiu o corpo todo tenso.

— Sua o quê? — disse, baixinho.

— Nada. Desculpe. Eu ia dizer "maluca", mas sei que você não gosta. Desculpe.

Ruff observava aquele diálogo com interesse.

— Tudo bem — disse Áxia. — Vamos embora.

Ela tentou pegar o irmão no colo, mas estava trêmula com a experiência aterrorizante. Então Ruff foi até o garotinho e ergueu-o, não sem alguma dificuldade. Rion berrou mais um pouco, então se acalmou entre uma fungada e outra do nariz.

— Tudo bem com seu irmão? — falou Ruff.

Áxia estava paralisada pelo feito do recém-chegado. Ninguém, além dela mesma e da mãe, era capaz de aplacar o desespero de Rion.

— Ele é diferente — disse a garota. — Não consegue falar. Não entende as coisas direito.

— Eu também não entendo, às vezes.

— Acho que minha mãe usou toda a inteligência e beleza em mim. Não sobrou nada para o coitado.

Os três riram, um riso triste que era precoce para a idade que tinham. Um entendimento instantâneo, primordial, que nenhum adulto seria capaz de compreender.

— Meu nome é Ruff.

— O meu é Áxia.

— Por que eles odeiam você?

Ela deu de ombros.

— Eles apenas odeiam. Eu sou só um alvo.

Na volta, após deixarem a garota e seu irmão em casa, Korin apavorou Ruff com histórias das reprimendas que os dois sofreriam. Os clérigos não toleravam violência daquele tipo, principalmente entre crianças. Como todos os adultos, pareciam cegos para os dramas das vidas de pouca idade. Achavam que, na infância, tudo era alegria — mesmo com os tiranos mirins, mesmo com a separação e a morte de pais, mesmo com os medos e as ansiedades.

— Adultos dizem que a infância é a melhor parte da vida — explicou Korin. — Porque não lembram mais como era ser criança.

Ruff ficou calado um tempo.

— Adultos são tão ruins assim? — perguntou.

— Ah, eles não são ruins. Não todos, pelo menos. Só são burros. Acham que nós, crianças, vivemos num mundo alegre. Que acreditamos nas histórias que eles contam, com princesas e cavaleiros. Acham que não notamos quando acontece alguma tragédia. Ficam cochichando a nossa volta, tentando esconder. São bem tontos. Mas existem adultos bons.

— O prior é um adulto bom?

— Acho que sim. Ele nunca me negou comida, embora finja ficar irritado quando apareço e me expulse de brincadeira quase sempre.

— Tem certeza de que é brincadeira?

— Claro que é, sou uma criança adorável. O prior é bom, e Dunnius e Niccolas também.

— Quem é um adulto mau?

Korin pensou um pouco.

— Um dos colegas de meu pai, um guarda, uma vez bateu tanto no filho que o cegou de um olho. Isso é um adulto mau.

— Ele não reagiu?

— Não conseguiu. Além disso, reagir quando seu pai bate em você é errado.

— Quem decidiu isso?

— Adultos, é claro.

— Adultos maus — concluiu Ruff.

Continuaram andando em silêncio.

— Os adultos também odeiam aquela garota? Áxia, não?

Korin assentiu.

— Muitos odeiam — disse o filho de guarda. — Não sei bem a razão. Odeiam principalmente a mãe dela. Mas, assim como eu vou ser parecido com meu pai, provavelmente Áxia vai ser parecida com a mãe, então já começaram a odiá-la também.

— O que a mãe dela faz de tão errado?

— Só sei que tem a ver com a taverna, à noite.

— Aqueles garotos disseram que a mãe de Áxia se diverte na taverna. Isso é errado?

— Acho que não. Meu pai vai muito na taverna e nunca ouvi ninguém reclamar disso.

— Que maluquice. Acho que aqueles garotos, por já estarem virando adultos, estão ficando loucos.

— Loucos e burros, como todos os adultos — proferiu Korin, como um sábio.

— Acha mesmo que vão nos punir?

— Com certeza. Vamos trabalhar como burros de carga, e podemos até apanhar um pouco.

Silêncio.

— Acho que valeu a pena — disse Ruff, com um sorriso. — Mesmo com trabalho e uma surra, gostei de ter ajudado Áxia.

Mas, para a surpresa dos dois, ninguém veio lhes falar sobre o ocorrido no bosque. A malandragem de Korin e algum instinto infantil de Ruff fizeram com que nenhum dos dois puxasse o assunto, e assim se fez um acordo de mudos.

Alguns dias depois, a aldeia estava em polvorosa, por uma razão que Ruff não entendia. O prior veio chamá-lo em meio a uma de suas tarefas.

— Você vai passear comigo, garoto-cabra.

E passearam.

Deixaram o mosteiro, ganharam a aldeia. Por onde passavam, as pessoas cumprimentavam o prior, abaixavam a cabeça, pediam sua bênção. A bênção era dada, com ou sem alguma admoestação, dependendo de quem a pedia. Os aldeões ficavam vermelhos de vergonha, mas pediam desculpas por seus pecados e aceitavam as palavras duras.

— O que você está prestes a ver é muito importante, garoto-cabra. Preste atenção.

Ruff notou que todos os guardas da aldeia estavam na minúscula praça principal. Ele viu o pai de Korin, com o menino em volta. Procurou Áxia na multidão, mas não a enxergou. Talvez não fosse bem-vinda mesmo quando toda a aldeia se reunia. Os rapazes que a haviam perseguido, no entanto, estavam lá, com hematomas e curativos. Evitaram chegar perto do prior, para evitar Ruff.

A aldeia estava soturna, como em um funeral. Estavam todos sérios, até mesmo Korin. Guardas tensos, aldeões roendo as unhas. Até mesmo a imagem de São Arnaldo, na torre, parecia franzir o cenho.

Os aldeões tinham baús e carroças cheias de grãos. Os mais abastados tinham pequenos sacos de moedas. Todos reunidos na praça com seus pertences de valor. Súbito, um garoto adentrou a aldeia, gritando:

— Eles estão aqui! Já chegaram! Estão aqui!

Um burburinho entre os aldeões. A tensão aumentou. Passaram-se os minutos. A mão do prior, no ombro de Ruff, ficou mais rígida. Então Ruff avistou uma carruagem se aproximando. À frente do veículo, um punhado de homens armados.

Então chegaram mais perto, e ele viu que não eram homens.

Eram monstros.

Criaturas humanoides, mais altas que qualquer adulto da vila. Pele amarelada e coberta de pelos. Orelhas animalescas e focinho. Presas projetando-se da mandíbula. Mas não eram bestiais: marchavam com o rigor de verdadeiros soldados, trajavam armaduras e empunhavam lanças. Nas costas, levavam escudos, e tinham espadas longas e curvas na cintura. Eram um pequeno batalhão monstruoso. Quando pisaram na praça central, todos os aldeões tinham a cabeça abaixada.

Estacaram. A carruagem se abriu, e de dentro dela emergiu uma figura trajada em armadura completa. Não se via um centímetro de pele, até mesmo a cabeça estava coberta por um elmo fechado. O homem de armadura foi até o prior. Não o cumprimentou. Apenas puxou um pergaminho de dentro das vestes e começou a ler, recitando uma lista de valores e quantidades. Sua voz era um guincho rouco, reverberando no metal do elmo.

Os aldeões começaram a depositar seus pertences — artesanato, grãos, dinheiro — aos pés dos soldados monstruosos.

— Está tudo aqui, prior? — chiou o comandante dos soldados, de dentro de seu elmo.

— Tudo, general.

— Preciso mandar contar?

— Não, general.

— Ótimo! Tenho pressa para sair deste lugar fedorento.

Virou-se. Então pareceu mudar de ideia. Olhou de novo para o prior. Estendeu a mão e agarrou o medalhão que ele levava pendurado no pescoço com a imagem de São Arnaldo. Puxou, quebrando a correntinha e arrancando a peça.

— Sempre achei esta quinquilharia bonita — disse o general oculto pela armadura. — Vou levá-la comigo.

— Sim, general.

— Algum problema, prior?

— Não, general.

— É claro que não. Qualquer problema e mandarei queimar este monte de esterco da próxima vez!

O prior mantinha-se estoico. Ruff olhou para aquele homem imenso e notou algo novo: humildade, subserviência.

O prior era alto e forte, severo e rígido. Mas, frente àqueles soldados, abaixava a cabeça.

— Precisamos de homens para carregar os impostos — ponderou em voz alta o general, de dentro de seu elmo. Então, para seus guerreiros monstruosos: — Escolham cinco aldeões e tragam-nos conosco!

Sem hesitar, os soldados agarraram os aldeões mais próximos, prendendo-os em correntes. A esposa de um dos escolhidos berrou, agarrou-se ao marido, mas recebeu um safanão e caiu na areia, sangrando. Os aldeões choravam, vendo seus maridos, pais e irmãos partirem. Mas ninguém fazia nada. Um dos escolhidos olhou para o prior, implorando ajuda em silêncio, enquanto uma coleira metálica era fechada em seu pescoço. O clérigo apenas o abençoou com um gesto, deixando que fosse para uma vida de escravidão, sem tentar impedir.

Um dos soldados aproximou-se do general.

— Também precisamos de mulheres, senhor.

Alguns aldeões gritaram que não, mas de novo ninguém reagiu.

— Escolha algumas, mas seja rápido. Não quero ficar um minuto a mais nesta pocilga.

A primeira escolhida foi arrancada dos braços de sua mãe e presa em grilhões. Ruff não entendia direito, mas soube que as mulheres teriam destinos ainda piores que os homens, fossem quais fossem. Suas famílias choraram ao vê-las sendo acorrentadas e escravizadas, mas não confrontaram os soldados.

No fim, cinco homens e três mulheres estavam presos em correntes. Os homens carregavam o que havia sido retirado da aldeia. As mulheres eram apenas olhadas com cobiça pelos soldados monstruosos.

— Vamos embora! — decretou o general, em sua voz desafinada.

Então voltou à carruagem. Deu mais uma ordem e os monstros deram meia-volta. Com a mesma casualidade com que haviam entrado, os soldados bestiais saíram, levando o produto de meses de trabalho dos aldeões e dos monges. Levando seus irmãos e suas irmãs. Ninguém fez nada além de chorar.

Aos poucos, o povo se dispersou da praça central. Mais pobres.

Órfãos e viúvos.

O prior se abaixou, ficando frente a frente com Ruff.

— Entende o que aconteceu aqui?

— *Não* — disse o garoto, quase em desespero.

Ruff não entendia. Tremia pela injustiça. Sentia vontade de ir atrás do batalhão, morder a garganta dos soldados, matá-los como pudesse.

Mas parecia ser o único.

Todos haviam ficado paralisados. Até mesmo o prior aceitara aquilo.

— Esses soldados vêm uma ou duas vezes por ano para roubar o que é nosso — disse o velho clérigo. — Eles levam homens e mulheres para morrer em suas mãos. E não há nada que possamos fazer. Entenda isso, garoto-cabra. Você nunca mais verá aquelas pessoas. Talvez você passe fome porque perdemos muita coisa. Esta é sua vida. Esta é nossa vida.

— Por quê? — Ruff agarrou-se aos robes do prior, à beira das lágrimas.

— Porque existe um tirano. Seu nome é Zamir e ele é nosso senhor.

A resposta não era o bastante. Ruff lembrava-se de ter ouvido falar de Zamir, assim que fora encontrado. Mas Zamir era um nome, era algo vago que ele não conhecia.

Não.

Zamir era a razão pela qual Korin perdera seu irmão.

Zamir era alguém que mandava soldados uma ou duas vezes por ano para roubar e escravizar.

— Há algo que você quer me perguntar — disse o prior, ignorando a angústia do menino. — Uma coisa que está entalada em sua garganta desde o primeiro dia.

Ruff fez que sim.

— Você ouviu minha conversa com Dunnius e Niccolas, e sei que entendeu, porque acima de tudo é inteligente. E eu falei em sua frente de propósito, porque também sou muito, muito inteligente. Então vá em frente, Ruff. Pergunte.

— Quem é Zamir?

O prior suspirou. Segurou o braço do garoto com força.

— Zamir é o último dragão vermelho, garoto-cabra. Zamir manda seus soldados, os hobgoblins, para cobrar impostos, e então passamos fome. Zamir pode levar qualquer um que queira para viver e morrer como escravo. Quando Zamir acha que lhe faltamos com o respeito, ocorrem massacres. Cidades são destruídas. Zamir é o grande mal desta terra.

— E eu...?

— E você, se a idade não me tornou estúpido, foi enviado por São Arnaldo para matá-lo, Ruff. Porque garotos não surgem do nada no Túnel Proibido quando acólitos vão procurar cabras. Principalmente garotos capazes de matar lagartos, defender mocinhas e causar terremotos.

O menino ficou calado.

— Não faz sentido esconder a verdade de você, Ruff. Você descobrirá cedo ou tarde. Provavelmente cedo, com seu intelecto. Sua vida não pertence a você mesmo. Você está aqui com um propósito.

— Sim, prior.

— E sei seu nome.

— Ruff — disse o menino, com a mesma entonação de rosnado que usara na caverna.

— Este é o nome que recebeu aqui. Mas você tem uma marca nas costas, garoto-cabra.

O prior virou-o e abaixou a gola de seu robe. Expôs as costas magras ao frio e enxergou de novo a marca de nascença. Uma espécie de círculo, quase do tamanho da mão espalmada de um homem. Mas os contornos do círculo formavam uma espécie de par de asas. E, dentro, algo que parecia uma ponta de flecha, mas com detalhes que lembravam um crânio.

— Poucos lembram deste símbolo, garoto-cabra. Talvez apenas um punhado no continente inteiro. Mas passei boa parte da vida estudando e li tomos que não existem em lugar nenhum, exceto aqui. Este é o símbolo de uma linhagem que todos julgavam extinta. Uma linhagem de reis.

— Sou um rei?

— Você é um garoto que surgiu quando buscávamos uma cabra! Um garoto com um grande peso nas costas.

Calados.

— Mas tem uma linhagem — disse o prior. — Tem um nome.

— E qual é meu nome?

As palavras vieram sólidas, como uma pedra de catapulta. Como um rugido seguido do clangor de uma espada, o nome reverberou:

— Ruff Ghanor.

4 | o dia do gato

GHANOR.

A palavra continuou a retumbar na mente do garoto, enquanto ele enxergava os aldeões se dispersando, chorando pelas pessoas que haviam perdido. Cabeças baixas, bolsas vazias, casas vazias, orgulho pisoteado.

Sem memória, sem raízes fora do mosteiro, Ruff acostumara-se a pensar em si mesmo como um enjeitado, acolhido por sorte pela bondade dos clérigos. Seu instinto fora trabalhar, como se alguém lhe tivesse incutido a obediência desde antes de ser encontrado, desde antes da caverna.

Mas o prior fizera-lhe a revelação.

Rei.

Ou um garoto-cabra. Mas descendente de uma linhagem de reis. Ruff não entendia aquilo direito. Sentia um peso nas costas, como se estivesse sendo observado por olhos invisíveis. Se não era o garoto abandonado, dependente da caridade alheia, quem era? O que significava ter uma família, uma história atrás de si? Talvez outras crianças rissem, maravilhadas por se descobrir príncipes, mas Ruff franziu o cenho e permaneceu de cara fechada e olhos preocupados o tempo todo, enquanto o prior o levava de volta ao mosteiro.

Repetindo mentalmente a palavra "Ghanor" e pensando nas implicações da descoberta, não notou para onde estava indo. O que o despertou das divagações foi o cheiro forte de incenso. Quando deu por si, estava na sacristia, frente a frente com o prior, e a janela mostrava que já escurecia lá fora. Por toda a sala, velas acesas — iluminação e louvor a São Arnaldo. A mobília era esparsa, apenas uma mesa grande e algumas cadeiras, além de prateleiras infindáveis com uma quantidade monumental de livros e pergaminhos.

— Eu entendo — disse o prior. — Tudo isso é muita coisa para um garoto só. Se você fosse uma cabra, estaria menos confuso.

Ruff continuou em silêncio.

— O que você acha de sua vida aqui no mosteiro?

O garoto pensou um pouco, mas conseguiu responder:

— Gosto.

— Gostaria que mudasse?

— Não! — quase com um susto.

O prior sorriu.

— É claro que não. Você tem Dunnius, Niccolas e todos os outros acólitos e clérigos. Você tem seu amigo Korin. E, pelo que entendo, conheceu aquela garota da aldeia. Áxia, não?

Ruff assentiu.

— Você tem uma família, garoto-cabra. Não sabemos de onde veio, apenas que os deuses, ou o santo, colocaram-no em nosso caminho com um propósito específico. Mas, fosse qual fosse sua vida antes do incidente no túnel, você parece um menino que nunca teve uma família antes. Agora tem, está cercado de pessoas que o amam, e então apareço eu e jogo toda uma nova família sobre você. É demais, não?

Ele assentiu de novo.

— Não tinha nada, e agora possui coisas demais. E uma segunda família de reis! Se você for inteligente, deve estar pensando o que vai mudar com esse conhecimento. Como vai ser tratado. Se vai perder a primeira família por ser diferente. E é bom que esteja pensando nisso, porque faço questão que seja inteligente. Eu *preciso* que você seja inteligente.

— Estou pensando nisso, prior — respondeu com sinceridade.

— Bom. Outros homens poderiam lhe esconder a verdade, Ruff Ghanor. Poderiam mantê-lo pensando que era igual aos outros. Seria mais conveniente. Mas não acredito em mentiras. Por isso lhe contei que seu destino é lutar contra o dragão tirano. E que a marca em suas costas tem um significado.

Silêncio.

— Não darei as respostas, se você não fizer as perguntas.

Ruff engoliu em seco. Então:

— Como é minha família?

— A pergunta certa — o prior sorriu em aprovação.

Então se ergueu de sua cadeira, o corpanzil de guerreiro parecendo ocupar a sacristia toda. Sua sombra era projetada em um tamanho enorme, bruxuleante, pela miríade de velas. Foi até uma prateleira e escolheu um tomo pequeno, humilde, encapado com couro. O livro parecia prestes a se desfazer, mas o prior tinha um toque surpreendentemente gentil com suas manzorras de empunhar armas. Abriu-o, folheou as páginas, achou a que desejava, pousou-o na mesa. Então apanhou dois jarros e dois canecos de barro. Serviu de um deles a Ruff — era suco de frutinhas amassadas, tornado ainda mais doce por ser misturado com mel. Uma delícia rara. Serviu do outro jarro a si mesmo — um cheiro forte de álcool emanou da bebida. Tomou um gole e segurou o livro de novo.

— A história da linhagem Ghanor foi esquecida. Fragmentos estão espalhados em pequenos livros como este, em relatos...

— O que são fragmentos? — interrompeu o garoto.

— Pedaços. Pedaços pequenos.

— Ah!

— Pedaços dessa história estão espalhados por livros insignificantes como este. Surgem nas lendas que os aldeões contam. Aparecem em canções folclóricas, em ditados populares. Nunca a história completa. Mas um estudioso dedicado pode juntar as peças.

— Como é a história?

— É uma história de orgulho, Ruff Ghanor. Orgulho e queda.

O prior tomou mais um gole e começou. Falou sobre um tempo indefinido no passado. Um passado anterior até mesmo ao caos que assolava as terras naquele momento. Antes dos dragões e dos monstros andarem livres. Antes de Zamir.

Naquela época, havia um rei, e por isso as pessoas podiam viver a vida em paz. Podiam planejar, ter filhos, esperar pelo dia seguinte, pelo ano seguinte. Havia um rei, e por isso as pessoas tinham futuro. Era um rei dotado de poderes assombrosos. Capaz de vencer qualquer inimigo com uma combinação de força e magia. Seu sangue era poderoso, carregava uma bênção, um traço arcano, *algo* que o tornava mais que um mero mortal. Escolheu como sua rainha a mais brava guerreira de todas as terras, e ambos tiveram muitos filhos, que herdaram a coragem e o poder de seus pais.

O domínio do rei era forte. Era inquebrável. Quando ele morreu, seu filho mais velho assumiu o trono. Seus irmãos e suas irmãs apoiaram-no, para que nunca houvesse ameaça à paz que seu pai havia conquistado. Juntos eram uma família invencível, uma força do bem e da ordem que ninguém ousava questionar.

E tudo dependia do poder mágico que carregavam no sangue.

O novo rei procurou uma esposa, mas nenhuma mulher em todas as terras se comparava a sua mãe. Nenhuma tinha o espírito que ele julgava necessário. Mais do que isso, nenhuma carregava o mesmo poder que ele tinha nas veias.

Exceto as mulheres que compartilhavam de seu sangue.

O rei escolheu uma de suas irmãs como esposa. Assim, a linhagem permaneceria pura. A magia, intacta. Os dois tiveram filhos — desde muito cedo, as crianças demonstraram as mesmas capacidades dos pais. Seus tios e suas tias casaram-se entre si, também gerando proles cheias de capacidades arcanas. Formava-se um clã capaz de governar de forma inquestionável, impor sua lei sem temor de desobediência.

E assim foi, durante décadas ou séculos. Havia paz. Os reis e as rainhas casavam-se entre si, o irmão mais poderoso com a irmã mais poderosa. Gerando filhos cada vez mais fortes.

E cada vez mais arrogantes.

Com o passar do tempo, os reis esqueceram o que significava o bem. A lei era sua palavra, a justiça era sua decisão. Ninguém podia questioná-los, então eram absolutos. Reuniram poder cada vez maior, vendo-se como arautos supremos de toda a bondade. Um deles chegou à conclusão de que, assim como havia uma linhagem que personificava o bem, o mal também estava no sangue. Todo e qualquer crime passou a ser punido com a execução, pois os reis queriam erradicar a maldade.

Recompensavam a si mesmos com mais e mais luxo, mais e mais excessos. Pois glorificar a família era glorificar o bem. Se a família vivesse em prazeres sem fim, era o bem que estava sendo alimentado.

A primeira revolta popular foi esmagada com a intervenção direta de um príncipe.

Os reis espalharam arautos para avisar a população contra o mal que fervilhava escondido. Todos eram incentivados a denunciar focos de maldade em suas aldeias, em suas famílias.

O que era maldade? Desobediência ao bem. Maldade era contrariar a vontade dos reis.

Alguns arautos foram mortos por turbas enfurecidas. Outros se recusaram a divulgar a palavra da família real — em vez disso, incitaram o povo à rebelião. Ouvindo repetidamente que, por serem imperfeitas, eram malignas, as pessoas pegaram em armas. Sendo acusadas de personificar a maldade, decidiram que a definição do que era bom não podia vir de um palácio.

A segunda rebelião foi esmagada, mas dois príncipes morreram.

A terceira e a quarta também foram vencidas, mas os exércitos reais diminuíam a cada dia. Batalhões jogavam fora seus estandartes e mudavam de lado, ante as palavras de seus comandantes, acusando os próprios soldados de serem impuros. A quinta rebelião estourou quando um príncipe, general de um grande exército, foi morto por seus próprios homens em pleno campo de batalha.

O rei recolheu-se a seu castelo. Acossados por seus subordinados, o monarca e sua família chacinaram seus próprios servos. Quando as tropas rebeldes invadiram o palácio, encontraram o rei, a rainha e os príncipes em um estado de loucura, sujos e esfaimados, como animais raivosos.

Centenas morreram naquele dia, mas as cabeças reais foram carregadas na ponta das lanças.

E o nome da linhagem foi apagado, para nunca mais ressurgir.

Restava apenas em alguns fragmentos, espalhados em livros sem importância. Uma história que nenhum estudioso seria capaz de montar, exceto alguém como o prior. E o nome maldito era um só:

Ghanor.

— O que acha dessa história, garoto-cabra?

Ruff fungou e secou as lágrimas.

— Não estou chorando — afirmou, desafiador.

— Está sim. E é bom que chore, porque a história de sua família é triste. O que acha da história?

— É uma droga.

O prior tomou um gole.

— Boa resposta. Sobre o que é a história, Ruff?

— Sobre um bando de gente má que tinha poder suficiente para decidir o que era ser bom.

— *Excelente* resposta. É uma história sobre *escolhas*, Ruff Ghanor. Sobre o que os reis escolheram fazer com o dom que descobriram possuir. Observe isso.

O prior se levantou de novo. Foi até um canto da sacristia, apanhou um cajado. Então chegou perto de Ruff, que observava, intrigado. Ergueu o cajado e desceu-o com força sobre a cabeça do garoto.

Ruff soltou um grito e pulou para longe, em posição de defesa.

— Eu sou maior que você. Mais forte e mais experiente. Posso pegar este cajado e bater em sua cabeça. E posso dizer que isso foi em nome de algum ensinamento profundo.

Silêncio desconfiado.

— Mas seria uma justificativa fraca, não é mesmo? Eu bati em você porque podia. Assim como seus antepassados fizeram com quem era mais fraco do que eles.

Ruff voltou a se aproximar do prior, com passos lentos e cuidadosos.

— Você tem um dom. O que chama de "saber matar", se os relatos que tenho ouvido estão certos. E algo mais impressionante ainda. Você é capaz de provocar um pequeno terremoto batendo com seu punho no chão. É milagroso, ou um bruxo! Você deve escolher o que fazer com isso.

O garoto continuava observando.

— Vai salvar acólitos que tentam ajudá-lo, como fez no túnel? Ou vai matar aldeões estúpidos, como quase fez no bosque?

A imagem dos rapazes atormentando Áxia invadiu a mente do garoto. Ele sentiu as faces ficando vermelhas.

— Mas eles...

— Não é a mim que você deve responder, garoto-cabra. É a você mesmo.

— E a marca?

— O quê?

— A marca em minhas costas. Você contou a história, mas nunca mencionou a marca em minhas costas. Os reis tinham essa marca?

O prior sorriu.

— Ah, sim. Devo ter esquecido. Todos tinham a marca.

Ruff espiou o livro aberto sobre a mesa. Com efeito, havia um desenho da marca. Antes que ele pudesse examiná-lo com mais detalhes, o prior estendeu a mão e fechou o tomo.

A dúvida se remexeu no interior de Ruff. Com um pequeno questionamento, começaram a surgir outros. Por que ele não mencionara a marca? Seria mesmo tudo verdade? Se houvesse apenas uma mentira no meio daquilo tudo, como ter certeza sobre o resto?

— Aqui está — o prior interrompeu a elucubração, entregando o cajado a Ruff. — Um dia você terá o poder. E terá de fazer a escolha. O que fará com ele?

Ruff segurou firme o cajado. Então golpeou o prior na cabeça.

O homem interceptou a arma com a mão, um gesto rápido como o bote de uma serpente.

— Um dia, garoto-cabra. Não hoje.

E, por três anos, o nome e a história reverberaram na mente de Ruff Ghanor, enquanto ele se preparava para o destino que lhe haviam apresentado. Estudava para ser clérigo. Era um acólito, como haviam sido os irmãos que o acharam na caverna, uma vida inteira atrás.

Os dias começavam muito cedo, antes que o sol nascesse, com as badaladas do sino que ficava na mesma torre que mostrava a face de São Arnaldo. O som era ouvido pela aldeia inteira, mas os aldeões há muito haviam aprendido a virar para o lado em suas camas e voltar a dormir depois do estardalhaço. Os clérigos e os acólitos não tinham essa permissão: erguiam-se em seus catres, arrumavam suas coisas e reuniam-se numa grande capela, onde faziam as preces matinais em conjunto. Entre os mais jovens, inúmeros bocejos contidos e olhares vagos, cheios da areia do sono. Os sacerdotes já ordenados tentavam disfarçar o cansaço, dar o bom exemplo. Apenas o prior estava sempre alerta e apresentável.

Esse era o início dos dias para os demais acólitos, e também para os clérigos.

Não para Ruff.

O garoto despertava ainda antes dos outros, na hora mais escura da madrugada. Encontrava o prior na frente do mosteiro e, se bocejasse, era punido com um golpe de cajado. Pelo menos uma vez por semana tentava aparar a arma, como o velho fizera anos antes, mas até ali nunca conseguira. Então partia em uma corrida em volta da aldeia.

O trajeto contornava os limites da vila, passava rente ao bosque e atrás do mosteiro. Então se tornava pedregoso e inclemente. Ruff devia correr no sopé da montanha, no escuro, subindo e descendo sem descanso e sem hesitação — caso demorasse demais, sofria punições. Em geral, percorria a trilha sem problemas, mas não naquela madrugada.

Não havia lua ou estrelas, e Ruff escorregou nas enormes pedras irregulares. Sentiu o pé entrando em um buraco, caiu e forçou as articulações em um ângulo que elas nunca deveriam atingir. O som nauseante do osso se partindo chegou um momento antes da dor, e Ruff gritou. Seu pé estava quebrado. Chorando de dor, gritou por ajuda, mas nenhuma ajuda veio. Puxou a perna com força, durante quase meia hora, até conseguir se soltar do buraco. Então se arrastou o restante do trajeto, pé inchado e roxo, enfim chegando de novo ao prior.

— Por que demorou tanto? — disse o homem.

— Meu pé — o garoto mostrou o inchaço e a cor feia, tremendo, mal ousando olhar.

— Se o mosteiro estivesse sob ataque, seria tarde demais. Você estaria com o pé quebrado, e seus irmãos estariam mortos.

Ruff mordeu os lábios e controlou o choro frente à injustiça. A rigidez do prior por vezes era sinistra. Desejou estar com o Irmão Dunnius e o Irmão Niccolas, que iriam tratá-lo como...

Como uma criança.

E cuidariam de seu pé.

— O que pretende fazer quanto a isso? — disse o prior.

Lá dentro, já se ouviam os sons do mosteiro despertando. Logo os clérigos e acólitos fariam as preces e entoariam os cânticos, e então haveria o desjejum.

Ruff fez menção de entrar no mosteiro, mas foi detido pelo cajado.

— Não.

Era cada vez mais difícil conter as lágrimas.

— Você pode chorar, se achar que isso irá ajudá-lo. Incontáveis vezes São Arnaldo chorou pelos pobres e desafortunados.

O lábio inferior do garoto tremia.

— Não lembro, contudo, do santo chorando por si mesmo.

Ele inspirou fundo, cerrando os punhos e enchendo-se de coragem e orgulho infantil. Secou a única lágrima que escapou.

— O que vai fazer? — o prior insistiu.

Ruff tentou contornar o homem pelo outro lado, mas de novo o cajado o barrou.

— Não vai me deixar entrar?

— O que você vai fazer quanto a seu pé?

— Vou pedir para o Irmão Niccolas curá-lo.

— Para isso, você precisa passar por mim.

— Não consigo!

— É um problema, não?

Ruff sabia que seria inútil, mas tentou passar pelo prior mais uma vez. O cajado chegou perigosamente perto de seu pé.

— Você realmente precisa do Irmão Niccolas?

— Não posso ficar com o pé assim! Dói demais!

— Isso não é resposta.

— Você quer que eu sinta dor? Isso é bom para o treinamento?

— Não sou um sádico, garoto-cabra. Agora responda. Você realmente precisa do Irmão Niccolas?

— É claro!

— Resposta errada.

O prior tinha o rosto pétreo.

Passaram-se os minutos. Ruff atônito, incerto sobre o que fazer.

Então a resposta veio até ele. Tremeu de novo, mas desta vez de esperança, de entusiasmo.

Seria mesmo capaz?

Fechou os olhos, juntou as mãos. Inspirou fundo e falou, baixinho, sob a respiração:

— *Aos deuses e ao santo que me protege, eu suplico. Façam cessar minha dor. Permitam que eu tenha saúde para lhes servir.*

Repetiu as palavras de novo e de novo. Ruff sabia que as orações não eram fórmulas a serem decoradas, mas sim conversas com os deuses, com a própria alma de quem rezava. Orar tinha mais a ver com entrar em contato consigo mesmo do que com agradar a uma divindade. Entre os clérigos, havia aqueles que tinham paz de espírito e conexão com os deuses suficientes para canalizar seu poder. Para curar os feridos.

Para operar milagres.

E, para o prior, não parecia demasiado exigir um milagre de um menino.

Ruff sentiu a presença dos deuses, como um raio de sol morno. Ficou tonto, como quando se erguia rápido demais, e foi tomado por um bem-estar sublime, uma sensação de que tudo estava bem no mundo. Súbito, pareceu perder o controle dos braços e das pernas, como se fosse uma marionete, manipulado de longe por um titereiro habilidoso. Eram os deuses, era São Arnaldo preenchendo-o. Ele abriu as mãos para que a magia jorrasse sobre o pé quebrado.

E nada aconteceu.

— Não consigo — disse Ruff Ghanor, desolado.

— Tudo bem.

Ele tentou entrar no mosteiro. Desta vez, recebeu um golpe de cajado na cabeça.

— Acha que foi isso que São Arnaldo fez? — trovejou o prior. — Tentou alimentar os famintos uma vez, não conseguiu e então desistiu? Acha que é assim que um clérigo procede?

O garoto rilhou os dentes, orou de novo. Sentiu os deuses sobre si mesmo, fez força para canalizar aquela sensação em um efeito físico.

Nada.

Tentou e tentou. O cheiro do desjejum começou a emanar do mosteiro, e ele ainda tentava. A aldeia acordou, e ele ainda tentava. Logo se formou uma pequena multidão a seu redor, cheia de murmúrios e especulações, assistindo ao garoto rezar.

Korin chegou perto. Perguntou:

— O que ele está mandando você fazer agora?

— Um milagre — disse Ruff.

Rezou de novo, mas nada acontecia.

— Um milagre?

— Ele quer que eu mesmo cure meu pé. Com magia!

— Você consegue.

As palavras de confiança do amigo impulsionaram Ruff. Ele sentiu que realmente conseguiria.

— Vamos, Ruff. Você consegue! Prove para esse prior fedorento!

E Ruff tentou.

— Não consigo, Korin.

A multidão que assistia tinha tarefas e se entediou. Todos foram embora, comentando sobre a rigidez do prior e as chances do garoto.

— Você também não tem seus deveres, Korin? — questionou o prior.

— Não — o filho de guarda mentiu, queixo erguido, desafiador.

— Sei que tem. Você hoje vai treinar com os instrutores de combate do mosteiro. Ponha-se em seu caminho.

— Obrigue-me!

O prior ergueu o cajado.

— Não me obrigue! — Korin mudou de ideia. — Mas não vou sair do lado de Ruff.

E não saiu.

O sol subiu, ficando diretamente sobre a cabeça do garoto que rezava. Nada acontecia. O cheiro do almoço emanava de todos os lados. Ruff estava fraco. O estômago roncava, o pé latejava e doía cada vez mais. O prior continuava na mesma posição, o cajado pronto a ser usado, e não demonstrava nenhum desconforto.

Dunnius e Niccolas surgiram, com algo cheiroso embrulhado em um pano branco.

— O que trazem aí? — o prior apontou seu cajado para os dois.

— Comida — disse o Irmão Dunnius.

— Obrigado, irmão, mas não estou com fome.

— Bem... É para Ruff.

— O garoto-cabra só comerá dentro do mosteiro — a voz do prior ribombou nos ouvidos de todos. — Só comerá quando cumprir sua tarefa.

Niccolas engoliu em seco e olhou para o jovem acólito com preocupação.

— Eu estou com fome e não preciso fazer milagre nenhum! — disse Korin.

— Muito bem. Coma enquanto seu amigo passa fome, Korin, filho de guarda.

O garoto fez menção de pegar a comida, mas recuou.

— Não. Se Ruff aguenta, eu aguento.

Os dois clérigos levaram o farnel embora, intocado.

No início da tarde, Áxia se aproximou, levando o irmãozinho pela mão.

— Quer que eu distraia o prior para você passar? — ofereceu.

— Não — Ruff grunhiu.

— Que bom.

Ele lhe dirigiu um olhar confuso.

— Você não precisa da ajuda de ninguém, Ruff. Sei que vai conseguir.

Mesmo assim, a garota virou-se para o prior:

— Isso que você está fazendo é crueldade! — apontou o dedo para o clérigo. — Você gosta de ver crianças sofrendo! Mas ele não precisa de sua ajuda! Velho besta!

E fez-lhe um gesto que certamente aprendera com um adulto.

Áxia foi embora, a tarde se estendeu, e Ruff continuou rezando. Orações não eram fórmulas, mas ficava cada vez mais difícil ser sincero. Ele não achava mais palavras ou sentimentos. As tentativas tornavam-se vazias. Ele ficava mais fraco, o pé latejava. Esquecia-se de que Korin estava a seu lado, mas o amigo não parecia se importar. Permaneceu olhando as incontáveis tentativas de Ruff com o mesmo interesse da primeira.

O sol desceu, o ar foi tomado pelo aroma do jantar. Dunnius e Niccolas de novo tentaram oferecer comida ao menino, e de novo foram barrados pelo prior. Algumas pessoas se reuniram para assistir, agora que tinham acabado todos seus afazeres. Quando viram que nada aconteceria, dispersaram-se. O sino tocou, anunciando o fim de mais um dia pelo qual todos agradeciam a São Arnaldo. E então, aos poucos, a aldeia e o mosteiro ficaram silenciosos.

— Certo — disse Ruff. — Não consegui. Passamos o dia aqui, eu ainda não consigo.

Com dificuldade, começou a se dirigir ao mosteiro.

E foi barrado.

— Isso não é um teste — disse o prior. — Não foi uma tentativa. E ninguém falou em um limite de tempo. Você poderá entrar quando curar o próprio pé. E não antes.

— Mas...

— Essa é a realidade, garoto-cabra.

Desta vez, as lágrimas foram incontroláveis. Ruff chorou de raiva do prior, de pena de si mesmo, de indignação pela injustiça de tudo aquilo. Chorou de dor e de fome. De humilhação por Korin, Áxia e todos na aldeia testemunharem seu fracasso. De vergonha porque nunca corresponderia às expectativas que tinham jogado sobre ele, sem que ele mesmo pedisse. Chorou e chorou, soluçando forte, cada soluço causando uma pontada de dor no pé.

Então o choro acabou. O prior continuava impassível. Ruff respirou fundo e rezou.

O pai de Korin surgiu, um leve cheiro de bebida no hálito, e tentou arrastar seu filho para casa. Quando o garoto se recusou, o guarda deu de ombros e o confiou ao prior.

Ruff dormiu intermitentemente. Acordava sobressaltado, acordava de dor, acordava com sonhos nos quais já havia se curado e estava comendo. Encontrava Korin na mesma situação, lutando contra o cansaço. Mas o prior, sempre de olhos abertos, observando-o com interesse.

— Você nunca fica cansado? — perguntou o garoto.

— Sim.

— E com fome?

— Também.

— Por que está torturando a si mesmo?

— Porque seria muito injusto exigir de você algo que eu mesmo sou incapaz de fazer, não é?

E Ruff tentou e tentou. Viu a madrugada progredindo, o sol começando a despontar. Korin não resistiu e dormiu algumas horas. Pela primeira vez desde que o treinamento começara, Ruff não correu em volta do mosteiro e da aldeia. Ouviu o sino, ouviu os cânticos. Sentiu os cheiros do desjejum no mosteiro e na vila, escutou o burburinho dos aldeões começando a trabalhar. Dunnius e Niccolas vieram observá-lo. Áxia assistia de longe. Uma nova aglomeração se formou a seu redor e então se dispersou.

E, no meio da manhã, sol alto, ouviu um grito infantil:

— *Prior! Prior!*

Ruff olhou para trás e viu duas crianças correndo para ele e o clérigo. A menina gritava, o menino não conseguia formar palavras, pois chorava sem cessar. Eram uns 3 ou 4 anos mais novos que ele mesmo, pareciam impossivelmente jovens e pequenos. A menina carregava nos braços uma coisa peluda.

Chegaram perto, aos berros, e Ruff viu o que era: um filhote de gato. Sangrava muito, de inúmeros ferimentos horrendos. Tremia e emitia miados fracos, de dar pena.

— Prior! — a menina tinha na voz horror verdadeiro. O horror da morte. — Um cachorro pegou ele. Ele vai...

O garotinho ainda não conseguia formar palavras.

— Salve-o! — implorou a menina.

O prior foi até os dois. Tocou no rosto da garota. E disse:

— Não.

Korin gritou, indignado. Áxia, olhando tudo afastada, xingou o prior com as piores palavras que conhecia. Ruff Ghanor sentiu o mundo fugir abaixo de si mesmo. Sentiu-se sem chão, sem céu, tomado por um vazio inexplicável. A resposta do clérigo era vil, era terrível como a vida. Ruff conhecia a morte, infligira-a aos monstros--lagartos, três anos atrás. E agora via a morte se aproximando daquela criatura inocente, que nem chegara a viver. O gato agonizava, e o prior recusava-se a ajudá-lo. Ruff, num instante, perdeu toda a confiança naquele mestre. Aquilo ultrapassava a severidade, era cruel demais como ensinamento. O garoto entendeu que não podia depender do prior. Que o gato também não podia, e que não havia ninguém que pudesse ajudá-lo.

Ninguém.

Estavam ambos sozinhos num mundo inclemente, ambos sem poder algum para ajudar a si mesmos, ambos sem protetores.

Então Ruff abriu mão de todo o controle. E sentiu a verdadeira presença dos deuses.

Porque os mortais tinham falhado em todas as instâncias, e o caminho estava aberto para uma força superior.

Sem pensar, sem rezar, Ruff Ghanor estendeu a mão na direção do filhote de gato. Uma luz branca emanou de sua palma, banhou as duas crianças, engolfou o animal. Ofuscou a visão de todos que estavam ali, naquele drama particular e imenso, de morte e fé.

E, quando a luz branca se desvaneceu, o gato se espreguiçou. Olhou para a menina que o carregava no colo — o vestido ainda manchado de sangue — e emitiu um miado alto, saudável, exigindo comida e atenção.

Korin começou a pular no mesmo lugar, agitando os punhos. Áxia escondeu um sorriso com as mãos no rosto.

— Pode ir — o prior empurrou Ruff Ghanor em direção ao mosteiro.

Súbito, ele notou que o pé não doía mais. Estava curado.

Caminhou sem dificuldade porta adentro, pronto para comer como nunca.

5 A cabana no bosque

ÁXIA NÃO ESTAVA impressionada.

— Eu sabia que você era capaz — disse a garota. — O que quer? Um prêmio?

Ruff gostaria, pelo menos, de algum reconhecimento por ter canalizado o poder dos deuses e salvado a vida de um gato. Ele não conhecia muito da vida, não conhecia nada do mundo além do mosteiro, da aldeia e da montanha, mas achava que um milagre aos 10 ou 11 anos era algo digno de nota. Na verdade, quando notou o que acontecera, ficou muito feliz consigo mesmo: salvara exatamente um gato, como Áxia fizera várias vezes desde que se conheciam. A menina vivia acolhendo bichos vadios, salvando-os de pedradas ou de morte à míngua. Por que ela não se impressionava com aquele salvamento?

— Porque eu sabia que você ia conseguir — a garota explicou, como se fosse a coisa mais óbvia sob o sol. — Você vai ser um clérigo, Ruff, e é claro que vai fazer milagres. Às vezes acho que só quem não nota isso é você mesmo.

Ele fez um muxoxo. Então pensou em algo a mais para dizer, mas ela o interrompeu:

— Tenho que ir.

— O que você vai fazer agora?

— Coisas — disse Áxia, evitando o olhar de Ruff.

— Que coisas?

— Eu pergunto a você sobre tudo que faz?

— Pergunta — o garoto respondeu. — Sempre quer saber detalhes. Xinga o prior e os outros clérigos quando acha que eles são severos demais ou de menos comigo.

Ela riu para si mesma.

— É verdade. Então nos vemos amanhã, Ruff.

— Não vai me contar o que está indo fazer?

— É claro que não.

Ela saiu alegre mosteiro afora, desviando-se dos adultos e deixando o amigo meio atônito para trás. Em geral era fácil se evadir de Ruff e dos outros, esconder suas atividades. Mas, naquele dia em específico, fora um pouco mais difícil: o garoto tinha mais tempo livre por causa de seu feito milagroso.

Ruff treinava o tempo todo, mas Áxia não ficava atrás. Como fazia sempre, esgueirou-se pela aldeia. Roubou um grande pão ainda quente que descansava em uma janela. Comprou um pouco de manteiga com as parcas moedas que conseguira em seus trabalhos esporádicos. Passou em casa para ver se Rion continuava bem, partiu levando o pão e a manteiga. Catou algumas frutinhas no bosque. Então se embrenhou mais fundo entre as árvores até avistar a cabana isolada.

Bateu na porta, como todos os dias.

— Quem está aí? — a voz feminina e rouca surgiu lá de dentro.

— Sou eu, senhora Ulma. Como sempre.

— Garota insolente! Acha que é a única visita que recebo? Acha que não conheço mais ninguém na aldeia? Ora, veja só... "Como sempre"!

Áxia sorriu para si mesma.

— Posso entrar, senhora Ulma?

— Trouxe algo para eu comer?

— Pão, manteiga e frutinhas.

— Entre, entre.

Áxia entrou na cabana.

O ritual era o mesmo todos os dias. Ela aparecia na mesma hora há anos, desde que encontrara a velha vivendo sozinha no meio do bosque e travara amizade com ela. E todos os dias Ulma perguntava quem era e resmungava sobre visitantes.

A cabana cheirava mal. A velha estava fraca demais para limpar qualquer coisa, então Áxia tomara para si mais aquele dever. As prateleiras eram repletas de frascos com líquidos coloridos, pedaços de animais empalhados e em conserva, ervas e folhas trituradas. A lareira estava apagada. Ulma estava sentada em sua cadeira de balanço, com um cobertor sobre as pernas, assim como fora deixada no dia anterior. A cama ainda estava arrumada. Ultimamente, era cada vez mais comum que a velha não tivesse forças para se erguer da cadeira e se deitar na cama à noite.

— Dormiu aqui de novo, senhora?

— Claro que não, menina boba! Quem em sã consciência dormiria numa cadeira? Dormi na cama, como uma pessoa normal, e arrumei tudo.

Áxia não contradisse Ulma. Apanhou um prato, serviu o pão, a manteiga e as frutinhas. Acendeu a lareira e colocou uma chaleira de água no fogo para fazer chá. No início, era Ulma quem a alimentava. Áxia chegava à cabana morta de fome, sem ter a quem recorrer, e a velha fazia com que sentasse à mesa e comesse tudo que ela podia oferecer — o que era bem pouco. De um ano para cá, era Áxia quem precisava alimentar Ulma. Ela mesma estava fraca demais para recolher frutas no bosque, fazer pão ou trabalhar em troca de comida.

— Como conseguiu esse pão?

— O sapateiro Bertus me deu, senhora — mentiu Áxia, enquanto servia o chá.

— Ah, ótimo. Curei o filho de Bertus há quase dez anos. Fico feliz que ele ainda se lembre e tenha alguma gratidão. As pessoas costumam esquecer de você depois que você envelhece, menina.

Áxia sentiu um tremor de raiva. Sim, as pessoas haviam esquecido de Ulma.

Ela fora a curandeira da aldeia. Sempre havia os clérigos, é claro, mas nem todos os males precisavam de milagres, e nem sempre milagres estavam disponíveis. Inúmeras doenças eram tratadas por poções e preparados de ervas da anciã. Inúmeras dores eram aliviadas por seus chás misteriosos.

Mas Ulma fazia mais do que isso.

Quando uma maré de azar atacava um fazendeiro, ela recitava palavras estranhas e dizia ter retirado uma maldição. Verdade ou mentira, em geral a sorte retornava. Quando algo se perdia, ela fazia um pequeno ritual e tinha uma visão de onde estava o objeto. Quando alguém precisava ser punido e a guarda não fazia nada, ela sabia o procedimento correto para que o culpado sofresse algum acidente infeliz.

Ulma operava magia diferente dos milagres dos clérigos. Magia mais escura, mais misteriosa. Magia aprendida em bosques e em pergaminhos antigos, passada de geração a geração por incontáveis mestres isolados.

Magia que não dependia dos deuses. Por isso nem sempre bem vista no mosteiro.

Quando a velhice de Ulma diminuiu sua utilidade, não houve quem cuidasse dela por gratidão. Todos preferiram fingir que esqueciam de todas as vezes em que haviam usado seus serviços. Ulma era um segredo aberto na aldeia.

Ulma perguntou mais um pouco sobre o sapateiro Bertus, e Áxia inventou histórias para satisfazê-la. Quase disse que o homem batizara sua filha mais nova de "Ulma", mas achou que a mentira seria grande demais.

A velha perguntou de outros aldeões, e Áxia diligentemente contou mentiras agradáveis sobre cada um deles.

A viúva Chanti, que Ulma ajudara quase vinte anos atrás quando seu filho foi à guerra, cuspia no chão quando ouvia falar na velha. Dizia que sempre soubera que ela era profana e perigosa. Contudo, na versão de Áxia, Chanti acendia uma vela todos os anos para Ulma no festival da colheita. Fester, o alfaiate, recebera de Ulma ajuda preciosa, quando sua casa incendiou e ninguém conseguia apagar o fogo. Hoje em dia, agradecia somente a São Arnaldo por não ter perdido tudo que tinha, e à boca pequena acusava Ulma de sacrifícios de sangue. Na versão de Áxia, Fester estava terminando de costurar roupas que doaria a Ulma em breve. O taverneiro Donatt quase fora à falência certa vez, e Ulma havia previsto o futuro e lhe contado o caminho a seguir para a prosperidade. Contudo, quando alguém mencionava Ulma, ele desconversava e dizia não querer problemas. Na versão de Áxia, Donatt pagava uma rodada de cerveja a todos os fregueses, uma vez por semana, em nome da velha senhora.

Mentiras. Mentiras inocentes. Era mais fácil do que contar a verdade e fazer Ulma sofrer mais ainda. Por que atormentar uma anciã com a realidade de que tinham vergonha dela? Com o desprezo de quem é usada e descartada?

Áxia observou a velha senhora comer o pão e as frutas com certa dificuldade, sorver o chá fazendo barulho. Raciocinou que deveria conseguir mais xícaras de alguma forma, pois só restavam duas a Ulma. A mulher também precisava de lençóis e precisaria de palha limpa para a cama no verão. A lenha também acabava. Ulma precisava de muita coisa, que Áxia deveria achar, comprar ou roubar.

Mas tudo bem, porque Ulma oferecia algo muito mais valioso em troca:

— Tem praticado, criança?

Áxia empertigou-se e fez que sim com a cabeça. Estava, de fato, muito orgulhosa, pois há tempos não fraquejava em sua disciplina. Todas as noites, enquanto a mãe estava na taverna e Rion estava dormindo, ela treinava. Ia ao bosque colher o visgo que só nascia sob a lua cheia, misturava as plantas moídas até obter os preparados corretos, retirava verrugas de sapos e olhos de lagartixas mortas.

E, acima de tudo, recitava as palavras arcanas.

— Mostre-me o que anda fazendo — ordenou Ulma.

Áxia respirou fundo e fechou os olhos. Colocou as mãos na posição treinada. Começou a pronunciar as palavras em conjunto a cada gesto. Havia um ritmo ideal, uma concatenação de sons e movimentos que produziria o resultado. Ela acabou o procedimento e olhou a sua frente. Nada acontecera.

— Está errando pouco — disse Ulma. — Precisa apenas melhorar o ângulo de seus dedos na terceira posição, e a entonação da última sílaba do terceiro verso. Isso não deveria impedir que o efeito ocorresse. Talvez você não possua o dom, afinal.

Áxia sentiu uma onda gelada tomar seu corpo. Estremeceu. Se não possuísse o dom, toda a prática e todo o treinamento teriam sido inúteis.

— Observe — instruiu a velha.

Com seus dedos retorcidos de artrite, ela fez os gestos arcanos. Pronunciou as palavras com sua voz pigarrenta. Não parecia perfeito, mas era *natural*. Então uma pequena esfera de luz esverdeada surgiu à frente da mulher.

— Vê? É o feitiço mais básico. Se não for capaz de usar magia para iluminar a escuridão, não serve de nada, criança. Como vai servir aos aldeões de outra forma?

Áxia mordeu o lábio.

— Por que servir aos aldeões, senhora? — ousou. — Eles realmente merecem? Muitos deles são egoístas ou tratam mal suas famílias.

— Nada disso importa.

— Alguns deles me perseguem e tentam me bater.

— Se tiver a magia, você terá algo muito mais poderoso do que qualquer um deles, menina boba. Algo que só tem sentido se for usado para os outros. Feiticeiros que servem a si mesmos acabam loucos ou mortos. Lembre-se disso.

Ulma teria acabado morta, se uma menina não lhe trouxesse comida todos os dias, Áxia pensou.

— Acho que sei qual é seu problema — decretou a velha. — Já sabe ler, não?

— Sim, senhora — com orgulho.

— Pelo menos isso não terei de lhe ensinar. Os clérigos servem para alguma coisa. Pegue os pergaminhos na prateleira atrás de mim.

Áxia subiu numa cadeira bamba para alcançar onde a mulher indicava. Enfim achou os tais pergaminhos. Estavam carcomidos de insetos e manchados de poções e chás. Áxia abriu-os e viu que eram escritos em uma linguagem estranha, que ela não sabia identificar.

— Este é o idioma arcano — disse Ulma. — Embora eu prefira a magia passada com a voz, você sabe que também podemos registrar nossos feitiços com a escrita. Você tem uma cabeça cheia de engrenagens que funcionam de forma lógica, criança. A magia intuitiva não é seu forte. Vamos ver se consegue aprender melhor com as fórmulas nos pergaminhos.

A magia divina, empregada pelos clérigos, vinha dos deuses. Era uma dádiva direta, proporcionada pela fé. Embora os sacerdotes precisassem estudar e meditar para obter uma maior ligação com as divindades e seus santos, o real poder vinha da entrega, de se deixar ser usado por uma entidade muito superior.

A magia arcana era diferente.

Domínio dos magos e bruxos, era a magia que vinha do estudo, das fórmulas, de gestos e palavras ritualísticas. Não dependia de fé, mas de dedicação, longas horas passadas decifrando escritos e decorando procedimentos. Era a magia dos dragões — como Zamir. E, ao contrário dos milagres, não era controlada por nenhuma divindade.

Naquela tarde, Áxia aprofundou-se no estudo como nunca fizera antes. Sentiu que finalmente fazia progresso real. Começou a aprender os fundamentos de um novo alfabeto complexo, no qual cada letra tinha um punhado de significados e uma miríade de pronúncias. Mas tudo fazia sentido. Ela achou que começava a compreender de verdade a magia.

Quatro meses depois, Ulma não parava de tossir. Áxia colocava um lenço à frente de sua boca, e ele voltava sujo de sangue. O corpo fraco da velha se sacudia todo a cada acesso de tosse, parecia prestes a desmoronar. A menina já havia tentado preparar todos os xaropes e poções que aprendera para situações parecidas, e nada funcionava. Entre tossidas, Ulma havia lhe ensinado mais duas receitas — ambas igualmente inúteis. Áxia estava apavorada. A velha então lhe disse:

— Você precisa me levar ao mosteiro, criança. Se tenho alguma chance de viver, será pela magia divina.

— Posso chamar os clérigos aqui, senhora.

— Não quero sacerdotes em minha cabana. Eles fingem não saber o que tenho aqui. Mas uma olhada em meus pergaminhos e ingredientes, e não terão escolha a não ser destruir tudo. Não; eu tenho que ir até o mosteiro. Eles não recusarão ajuda a uma velha suplicante.

— Não consigo levá-la — Áxia disse em voz fina.

— Chame o sapateiro Bertus. A viúva Chanti. Fester, o alfaiate. O taverneiro Donatt. Todos eles lembram de mim.

Áxia sentiu o coração apertado.

— Eles não querem nada com a senhora — a garota revelou. — Fingem que a senhora não existe. Agora, que não pode mais servi-los, chamam-na de bruxa. De herege.

Áxia viu nos olhos leitosos da velha uma decepção dolorida, que ela tentou esconder.

— Não importa, menina boba! Diga que preciso deles. Que estou doente. O povo da aldeia pode ser ingrato, mas não é mau. Eles virão.

— *Por favor!* — Áxia esganiçou, já com lágrimas nos olhos.

A viúva Chanti virou-lhe as costas, voltou a seu tear.

— Não conheço essa tal Ulma — disse a mulher. — Já ouvi falar, claro. Mas nunca requisitaria seus serviços. Ela deve estar velha e louca. Ou mentindo.

Estava na sala da casa que a viúva dividia com seus dois filhos mais novos. Não era uma casa rica — não havia riqueza verdadeira na aldeia —, mas era um palácio em comparação com o casebre onde Ulma morava. Ou, na verdade, com a própria casa de Áxia. A viúva havia permitido que ela entrasse (não sem antes garantir que ninguém estava observando), mas não lhe oferecera qualquer coisa.

E agora negava conhecer a anciã.

— *Você* está mentindo! — Áxia gritou. — Sei que, quando seu filho foi viajar, você pagou Ulma para lhe garantir boa sorte! Sei que a lança que ele usava foi encantada por ela! Por que não admite? Por que tem vergonha?

— Eu nunca faria isso.

— Ela precisa de você! Vai morrer!

— Pois ela deveria ter pensado nisso antes de se meter com bruxaria.

A injustiça fez ferver o peito de Áxia. A viúva Chanti tinha um ar de superioridade que fazia a menina querer esganá-la. Como se estivesse imune à velhice e à doença. Na verdade, estaria imune ao abandono — tinha seus quatro filhos, bem como o dinheiro que seu marido lhe deixara antes de morrer. Mas Ulma não tinha ninguém, além da própria Áxia, pois dedicara sua vida ao aprendizado da magia.

E a servir à aldeia.

— Sua hipócrita! — Áxia gritou, um pouco orgulhosa do insulto elaborado.

A viúva dirigiu-lhe um olhar de esguelha.

— Ninguém fala assim comigo dentro de minha própria casa. Ponha-se daqui para fora. Tentei lhe dar um voto de confiança, mas os outros tinham razão. Sendo filha de quem é, não é surpresa que esteja metida com uma bruxa...

Áxia deu um berro e chutou um móvel, derrubando um vaso no chão. Então saiu batendo os pés. Ainda ouviu:

— E não chegue perto de meu filho mais novo!

Porque a mãe de Áxia era considerada uma sedutora e enganadora, por alguma razão. E um pouco daquela infâmia já recaía sobre a menina.

Do lado de fora da casa da viúva, ela olhava para todos os lados, sentindo-se tonta. Estava numa rua de terra, e as pessoas seguiam com seu dia, sem saber que uma velha inocente estava morrendo logo perto. A praça à frente estava em paz; crianças pouco mais novas que ela mesma brincavam, sem parecer conhecer o medo ou a dor. O sol brilhava alegre, indiferente à tragédia de Ulma. Áxia já havia tentado Bertus, Fester e Donatt. Todos os três haviam recusado ajuda. Avistou alguém que mal conhecia: Vinnard, o padeiro. Correu até ele e agarrou-se em seu avental.

— Você precisa me ajudar! Pelo amor do santo, preciso de ajuda!

Alarmado, o padeiro estacou, então se abaixou para olhá-la nos olhos. Apenas aquele gesto foi tão reconfortante que Áxia sentiu vontade de abraçá-lo.

— O que houve, menina?

— É a senhora Ulma, a velha curandeira do bosque! Ela está doente. Está morrendo.

— Pois chame os clérigos!

— Eles não podem ver a cabana dela, senhor — Áxia fungava, tentando não soluçar. — Vão chamá-la de bruxa. Preciso que alguém me ajude a trazê-la até o mosteiro.

Ao ouvir isso, Vinnard ergueu-se de novo.

— Desculpe, não posso ajudar.

E então saiu, apressado.

Áxia caiu de joelhos na terra, gritando sem palavras. Recebeu olhares estranhos e pelo menos um riso. Afinal, era a garota esquisita, a filha da vadia e irmã do imbecil. Era a sabe-tudo. E agora era dramática e escandalosa. Já começavam a correr os sussurros de que era também amiga de uma bruxa. Típico. As mães levaram seus filhos para longe da má influência, os fofoqueiros disseram que sempre haviam suspeitado.

Sem escolha, Áxia foi até o mosteiro. Levar os clérigos até a cabana era sua última esperança.

Ela não conseguiu falar com Ruff, mas de qualquer forma achava que o conhecimento do garoto não seria suficiente. Há poucos meses ele fizera seu primeiro milagre, e ela precisava salvar uma vida. O Irmão Niccolas correu com ela bosque adentro, com outros dois sacerdotes.

Assim que entraram no bosque, sentiram cheiro de algo queimando. Áxia começou a suar frio, e então eles viram a coluna de fumaça se erguendo do meio das árvores.

A menina correu mais rápido, deixando os clérigos para trás. Chegando perto da cabana, viu o clarão intermitente das chamas. As lágrimas correram livres, sem controle. Desesperada, cega pelo choro, ela tropeçou. Assim terminou o caminho, cambaleando e aos trancos, até chegar à cabana e à pequena multidão que se reunia ao redor.

Eram nove pessoas. Bertus, Fester, Chanti, Donatt, Vinnard e os quatro filhos da viúva.

Alguns deles tinham tochas acesas.

A cabana ardia.

— *O que vocês fizeram?* — berrou Áxia, e correu para se jogar na construção em chamas.

Foi segura por Niccolas, que a ergueu enquanto ela urrava e se debatia.

— A bruxa morava aqui — justificou Bertus. — Ouvi isso da própria garota! A bruxa morava aqui e estava obrigando essa menina a fazer serviços para ela.

— É verdade, irmãos — Vinnard corroborou. — A bruxa temia que vocês vissem o que ela fazia lá dentro. Sabia ser culpada.

— Em sua cabana havia vários objetos roubados da aldeia — disse Fester.

— Fizemos a justiça de São Arnaldo — a viúva Chanti proferiu, solene.

Enquanto Áxia esperneava de angústia, suspensa no ar, ouviu o Irmão Niccolas dizer:

— Essa não é a justiça de São Arnaldo. Tolos... Tolos...

Ruff Ghanor sentou-se ao lado de Áxia. A garota estava encostada numa árvore, perto dos escombros e das cinzas da cabana de Ulma. Dias haviam se passado; os restos estavam frios. A tumba de Ulma estava no cemitério da aldeia, bem longe dali. Os clérigos haviam lhe dado um funeral digno — mas ninguém, além da própria Áxia, de Ruff e de Korin, havia assistido à cerimônia.

Nada fazia diferença.

— Você não vai gostar do que tenho a dizer — a voz de Ruff estava embargada.

— Eles vão sair impunes?

— Sim.

Silêncio.

— O prior decretou que devem meditar todos os dias, rezar pedindo perdão. Fazer doações para vizinhos mais pobres. Só isso.

— Eles mataram Ulma, Ruff.

— Todos os nove afirmam que ela já estava morta quando chegaram. Que ficaram com medo das coisas na cabana e por isso queimaram tudo.

— Eu ouvi o que eles disseram: "A justiça de São Arnaldo". O Irmão Niccolas ouviu.

— Ele argumentou. Mas os nove insistem que não quiseram dizer que haviam matado... Sinto muito, Áxia.

— Não é culpa sua.

Ficaram um tempo olhando a terra, as árvores e as cinzas.

— O prior realmente acreditou neles? — a garota perguntou.

— Não sei. Acho que não. Mas...

— Fale.

Ruff hesitou.

— Vamos, fale.

— Mas ele disse que não vale a pena causar tanta discórdia na aldeia, castigando os nove. Disse que devemos ficar unidos contra Zamir. Que existem coisas mais importantes do que punição.

— Mais importantes do que uma vida?

Ele não soube o que responder.

— Não era uma vida muito importante para eles — disse Áxia. — Mas era importante para mim.

Ficaram sentindo o cheiro de queimado e observando formigas em uma linha ocupada no chão.

— Áxia, preciso que me prometa algo.

Ela o olhou.

— Por favor, não se vingue deles. Eu sei o que está sentindo...

— *Não* sabe.

— Certo, não sei o que está sentindo, mas sei que está sofrendo. Por favor, não faça nada contra eles. Você seria punida.

— E se eu pedisse que *você* fizesse?

Pausa.

— Eu não conseguiria recusar — Ruff admitiu.

— Você não seria punido. Nada aconteceria com você. Você é especial.

— E vai me pedir para matá-los?

Áxia encostou a cabeça em seu ombro.

— Não.

6 | Magia de aldeã

A VIDA CONTINUOU, cega para as pequenas e grandes tragédias. O tempo passou, sem que as alegrias e as tristezas o fizessem pausar.

Dunnius e Niccolas tentaram descobrir mais sobre as origens de Ruff. Cada viajante que passava pelo mosteiro era indagado sobre um menino selvagem, anos atrás, com a descrição dele. Cada aldeão que se aventurava longe de casa recebia a missão de procurar informações. Mas os viajantes que passavam pelo mosteiro eram raros, e os aldeões que se afastavam da vila eram mais raros ainda. Os dois clérigos rondaram a montanha, tentando achar alguma comunidade oculta, algum traço de que um dia houvera outras pessoas na região. O prior não permitia que entrassem no Túnel Proibido — o nome do lugar já era razão suficiente, e não haveria um garoto milagroso para salvar quaisquer irmãos tolos dos monstros e dos demais perigos que poderiam haver lá. Tudo foi infrutífero. Saindo da infância, Ruff Ghanor era um mistério tão grande quanto fora no primeiro dia em que chegara ao mosteiro.

A única pista que tinham era o sobrenome, a marca de nascença. O prior repetiu para Ruff a história ao longo dos anos, pois a mente infantil quase esquecia daqueles fatos distantes. Ruff lembrava-se de descender daquela família abençoada e maldita, lembrava-se da responsabilidade e do peso que pairavam sobre ele.

E nunca esquecia de Zamir.

As forças de Zamir visitaram o mosteiro um punhado de vezes, e nunca era fácil. Ficando mais velho e entendendo melhor a vida dos aldeões, Ruff passou a compreender que eles trabalhavam o ano todo pensando em apaziguar o tirano. Passavam fome com grãos estocados, pois era melhor sofrer daquela forma a arriscar a fúria dos hobgoblins.

E, o pior de tudo: conviviam com a perda de seus familiares e amigos. Aceitavam quando pessoas eram levadas em grilhões, pois assim era a vida. Zamir tinha controle sobre o que eles possuíam, sobre o que eles eram. Caso seus soldados decidissem que precisavam de mais escravos, ninguém ousava contradizê-los. Ninguém podia reagir.

Criou-se uma nova tradição: a cada vez que o exército do dragão passava pela aldeia e saía levando prisioneiros, o povo organizava um grande funeral simbólico, conduzido pelo prior. Não havia salvação para os escravos de Zamir: todos morreriam mais cedo ou mais tarde, e os aldeões rezavam apenas para que essas mortes fossem rápidas e indolores. Assim, quando as tropas se afastavam arrastando humanos acorrentados, se fazia uma grande cerimônia, na qual caixões vazios eram queimados na praça central. As famílias dos prisioneiros enchiam os caixões com pertences queridos de seus familiares — suas vidas tinham acabado, mesmo que seus corpos ainda permanecessem vivos e trabalhando em algum lugar das terras do dragão.

Após testemunhar aquela cerimônia algumas vezes, Ruff sentia sua indignação se avolumando. Então certo dia ele explodiu. Sua revolta com aquela passividade transformou-se em ódio; ele xingou o prior e amaldiçoou os aldeões. Escondeu-se no bosque, inconformado por todos aceitarem aquela injustiça. Passou o dia oculto, viu a noite descer. Ouviu os clérigos procurando-o, chamando seu nome.

— Pode escapar de todos os outros — disse Korin, surpreendendo-o. — Mas de mim você não se esconde.

Ruff quase deu um pulo ao ouvir a voz do amigo. Não tentou fugir dele. Apenas deixou que se sentasse a seu lado.

— Como me encontrou? — perguntou Ruff.

— Você sabe que eu conheço a aldeia como ninguém e que sei de todas as passagens secretas do mosteiro.

— Não estamos na aldeia ou no mosteiro.

— Também conheço o bosque como ninguém!

— Áxia guiou-o?

— Áxia me guiou — admitiu Korin.

A garota havia lhe indicado os caminhos que Ruff poderia ter tomado, os lugares onde poderia estar escondido. Se Korin era um mapa vivo da aldeia e do mosteiro, Áxia tinha o bosque gravado na mente.

— Por que ela mesma não veio? — Ruff quis saber.

— Porque fazer você parar de pensar bobagens é trabalho meu.

— Não consigo imaginar Áxia dizendo isso.

Pausa.

— Certo — disse Korin. — Ela falou que concorda com você e que se esconder no bosque é muito melhor do que aguentar os clérigos e os aldeões. Que não iria trazê-lo de volta e que, se pudesse, fugiria daqui.

— Isso eu consigo imaginar.

Ficaram mais um tempo calados.

— Não gosto quando você faz isso — Korin quebrou o silêncio de novo.

— O quê?

— Quando se afasta de nós, critica todos, diz que estamos errados. É muito fácil se revoltar contra o modo como fazemos as coisas quando você nunca teve um irmão que foi levado por Zamir.

— É justamente por isso que você deveria estar furioso!

— Eu *estou* furioso, Ruff. Todos nós estamos. Mas o que podemos fazer? Atacar os hobgoblins? Isso só causaria ainda mais mortes. Sua família é o prior, Dunnius e Niccolas. Clérigos com poderes milagrosos. Não é a mesma coisa quando sua família não sabe se defender.

— Você e Áxia também são minha família — disse Ruff em voz pequena, meio envergonhado.

— Eu vou ser um guerreiro poderoso e posso me esconder como ninguém! Áxia é Áxia, ela sabe se virar. Mas a maioria dos aldeões só sabe plantar e colher. Para protegê-los, o melhor que podemos fazer é obedecer a Zamir.

— Aquele funeral... É a coisa mais triste que já vi.

— Pois se acostume. É o que vai acontecer. E antes não acontecia *nada*, você sabe muito bem. Durante anos, apenas fingimos que tudo estava bem depois da passagem das tropas. Os hobgoblins passam por aqui, levam embora o que temos, levam embora as pessoas, e só podemos fazer um funeral. É melhor que nada.

Ficaram ponderando aquelas questões maiores do que eles mesmos, grandes demais para sua pouca idade.

— O prior diz que meu destino é enfrentar Zamir — Ruff murmurou.

— Eu acredito.

— Mas como vou fazer isso? Se nem mesmo ele desafia o dragão?

— Você não é descendente de uma família poderosa ou algo assim? Eu vi você criar um terremoto aquela vez.

— Mal lembro de tudo isso. E essa família... Não significa nada. É só um nome.

Silêncio.

— É *seu* nome, Ruff. Você vai ter de lidar com ele.

Mas a linhagem dos reis pouco importava naquela época. Com os irmãos e o prior, com Korin e com Áxia, a vida era cheia de nuances e mudanças rápidas. Coisas demais para ocupar sua mente. A sombra da segunda família, a família Ghanor, pairava longe, como um futuro que nunca chegaria.

Korin convenceu Ruff a sair do esconderijo e o tempo seguiu, inexorável.

O corpo magro de criança espichou, cresceu, começou a mostrar sinais do adulto que seria um dia. Nos braços e nas pernas brotavam músculos jovens, fruto de trabalho incessante. O peito se alargou. Às portas da adolescência, Ruff tinha uma casa e uma família no mosteiro. Aos 12 ou 13 anos, o futuro parecia muito distante.

O treinamento tornou-se mais rígido à medida que ele se tornou mais velho. A trilha ao redor do mosteiro e da aldeia já não representava mais problema para Ruff. Ele podia atravessá-la de olhos fechados; já conhecia cada pedra, cada reentrância traiçoeira. Nenhum buraco era suficiente para fazê-lo tropeçar e quebrar o pé, mesmo no escuro.

Certa manhã, lembrou-se do episódio com o gato, que já parecia longínquo e nublado, uma experiência infantil. Terminou a corrida, passou uma hora estudando em livros e foi se apresentar para as preces matinais. Rezou com todos, assistiu aos cânticos, mas não viu o Irmão Dunnius ou o Irmão Niccolas. Evadiu-se do desjejum para procurá-los — as horas das refeições eram algumas das únicas que tinha para si mesmo, sem tarefas ou treinos.

Achou os dois irmãos na enfermaria.

Estavam ambos debruçados sobre um homem barbudo, que gemia de dor, estirado em uma cama. Algum clérigo fizera curativos em volta do peito e da barriga do sujeito, e também em seus braços e suas pernas. Ele recebera algum preparado que o deixava entre o sono e o mundo desperto, mas ainda assim se contorcia. Era uma visão de dar pena.

— Que São Arnaldo nunca permita que passem fome — cumprimentou Ruff.

Dunnius e Niccolas se voltaram para ele, sorrindo em uníssono, e devolveram o cumprimento.

Ruff precisava se controlar para não abraçá-los — nutria pelos dois um carinho feroz e entusiástico, como eram todas suas emoções. Mas ele era um acólito, e os dois já eram sacerdotes ordenados. Adultos que deviam ser respeitados e obedecidos.

Dunnius ainda muito jovem apaixonara-se por uma garota, e os dois haviam se casado. Tinham uma filha que ainda não sabia andar. Era a primeira e única paixão do jovem clérigo, e ele desfrutava de uma felicidade apalermada. Já Niccolas estivera com boa parte das jovens da aldeia e do mosteiro — parecia ser sua atividade mais constante, quando não estava cumprindo seus deveres na tradução de pergaminhos antigos. Eram ambos pessoas respeitáveis, clérigos.

Mas, para Ruff, eram amigos eternos, irmãos em mais de um sentido.

— O que estão fazendo? — perguntou Ruff.

— Não conseguimos curar este homem por completo — Niccolas fez um gesto para o ferido. — Outros clérigos já tentaram, e fomos designados para cuidar dele esta manhã. Acho que nossa fé não é suficiente.

Ou, como parecia ser o caso, os ferimentos eram profundos demais. Dunnius e Niccolas estavam entre aqueles que conseguiam operar milagres — mas talvez fosse preciso um santo para trazer o homem de volta.

— O que aconteceu com ele? — o garoto quis saber.

— Ataque de monstros — Dunnius falou com uma sombra no rosto. — Ferimentos de mordidas... E de espadas. Foi encontrado por um aldeão que voltava de viagem. Parecia ser membro de uma pequena caravana, mas foi o único sobrevivente. A seu redor, mais de dez cadáveres.

Não havia dúvidas quanto aos culpados: eram os asseclas de Zamir. A combinação de garras, presas e armas denunciava que aquilo era obra dos soldados monstruosos. Embora o dragão vermelho cobrasse o tributo regular de todos os povoados, seus homens também saqueavam caravanas, dizimavam aldeias, massacravam viajantes. Por lucro e por puro instinto bestial. Os cadáveres produzidos por aquelas criaturas surgiam de tempos em tempos, como um lembrete de que ninguém estava seguro.

Ruff aproximou-se do paciente.

Estendeu as mãos e fechou os olhos. Pensou em como os irmãos eram incapazes de ajudar o pobre coitado e sobre como ele mesmo nada podia fazer.

Apenas os deuses podiam.

Então a magia divina eclodiu, como um toque reconfortante. A luz branca banhou o homem, que parou de se contorcer. Os irmãos sentiram os olhos marejados pela demonstração.

— Ele ainda está muito ferido — disse Ruff, desolado. — E provavelmente vai morrer. Mas acho que está sentindo menos dor. E tem chance.

Dunnius segurou seu ombro com força, um sorriso de orgulho estampado no rosto.

— Agradeço todos os dias por aquela cabra ter se perdido, Irmão Ruff!

Niccolas e Ruff se entreolharam e então caíram na gargalhada, frente à declaração do outro. Logo, Dunnius também começou a rir.

Ruff despediu-se dos dois, o estômago roncando por ter perdido o desjejum. Valera a pena. Continuou seu dia de estudos, provações, treinos. O resto da manhã foi dedicado à prática com escudo e martelo de guerra, com a Irmã Sibrian. Ela treinava três outros acólitos, duas moças e um rapaz. E, nos últimos meses, começara também a treinar Korin.

Nenhum aldeão recebia aquele tipo de instrução. Os habitantes da vila que se dedicavam ao combate aprendiam com a guarda, ou sozinhos. Sabiam usar espadas e lanças, fazer movimentos básicos. O treino de combate mais avançado estava reservado aos futuros clérigos, pois vinha acompanhado de lições de filosofia e responsabilidade pessoal. Korin não deveria ter aquelas aulas.

Mas quase ninguém sabia resistir à insistência de Korin.

Certo dia, o filho de guarda simplesmente se apresentou no pátio, em linha junto a Ruff e aos outros acólitos, um sorriso enorme estampado no rosto. Sibrian perguntou como ele entrara no mosteiro, mas o garoto apenas deu de ombros. A irmã expulsou-o, mas quinze minutos depois Korin surgiu de novo, fazendo os mesmos exercícios que os outros alunos realizavam. Foi expulso, apanhou um pouco, mas voltou de novo e de novo.

Quando aquilo se repetiu por duas semanas seguidas, a Irmã Sibrian decidiu que um aldeão em seus treinos causava menos problemas do que um aldeão sendo repreendido e enxotado a cada meia hora. Korin venceu pelo cansaço.

— Você nem mesmo usará um martelo na guarda! — disse Sibrian. — Por que quer treinar conosco?

— Você não sabe usar espada? — foi a resposta do garoto.

— É claro.

— Então pode me treinar também.

— Quer que eu mude o treino que dou há anos por sua causa?

— Sim, essa é a ideia!

Ensinar a Korin noções de espada era muito mais simples do que lhe ensinar a não meter o nariz onde não devia. Sibrian rompeu com a tradição, e Ruff e Korin puderam treinar juntos, o que lhes proporcionava enorme diversão e fazia com que se esforçassem em dobro.

A irmã era uma mestra rígida e uma combatente incomparável com o martelo. Ruff já se acostumara a receber os golpes da arma no escudo e então usá-lo para empurrar o oponente e golpear com seu próprio martelo. Eram gestos automáticos, que ele fazia sem pensar. O treino era extenuante, e os outros acólitos podiam descansar depois que Sibrian os liberasse. Ruff não tinha tanta sorte: esperava a chegada do prior (que nunca demorava mais de cinco minutos) para continuar o treino — e a segunda parte era muito mais pesada que a primeira. O velho instruía-o no martelo, e também na maça e no cajado. Eram três armas sem corte, que (em teoria) podiam vencer uma luta sem causar muito derramamento de sangue.

— Mas não esqueça — dizia o prior. — Esmagar a cabeça de um inimigo com um martelo é tão letal quanto decapitá-lo com uma espada. Armas exigem responsabilidade, sejam quais forem.

De novo, Korin conseguiu permissão para participar daquele treino.

— Isso já é absurdo! — revoltou-se a Irmã Sibrian. — Ele está recebendo *mais* instrução de combate do que a média dos acólitos!

— Se ele puder aguentar — disse o prior — então merece.

Korin era o alvo da maior parte dos movimentos, o saco de pancadas onde o prior demonstrava para Ruff o que fazer. Mas treinava com um sorriso, e aos poucos aprendeu muito mais do que qualquer guarda.

— Esse velho me adora — falou naquele dia, após receber um forte golpe no peito.

Ruff tinha inveja do bom humor do amigo. Korin, mesmo treinando duro em combate, deixava o mosteiro após isso. O acólito continuava.

Depois do segundo treino com armas, Ruff estava exausto, como todos os dias. Descansava o corpo estudando a vida dos santos — e então línguas. Naquele ano, os dois períodos de estudo estavam aos poucos sendo combinados em um só; os textos eram apresentados ao rapaz em três idiomas diferentes, e ele devia ser capaz de resumir e explanar o que lera. Naquele dia, sob a tutela do Irmão Niccolas, aprendeu sobre uma peregrinação que Santa Galateia empreendeu, perseguida por três dragões, em um texto escrito numa língua distante, de um povo do deserto. Os outros almoçavam enquanto Ruff estudava. Ele mesmo comia mais tarde, sozinho, em poucos minutos.

O início da tarde era dedicado a tarefas do mosteiro — naquele dia, esfregou o chão dos corredores da ala oeste com outro acólito. Então, no meio da tarde, Ruff entregava-se à meditação e à contemplação dos deuses, sob a tutela do Irmão Gerard. Era difícil não dormir, pois seu corpo e sua mente estavam exaustos àquela hora, mas ele esforçava-se ao máximo para evitar o sono. A punição não valia a pena. Naquela tarde, o prior entrou silenciosamente na câmara de meditação e reconheceu a respiração regular do garoto. Acordou-o com um golpe de cajado.

— Acha que vai ficar mais próximo dos deuses em sonhos? Julga que será recompensado com milagres por seus roncos?

Após a meditação, Ruff rumou ao terceiro treino com armas do dia: a Irmã Sibrian extraiu dele as últimas gotas de vigor, desta vez em combate desarmado. Como punição por ter dormido, Ruff limpou o cercado das cabras — tarefa sempre fedorenta e repugnante. Então alimentou os animais e seguiu a mais estudos; desta vez, estratégia militar e logística, com o Irmão Aldrus. A Irmã Delilah conduzia a última aula da noite, sobre medicina e ervas curativas. Depois de um jantar solitário (debruçado nos livros, para recuperar o que não conseguira absorver durante o dia), Ruff passava uma hora em oração e contemplação, para encerrar a noite com uma série de exercícios físicos.

Banhou-se rapidamente e, como fazia todos os dias, chegou no quarto cambaleando, quase adormecendo em pé. Jogou-se na cama e já estava no início de um sonho antes que a cabeça encostasse no travesseiro.

Não sabia quanto tempo havia se passado quando ouviu batidas na janela.

Tentou ignorar, mas eram insistentes. Então se ergueu, grogue, misturando sonho e realidade. As batidas continuavam.

— *Ei!* — a voz conhecida chamou num sussurro alto. — Abra esta porcaria!

Ruff deu um salto, foi até a janela. O quarto só era iluminado pela luz da lua. Quando ele olhou pelo vidro irregular, o brilho prateado que vinha do céu adornou perfeitamente a cabeça de Áxia.

— Vai abrir ou não?

Ele abriu. Ela pulou para dentro do quarto. Ruff olhou para baixo e viu que a garota havia escalado os dois andares sem ajuda ou equipamentos. Era ágil e forte.

— Você não vai acreditar no que achei!

Virou-se para Áxia. Ela ostentava um sorriso cheio de antecipação e sinceridade. Felicidade genuína por vê-lo e ânsia por mostrar o que quer que fosse. Ruff sentiu algo indefinível. A garota tinha cabelos castanhos revoltos, olhos enormes, nariz empinado. Suas pernas magras mostravam-se muito brancas na penumbra, sob a saia de tecido puído. Ela tinha a mesma idade de Ruff, cerca de 13 anos. O corpo ainda não sabia se era de criança ou de mulher.

— Estava dormindo? — perguntou Áxia.

— Não.

— Claro que estava! Por que as pessoas sempre falam que não estavam dormindo quando perguntamos? Pare de ficar me olhando com essa cara de idiota e venha ver! Você não vai acreditar no que achei.

Ela se sentou na cama, empurrando o lençol para trás. O colchão ainda estava quente. Ruff sentou a seu lado. Seu coração acelerou por estar naquela situação estranhamente íntima com a garota. Ela em sua cama, sentindo o cheiro de seu sono. Ele com a longa túnica que os acólitos usavam para dormir. Apenas os dois, sozinhos.

Áxia tinha uma bolsa de couro cru. Abriu-a e retirou alguns pergaminhos rasgados, carcomidos.

Desenrolou-os e apresentou-os a Ruff, olhando o rosto do garoto em antecipação.

Ele examinou os pergaminhos. Pareciam estar cheios de rabiscos.

— O que são?

— Olhe, sua besta! Leia! O que acha que são?

Ele chegou mais perto. Era difícil decifrar as garatujas à luz do luar. Mas mesmo o que ele conseguia discernir era ininteligível.

— Não faço ideia.

— Você não consegue ler?

— Não.

Súbito, Áxia gargalhou.

— Mas eu consigo! — ela se entusiasmou. — Eu consigo!

— O que é isso?

— Magia — os olhos da garota se arregalaram. — Magia arcana.

Ruff engoliu em seco.

Áxia nunca revelara ao amigo os pergaminhos de Ulma. Nunca entrara em detalhes sobre como conhecia a anciã morta há dois anos, ou o que fazia na cabana. Mas Ruff não era tolo; imaginara que Áxia aprendia fundamentos mágicos com a mulher.

Mas tudo aquilo fora há muito tempo. Era uma surpresa que, mais uma vez, Áxia estivesse envolvida com aqueles assuntos misteriosos e um pouco sombrios.

— Você consegue ler isso? — perguntou Ruff.

— Sim! Na verdade, só um pouco. Deste pergaminho aqui.

Áxia separou um dos pergaminhos e aproximou-se de Ruff, apontando os trechos que conseguia decifrar.

— Como?

Ela sorriu de novo.

— Ela me ensinou, Ruff. Já se passaram anos, e os aldeões destruíram tudo, mas a senhora Ulma me ensinou a ler o alfabeto mágico. Eu continuei estudando as ervas e as poções, continuei praticando o que lembrava, mas nunca achei que fosse conseguir um pergaminho de novo. É tudo tão *mais fácil* quando as coisas estão escritas! Eu tenho um pergaminho de novo, Ruff! Eu vou aprender magia.

— Como você tem certeza de que é magia?

Ela riu, como se estivesse esperando que ele perguntasse aquilo. Afastou-se um pouco, tomou o pergaminho nas mãos. Então se concentrou, pigarreou e começou a entoar palavras que Ruff nunca ouvira. Soltou o pergaminho, que se enrolou e foi parar no chão. Estendeu a mão direita. E, de seus dedos, surgiu um leque de luzes, em todas as cores do arco-íris. O efeito reluziu por um instante e sumiu.

— *Como você fez isso?* — Ruff quase ergueu a voz.

— Magia, Ruff. Mas isso é só uma parte do feitiço. Quando eu conseguir decifrar tudo, poderei fazer muito mais. E quem sabe quais outras magias estão escritas aqui?

Ela examinou os outros pergaminhos, como se subitamente fossem revelar seus segredos.

— Onde encontrou essas coisas? — perguntou o rapaz.

— Com aquele pessoal que foi morto na estrada aqui perto. Quando ouvi que o último sobrevivente tinha sido trazido para cá, fui procurar os restos do ataque. Ver se havia algo valioso que os hobgoblins tinham deixado passar.

— Por quê?

— Para eu e Rion podermos comer — Áxia deu de ombros. — Porque, se houvesse algo que eu pudesse vender, talvez eu não precisasse usar a bosta de um vestido puído, que mal me serve. Porque o inverno vai chegar daqui a alguns meses, e Rion pode ficar doente de novo se não puder comprar um cobertor.

Ele ficou um tempo calado.

— Mas achei coisa muito melhor que alguma quinquilharia a ser vendida! — ela sorriu de novo. — Devia haver algum mago entre as vítimas do ataque. Os monstros não devem entender o que é isso. Então deixaram para trás.

— E você simplesmente olhou os escritos e entendeu o que significavam?

— Precisei de um tempo. Eu mal lembrava do que Ulma me ensinou. Mas consegui. Tudo faz sentido, tudo está aqui, registrado. É tudo *lógico,* Ruff!

— Faz tanto tempo... Como você lembra?

— Não sei, mas lembro. Acho que Ulma era ótima professora.

— Dizem que São Dimitrius era um bruxo poderoso. Tinha magia no sangue.

— Será que eu...?

Ela não completou a frase, abraçou-o de felicidade. Ruff sentiu o cheiro natural e maravilhoso de seu cabelo, com a cara enfiada nos fios.

Áxia afastou-o.

— Às vezes eu imagino... — começou Ruff, mas então se deteve.

— O quê?

— Nada. Esqueça. É bobagem.

— Vindo de você, é claro que deve ser! — ela riu. — Mas quero saber.

— Nada.

— Vamos, fale! Ou vou transformá-lo num sapo!

Áxia cutucou seu estômago e suas costelas. Ruff tentou se desvencilhar, sentindo-se muito infantil.

— É que... Imagino nós três juntos, no futuro. Eu, você e Korin. Eu como um clérigo, Korin como um guerreiro poderoso. E não sabia exatamente como imaginar você, mas sabia que estava lá. Agora eu sei. Você vai ser uma maga.

O sorriso de Áxia mudou. De zombeteiro passou a comovido.

— Você acha mesmo isso?

— É claro — disse Ruff. — Você acabou de fazer luzes aparecerem do nada. Você lembra de coisas que aprendeu há anos e decifrou esse pergaminho sozinha. Seu futuro é ser uma maga em nosso grupo. Não sei como não percebi isso antes.

— A senhora Ulma dizia que eu só deveria usar minha magia para ajudar os aldeões.

— Também vamos ajudar os aldeões. Mas acho que nosso destino está bem longe daqui, não?

Áxia sentiu um calor no peito que não conhecia. Os olhos azuis de Ruff transmitiam apenas confiança nela. No futuro. Confiança de que o futuro não seria apenas naquela aldeia, servindo àquelas pessoas.

Com Ruff, o futuro era mais do que só aquilo.

Foi intenso demais; ela desviou os olhos e fez uma careta.

— Você está fedendo! — disse Áxia. — Que bafo.

— O que você queria? Vem me acordar no meio da noite.

— Está cheio de remelas nos olhos. E seu cabelo está todo bagunçado.

Ela enfiou os dedos nos fios negros que brotavam da cabeça dele.

— Pelo menos tenho a desculpa de estar dormindo. E você?

Ele também pôs a mão nos cabelos dela; mal conseguiu, pois havia diversos nós.

Olharam-se por um instante, assim, cada um segurando a cabeça do outro. Fixos como se houvesse algo segurando seus olhos. Não souberam o que falar.

E, ao mesmo tempo, puxaram-se, timidamente, até que os lábios se encostassem. O toque macio incentivou-os e abraçaram-se, forte, trocando o primeiro beijo de ambos.

Separaram-se. Ruff sério, quase apavorado. Áxia abriu um sorriso, e então ele sorriu também.

— É melhor eu ir embora — ela piscou para ele, recolheu os pergaminhos.

Foi até a janela, mudou de ideia. Voltou, deu-lhe mais um beijo e então escalou de volta à aldeia.

Tomado por um sorriso que não conseguia tirar do rosto, Ruff não dormiu mais. Mas, na manhã seguinte, não estava cansado.

7 | O Visitante

Dois anos depois, uma figura chegou cambaleando à aldeia. Os fazendeiros enxergaram-no antes de todos, e abandonaram suas ferramentas, trancaram-se em suas casas. Em seguida, dois guardas avistaram o recém-chegado e correram para dar um alarme silencioso. Assim que o boato se espalhou, a praça central da vila se esvaziou. A oficina do sapateiro fechou as portas, todos saíram da taverna. Um acólito recebeu a notícia dos dois guardas e avisou ao prior.

O homem enorme e barbudo cerrou os punhos, rilhou os dentes. Dispensou o rapaz que lhe trouxera a informação com a ordem de que ele contasse aos demais sacerdotes. Então o prior foi até o pátio, onde Ruff Ghanor treinava com a Irmã Sibrian, Korin e seus outros colegas.

— O que… — Sibrian começou a perguntar.

— Algo grave! — trovejou o prior. — Ruff! Venha aqui.

O jovem acólito obedeceu. Foi até o prior, gotejando suor. Korin, mesmo sem ser convidado, seguiu-o.

— Algo muito sério está acontecendo, garoto-cabra. Muito sério para todos nós, e ainda mais sério para você.

Ruff engoliu em seco.

— Você terá o impulso de fazer algo. Seu sangue irá ferver. Mas não fará *nada,* entendeu? — o prior rosnou aquelas palavras. — Ficará *quieto,* como o acólito obediente que é!

— O que está acontecendo? — Ruff começava a estremecer de nervoso.

— Temos um visitante, garoto-cabra.

Um visitante que trazia consigo nuvens negras. Um visitante acompanhado de ameaça.

Um hobgoblin.

Os soldados de Zamir surgiam na aldeia uma ou duas vezes por ano. Roubavam e escravizavam. Mas um deles nunca vinha sozinho. Eram sempre tropas, que chegavam e saíam no mesmo dia. Batalhões com deveres específicos. Nunca um visitante isolado.

— Mas ele é um só! — protestou Ruff. — Antes eram muitos, não podíamos reagir. Agora é nossa chance de vingança.

O prior deu um tapa monumental no rosto do garoto, com as costas da mão. Ruff caiu para trás.

— Cale a boca, pirralho idiota! Nem mesmo pense nesse tipo de coisa, e *nunca* fale isso na frente de outros acólitos!

Korin tinha os olhos muito arregalados. A fúria daquele homenzarrão parecia capaz de destruir o mosteiro.

Ruff ergueu-se, limpando uma gota de sangue do lábio.

— Não sabemos o que significa um só hobgoblin aqui, garoto-cabra. Pode ser um espião. Pode estar vistoriando a aldeia para se reportar a Zamir. Pode ser um batedor de um bando maior, por alguma razão. E, sim, pode ser apenas um renegado solitário. Não sabemos. E, porque não sabemos, não iremos arriscar.

— Você só fala em Zamir! — disse Ruff. — Desde que cheguei aqui, ouvi que irei enfrentar Zamir. Mas, quando surge a chance, você ordena que eu fique parado. Por quê? Tem medo?

— É claro que sim.

A resposta foi quase tão impactante quanto o golpe.

Ruff Ghanor tinha cerca de 15 anos, e toda a vontade do mundo de agir. Agir de alguma forma, de qualquer forma. O futuro parecia muito urgente e, ao mesmo tempo, parecia não chegar nunca. Ele se sentia adulto nas aspirações, sentia-se pronto a encarar a vida. Mas homens e mulheres mais velhos ainda detinham poder sobre ele, diziam o que ele deveria fazer a cada hora de cada dia. Ruff não se ressentia do treinamento ou dos estudos. Mas a imobilidade era algo amargo demais para ser engolido sem reclamar.

— Você não sabe do que Zamir é capaz, garoto-cabra. O que os hobgoblins fazem quando estão aqui não é nada. Você não tem medo suficiente, você não conhece o tamanho da ameaça. Então você vai respeitar o visitante. Não fará nada contra ele. E, se por alguma infelicidade, você cruzar o caminho desse hobgoblin, ficará de cabeça baixa e tolerará tudo que ele fizer. Caso contrário, em nome de São Arnaldo, farei de você um exemplo para todos os outros acólitos desobedientes.

Ruff fez que sim. Mas, por dentro, sua curiosidade era maior do que nunca.

O treino com a Irmã Sibrian acabou, e naquele dia o prior não os treinou mais. Estava ocupado em volta do visitante.

O hobgoblin demorou a chegar até a praça central da aldeia. Seus passos eram vagarosos, exigiam um esforço enorme. Ele deixava um rastro em zigue-zague nas ruelas de terra batida. Segurava o estômago com o braço esquerdo. Enfim avistou o centro da vila. Olhou para o mosteiro, para o rosto de São Arnaldo esculpido na torre, e cuspiu no chão. Farejou o ar e seguiu até a taverna.

O salão comunal estava vazio. Todos haviam se fechado em casa, e agora espiavam por frestas em suas janelas. O taverneiro Donatt permanecera com as portas abertas apenas por medo de insultar o visitante. Quando o hobgoblin entrou, Donatt estava atrás do balcão, tremendo e fingindo que limpava canecos com um pano meio sujo. O soldado bestial desabou numa cadeira. Grunhiu e fez um gesto para o taverneiro.

— Sim, senhor? — gaguejou Donatt.

— Hidromel! — latiu o hobgoblin.

O taverneiro levou um chifre e uma grande ânfora cheia da bebida até o freguês monstruoso. O hobgoblin rosnou algo, derrubou o chifre com um safanão e arrancou a tampa de cera da ânfora com os dentes. Então derramou a bebida em sua boca, bebendo em goladas fartas e deixando o resto escorrer pelos cantos dos lábios.

— Mais!

O taverneiro obedeceu.

Enquanto isso, o hobgoblin continuava segurando o estômago com o braço esquerdo.

A Irmã Sibrian entrou na taverna, acompanhada de dois guardas. Os três não portavam armas — não queriam provocar o visitante. Mesmo com as mãos vazias, Sibrian era a melhor combatente da aldeia e do mosteiro, com exceção do prior, e os dois guardas também eram bastante habilidosos. Sentaram-se numa mesa longe do hobgoblin, pediram vinho. Ficaram observando-o discretamente, enquanto ele secava ânfora após ânfora de hidromel.

— O que há para comer neste pardieiro? — exigiu o visitante.

— Hoje temos leitão assado, senhor.

— Pois traga o leitão inteiro!

Frente a frente com o assado, o hobgoblin meteu a boca na carne, sem se preocupar em usar as mãos, muito menos qualquer tipo de talher. Devorava a comida como um cão, molhando a carne com sua saliva pegajosa. Contudo, cada mordida provocava-lhe uma careta. Ele engolia com dificuldade.

— Mais hidromel! Não tem nada mais forte, humano?

Donatt trouxe duas ânforas de hidromel e encheu um caneco com um destilado de milho, algo que esquentava por dentro e mesmo os mais sedentos aldeões consumiam em pequenas doses. O hobgoblin esvaziou o caneco e exigiu mais. Alguns minutos depois, pareceu mais aliviado: comia sem tantas caretas.

Quando estava saciado, ergueu-se da cadeira.

— Aqui está seu pagamento, humano! — jogou algumas moedas de cobre na direção do taverneiro. — Agradeça por eu beber e comer em sua espelunca.

Cambaleando ainda mais, o hobgoblin saiu da taverna, e todos tiveram medo do que ele faria a seguir.

Sibrian ergueu-se também e foi até onde o visitante estivera sentado. Observou a cadeira e mordeu os lábios, com expressão fúnebre. Correu de volta ao mosteiro.

— A cadeira estava encharcada de sangue — disse a clériga, em tom preocupado.

— Por São Arnaldo — o prior murmurou. — Seja quem for, ele está ferido. Não quero imaginar o que pode acontecer se este hobgoblin morrer em nossa aldeia.

O hobgoblin andou a esmo na praça central, observado de longe pelos aldeões. A embriaguez parecia ter aliviado sua dor, mas não lhe dera mais propósito. Ele examinou uma e outra árvore, chegou perto de uma e outra casa. Então voltou ao meio da praça e vomitou. Após algumas golfadas, rilhou os dentes, segurando o estômago e maldizendo os deuses e o destino.

Na areia, pingos de sangue.

O Irmão Dunnius e o Irmão Niccolas se aproximavam com cautela.

— Não bastava uma tarefa como esta existir — Niccolas sussurrou. — Não bastava a chance de sermos destacados para fazer isso. Você precisava se voluntariar.

— O voluntário fui eu — Dunnius sussurrou de volta. — Você podia ter ficado dentro do mosteiro.

— E deixá-lo sozinho com o hobgoblin? Você não duraria cinco minutos.

— Eu estou melhorando nos treinos de combate.

— Mas não melhora nada nos treinos de bom senso!

Aquela tarefa era muito arriscada, e a melhor candidata parecia a Irmã Sibrian. Contudo, Sibrian não era boa curandeira e tinha disposição de lutadora — uma combinação desastrosa para a missão. Assim, Dunnius havia se voluntariado.

— Precisamos dar o exemplo a Ruff, Niccolas. Ele está em uma idade muito impressionável. Mostraremos a ele que o amor de São Arnaldo é mais forte que as armas.

— E a idiotice dos clérigos é mais forte que ambos.

O hobgoblin sentou no meio da praça. Grunhiu e curvou-se sobre o ferimento. Agarrou punhados de areia e bateu com a mão fechada no chão, esbravejando de dor. Os dois chegaram perto, devagar.

— O que querem? — rugiu o homem bestial.

Dunnius tentou falar algo, mas ficou paralisado. Balbuciou sílabas ininteligíveis e teve certeza de que iria morrer — com um golpe do visitante ferido ou de medo, tanto fazia. Niccolas tomou a frente:

— Venha conosco. Você está ferido. Vamos ajudá-lo.

O Irmão Niccolas deu alguns passos na direção do hobgoblin. Ele, por sua vez, ergueu-se com esforço. Niccolas estendeu a mão para ampará-lo. Então o guerreiro bestial agarrou os robes do clérigo, puxou-o e deu-lhe uma cabeçada. O nariz de Niccolas estourou em sangue. O hobgoblin jogou-o para trás, e Niccolas caiu de costas na areia. O hobgoblin uivou de dor, mas riu do clérigo.

Observando tudo de uma janela no alto da torre do sino, Ruff fez menção de sair correndo. A manzorra do prior agarrou seu ombro e o deteve.

— Deixe eu ir até lá!

— Pare de se debater, garoto-cabra. Você vai se machucar.

— Dunnius e Niccolas estão em perigo!

— Sim. Grave perigo.

— Eles podem morrer!

— Podem. E a morte de dois clérigos não é nada em comparação com o que pode acontecer caso o hobgoblin morra.

Ruff não compreendia. Mas a força física do prior superava sua indignação.

— Não tenha medo — disse o Irmão Dunnius, saindo de sua paralisia ao ver o amigo no chão. — Só queremos ajudá-lo.

O hobgoblin deu um soco em seu estômago. Dunnius dobrou-se para a frente. Então recebeu um chute violento no rosto. O agressor gemeu e gritou de agonia. Para aquela criatura, o instinto de ferir era maior do que a própria necessidade de sobrevivência. Ele estava surdo para as palavras dos clérigos. Divertia-se batendo neles, mesmo que ferisse a si mesmo no processo.

Uma pequena poça de sangue se formava a seus pés.

— Posso curá-lo aqui mesmo — disse o Irmão Niccolas, levantando-se e começando uma reza. — *São Arnaldo, banhe este homem com sua luz.*

— Que seu santo se afogue em merda! — blasfemou o hobgoblin, empurrando Niccolas.

O clérigo caiu de novo, e o hobgoblin chutou-o repetidamente.

— *São Arnaldo, eu suplico que o cure!* — disse Niccolas, entre uma e outra pancada.

O sangue do hobgoblin pingava sobre ele.

Dunnius se aproximou por trás, também rezando. A criatura deu-lhe uma cotovelada na boca. Ele segurou o lábio rompido.

O hobgoblin não conseguia mais ficar de pé. Ajoelhou-se sobre Niccolas, fechou o punho e bateu.

— Ele vai matá-lo! — disse Ruff Ghanor, na torre, seguro pelo prior.

E então o líder do mosteiro foi mais cruel do que Ruff jamais pensara que ele poderia ser:

— A vida de Niccolas é menos importante do que a do hobgoblin.

Um soco, dois, três, e o Irmão Niccolas continuava rezando. Seu rosto já estava inchado. Um olho se fechara, as palavras saíam tortas dos lábios feridos.

O hobgoblin recuou o punho para o próximo soco. Então retorceu a face e grunhiu. Seu braço tremeu. Ele segurou o estômago com as duas mãos.

E caiu sobre o Irmão Niccolas.

— Ele está...? — perguntou Dunnius.

— Respirando ainda — Niccolas falou com dificuldade. — Desmaiado. E pesado. Tire-me daqui!

Chorando de alívio, Dunnius obedeceu.

— Agora vá ajudá-los, garoto-cabra.

Ruff saiu em disparada rumo aos dois clérigos.

Noite. O hobgoblin ainda dormia. Estava na enfermaria do mosteiro, estendido sobre uma cama. Tinham removido sua armadura, guardado seus pertences e limpado seus ferimentos. Havia um corte fundo em seu estômago, que recebera magia, unguentos, sutura e um curativo de bandagens brancas. Também tinham lhe dado uma bebida feita de ervas, que o mantinha desacordado, para aliviar sua dor e permitir que descansasse. A respiração do hobgoblin era pesada, mas regular e quase pacífica.

Ruff e Korin estavam de pé ao lado dele, observando-o.

— O que acha que vai acontecer quando ele acordar? — perguntou Korin.

— Espero que vá embora — disse Ruff.

— E acha que ele vai mesmo?

— Não. Acho que, quando acordar, ele vai atacar alguém. Às vezes não entendo essas normas do mosteiro.

— Eu nunca as entendo. Vocês são todos loucos.

Dunnius e Niccolas tinham escapado com machucados feios, mas não sérios. Haviam recebido tratamento e curativos, e ficariam bem. Dunnius estava sendo paparicado por sua esposa, que o considerava um herói. A bravura de Niccolas tinha-lhe valido a admiração de mais uma garota da aldeia, que suspirava por ele e pedia que repetisse a história. Mas ambos só estavam vivos porque o hobgoblin não tivera fôlego para continuar batendo até que morressem.

— Tudo é culpa de Zamir — disse Ruff. — Todo esse medo... É tudo por causa de Zamir.

— Claro que é. Mas acho estranho o prior ter tanto medo dele assim.

— Ele deve ter seus motivos.

Silêncio.

— E Áxia? — perguntou Korin, de repente.

No mesmo instante, Ruff olhou para baixo, sentiu o rosto ferver.

— O que tem Áxia?

— Não sei, por isso estou perguntando. Como estão as coisas entre vocês dois?

— Ela continua cuidando do irmão. A mãe continua trabalhando o dia inteiro e passando a noite inteira na taverna.

— Não foi isso que perguntei.

— Ela começou a trabalhar de copista no mosteiro. Copia livros antigos. Ela é boa nisso.

— E você tem a chance de vê-la durante o dia.

Sem querer, Ruff abriu um sorriso. Apenas falar em ver Áxia já era suficiente para isso.

— Mas você ainda não respondeu — insistiu Korin. — Como andam as coisas entre vocês?

— Não sei.

— Estão juntos?

— Não sei.

— Para alguém capaz de fazer milagres, você sabe ser um frouxo. Há quantos anos estão assim?

— Dois, eu acho.

Ruff e Áxia haviam trocado muitos outros beijos depois daquela noite no quarto dele. Mas era sempre imprevisível. Ruff não tinha tempo, e dizia a si mesmo que era essa a principal razão do relacionamento intermitente. Mas no fundo sabia que era mentira. Ele arranjava tempo para ela, sempre que ela queria. Fugia dos treinos e dos estudos, aguentava as punições. Valia a pena. No entanto, nem sempre Áxia estava disposta. Ao longo daqueles dois anos, ela passara por períodos em que o cumprimentava alegremente, mas tratava-o como um amigo. Então, tempos em que, inesperadamente, o puxava pelo braço e levava-o até um canto, onde eles se perdiam um no outro. Ruff não entendia Áxia, mas isso não impedia que pensasse nela todos os dias.

— O que vocês são? — perguntou Korin.

— Nada.

— E você não está nem um pouco feliz com isso.

— Nem um pouco. Mas o que nós deveríamos ser? O que eu deveria fazer? Pedi-la em casamento?

— Muitas pessoas de nossa idade já estão casando. Daqui a algum tempo terão filhos. Você gostaria de casar e ter filhos com Áxia?

— Não sei. Gostaria que todos os dias com ela fossem como os melhores dias com ela. De qualquer forma, eu não estou aqui para casar e ter filhos. Estou aqui para enfrentar o dragão.

Como se ouvisse aquilo, o hobgoblin adormecido se mexeu na cama, grunhindo em sonhos.

— O que vamos fazer com esse sujeito? — disse Ruff.

— Tenho medo do que ele fará.

— Seria fácil matá-lo agora.

Como demonstração, Ruff colocou as mãos em volta do pescoço do hobgoblin, com os dedos sobre sua garganta.

— Seria fácil — continuou o acólito. — Bastaria apertar, e pronto. Poderíamos dizer que ele morreu dormindo. Talvez ninguém descobrisse a verdade.

Sentiu a respiração do hobgoblin em suas mãos. A pulsação sob a pele grossa. Ruff foi tomado por uma enorme sensação de poder. Bastava apertar. Lembrou-se da surra que Dunnius e Niccolas haviam tomado e teve muita vontade de resolver aquilo ali mesmo. Bastava apertar. Uma ambiguidade a menos na vida. Ele possuía duas famílias, talvez sem pertencer a nenhuma. Estava e não estava com uma garota. Tinha um destino que nunca chegava. Mas podia dar fim àquela ameaça, podia tomar conta daquele problema. Num mundo onde nada era claro, aquela decisão seria muito satisfatória. Não seria mais preciso se preocupar com o que aquele hobgoblin fazia na aldeia, ou o que ele faria quando acordasse. Não seria mais preciso dar ouvidos aos avisos do prior. O amor e o futuro eram incertos, mas a morte era decisiva.

O hobgoblin estava indefeso, por mais estranho que fosse formular aquele pensamento. Matá-lo seria um alívio.

Mas não o matou.

— Vamos comer alguma coisa — disse Ruff Ghanor.

Tirou as mãos do pescoço do hobgoblin e deu-lhe as costas.

O guerreiro bestial acordou e cumpriu a previsão de Ruff. Abriu os olhos para enxergar um clérigo examinando-o de perto e sua primeira reação foi esmurrar o coitado. O clérigo caiu para trás, numa prateleira cheia de frascos e potes. Quebrou alguns, feriu-se nos cacos. Não reagiu: fugiu da enfermaria e mandou chamar o prior.

Ruff Ghanor foi tirado de uma sessão de estudo de filosofia e acompanhou o líder do mosteiro.

— Não faça nada, garoto-cabra. Apenas observe.

Encontraram o hobgoblin no meio do caminho. A criatura se afastava da enfermaria, perdida nos corredores. Ele estava nu. Seu corpo era abrutalhado, cheio de músculos e com muitos pelos em alguns lugares. Era pouco mais alto que o prior — o homem enorme era o único por ali que parecia fazer frente ao físico do visitante.

— Onde estão minhas armas? — quis saber o hobgoblin. — Minha armadura?

— Estão guardadas, senhor — o prior fez uma mesura.

Mesmo depois de tantos anos assistindo às humilhações, Ruff balançou a cabeça para aquela demonstração. Era *um* hobgoblin. Nem ao menos sabiam se era um sargento ou oficial do exército de Zamir. Podia muito bem ser um desgarrado, um fugitivo. Nunca antes um hobgoblin solitário chegara à aldeia. Mas o prior, que não se curvava a ninguém, curvava-se a ele.

— Traga-me tudo que é meu, humano! — rosnou o hobgoblin. — E sem demora!

O prior mandou que Ruff trouxesse os pertences da criatura. O acólito reuniu-os e carregou-os até o corredor. A armadura era pesada, transportá-la era incômodo. As armas faziam um clangor metálico umas contra as outras. E havia pergaminhos em uma sacola rústica. Ninguém ousara abri-los. Ninguém tocara nos pertences do hobgoblin, exceto para guardá-los com cuidado. Ruff achava que nenhum clérigo ou aldeão recebia tanto respeito.

Encontrou o hobgoblin no refeitório, sentado a uma mesa. Ele bebia cerveja. Já havia uma garrafa vazia e quebrada no chão, e outra pela metade a sua frente.

— Aqui estão suas coisas — disse Ruff, depositando as sacolas aos pés da criatura.

— É bom que esteja tudo aí, filhote de humano!

Ruff afastou-se, rilhando os dentes.

Sem qualquer pudor, o hobgoblin vestiu-se em pleno refeitório, sob a vista dos clérigos. O prior era o que mais se aproximava e, mesmo assim, com deferência e respeito. Quando terminou de colocar a armadura, o homem bestial arrotou e mexeu em seus pergaminhos.

— Ele sabe ler — o prior murmurou para si mesmo, como se isso fosse indicação de grande perigo. Então dirigiu um olhar para Ruff. O acólito entendeu e chegou perto. O prior repetiu: — Ele sabe ler, garoto-cabra. Tomamos a decisão certa.

— Você é o prior? — disse o hobgoblin, após secar a segunda garrafa de cerveja.

O líder do mosteiro deu um passo à frente e disse que sim.

— Estou aqui para inspecionar sua aldeia. Não estão roubando de Zamir, humanos traiçoeiros?

— Nunca, senhor.

A Irmã Delilah, maior conhecedora de medicina do mosteiro, aproximou-se, cega aos avisos silenciosos do prior.

— Sente-se melhor? — perguntou a clériga. — Como se feriu daquela forma?

Em resposta, o hobgoblin agarrou-a pelos robes e derrubou-a no chão.

— Cadela humana insolente! Por que quer saber? Está insinuando que sou fraco?

— Não, senhor! — gaguejou Delilah.

Mais uma vez, Ruff fez menção de intervir, e foi seguro pelo prior.

— Peça desculpas, Delilah — ordenou o líder do mosteiro.

— Desculpe, senhor!

O hobgoblin ficou um instante olhando-a.

— Suma daqui, humana. E agradeça a seus deuses por sua vida imunda.

Delilah ergueu-se e afastou-se, tremendo e sem dar as costas ao visitante. Ruff ouviu o prior suspirar de alívio.

O hobgoblin bateu com o punho na mesa.

— Sirvam-me mais cerveja. E comida, estou faminto! Então vamos examinar seus depósitos e ver o que estão escondendo.

O hobgoblin era mesmo um enviado de Zamir para inspecionar a aldeia e o mosteiro. Era um sargento, o líder de um bando de guerra. Não mencionou o que acontecera com seus comandados, e o povo de São Arnaldo nunca descobriu a origem de seus ferimentos. O prior disse a Ruff, em tom sério, que um hobgoblin que sabia ler era algo muito perigoso. Poucas daquelas criaturas possuíam tal conhecimento, e aquele sargento devia ser precioso no exército do tirano. Segundo o líder do mosteiro, garantir sua sobrevivência fora a melhor decisão.

E o hobgoblin tinha um nome: era Derr'Bakk. Ao longo dos próximos dias, o sargento Derr'Bakk embriagou-se e olhou os depósitos de grãos da aldeia. Entrou em cada casa e revirou tudo. Derrubou prateleiras, quebrando os parcos pertences dos aldeões. Desfez as camas de palha, em busca de qualquer riqueza que pudesse estar escondida. As casas mais ricas tinham piso de madeira, e não de terra batida. O sargento quebrou as tábuas, procurando por alçapões ou buracos ocultos. Não encontrou nada — o povo entregava o que tinha a Zamir.

No segundo dia de inspeções, o hobgoblin cansou-se de fazer tudo sozinho. Recrutou a ajuda dos guardas.

Korin viu seu pai escoltando o hobgoblin até a casa de um vizinho. Viu-o parado, obediente, enquanto Derr'Bakk chutava a porta. O rapaz chegou perto, enquanto o hobgoblin estava distraído dentro da casa.

— Você precisa ajudá-lo, pai?

— São as ordens dele, Korin.

— Eu entendo que não podemos reagir. Mas você precisa ajudá-lo?

— Reze para que ele não ordene coisa pior.

Aquela casa também foi revirada. A família não escondia coisa nenhuma, mas mesmo assim ficou mais pobre — roupas rasgadas, móveis destruídos.

À noite, o sargento Derr'Bakk dormia na taverna. Consumia imensas quantidades de cerveja, vinho, hidromel e destilado. Comia mais do que qualquer um. Às vezes, provocava brigas — os fregueses escolhidos tinham de apanhar em silêncio, mas por sorte nenhum dos ferimentos era fatal. Após alguns dias, é claro, a taverna se esvaziou, tornando-se quase propriedade do hobgoblin. Nem mesmo a mãe de Áxia permanecia lá.

Enfim as inspeções acabaram. Os aldeões respiraram aliviados e imaginaram que o visitante iria embora na manhã seguinte.

Mas a manhã seguinte chegou, e a única mudança foi que, sem nada que o ocupasse, Derr'Bakk estava entediado. Bebeu ainda mais. Saiu à praça central e decidiu que um guarda havia olhado para ele com ameaça. Bateu no pobre homem até estar saciado. E, com a fúria do ócio, foi extremamente violento. Quebrou a mandíbula de sua vítima, que foi parar na mesma cama na enfermaria onde o hobgoblin havia convalescido.

Depois de três dias sem inspeções, com apenas bebida e violência para ocupá-lo, o hobgoblin não dava sinais de ir embora. À noite, um grupo de aldeões esperou até que ele desmaiasse de embriaguez e se reuniu na casa da viúva Chanti para deliberar.

— Por quanto tempo isso vai continuar? — disse alguém. — Temos medo de sair de nossas casas dia após dia!

— Minhas reservas de bebida estão acabando — confessou o taverneiro Donatt. — Tremo ao pensar no que acontecerá quando ele não tiver mais nada para beber.

— Precisamos tomar uma providência! — disse um dos filhos da viúva. — O que faremos?

Então a porta da casa se abriu de repente, e ouviu-se um vozeirão:

— Não farão nada.

O prior surgiu, ocupando um espaço enorme.

— Tudo pelo que passamos agora não é nada comparado ao que pode acontecer. Respeitem o sargento. Respeitem Zamir.

— Isso não é justo! — indignou-se um guarda.

— Isso é a realidade.

Na manhã seguinte, Derr'Bakk ria de um aldeão que escolhera para atormentar. O homem tentava se arrastar para longe dele, e o hobgoblin divertia-se chutando areia em seu rosto.

O sapateiro Bertus engoliu em seco e tomou coragem. Chegou perto do guerreiro bestial.

— Sargento Derr'Bakk!

O hobgoblin virou-se para ele, já agressivo.

— Há uma casa que o senhor não inspecionou — gaguejou o homem. — Uma cabana afastada, na orla do bosque.

Porque aquele povo estava humilhado, furioso, fervendo de revolta. E, sem poder reagir contra o opressor, decidiram reagir contra outro oprimido. Era difícil bater em quem estava em cima, mas sempre é fácil pisotear quem está embaixo.

— Uma cabana na orla do bosque — repetiu o sapateiro. — Lá moram uma prostituta, sua filha esquisita e seu filho imbecil.

Ruff correu, rezando a São Arnaldo para chegar a tempo. Encontrou a porta da casa de Áxia pendendo de uma só dobradiça. Aproximou-se e enxergou o corpanzil do hobgoblin na exígua sala.

— Estavam se escondendo? — latiu o sargento. — Escondendo-se de Zamir?

— Não! — gritou Áxia.

Ruff entrou na cabana, atrás do sargento, com os olhos arregalados. O hobgoblin olhou para trás, mas não deu importância ao acólito. Os clérigos eram os mais obedientes de todos.

— Que riquezas esconderam aqui?

— Nenhuma! — disse Áxia. — Eu juro!

— Então por que eu não conhecia este lugar?

— É só o lugar onde moramos.

A cabana de Áxia era afastada da vila. A não ser que alguém procurasse por ela especificamente, não iria encontrá-la apenas andando pela aldeia. Seria necessário ir até o bosque. Não havia qualquer tentativa de se esconder — apenas três pessoas vivendo no mesmo casebre que pertencera a seus antepassados. A cabana afastada, da família com quem ninguém se misturava.

— Acho que está mentindo, cadelinha humana.

Derr'Bakk empurrou Áxia, e Ruff assumiu uma posição de combate. Mas então se esforçou para relaxar. Lembrou das palavras do prior. Deviam deixar o hobgoblin em paz. A criatura puxou uma gaveta de um móvel tosco, jogando-a no chão. Rion, o irmão mais novo de Áxia, começou a chorar. Rion já tinha mais de 10 anos, mas ainda não conseguia falar direito ou compreender o mundo. Seu rosto também era diferente. Ele dependia de Áxia para quase tudo, e olhou para a irmã, desesperado e em busca de respostas, quando enxergou a brutalidade daquele desconhecido.

— Vamos, o que está escondendo?

As camas dos três ficavam no mesmo quarto, e Derr'Bakk destruiu-as, procurando qualquer coisa oculta. Perfurou o sapé do teto com uma lança, arruinando a cobertura. Rion não parava de chorar.

— Cale a boca! — disse o hobgoblin, dando um chute no menino.

Ruff gelou. Viu o rosto de Áxia se contorcendo, então sua boca começando a formular palavras. Suas mãos entrando numa posição complexa. Uma fagulha de luz — a garota estava prestes a conjurar alguma magia arcana.

— Áxia, não — ele sussurrou. — *Por favor.*

Ela estacou. Deixou os braços caírem. Foi até Rion e abaixou-se, abraçando-o e tentando reconfortá-lo.

Ruff fechou os olhos, Áxia fechou os olhos. Ambos só ouviram os ruídos do visitante revistando o resto da cabana.

— Não há nada aqui! — decidiu o sargento. — Você tem uma vida de merda, cadelinha humana. Tome uma moeda!

Derr'Bakk jogou para Áxia uma peça de cobre e riu ante a própria caridade. Então saiu porta afora.

Áxia não podia recusar dinheiro. Guardou a moeda.

Madrugada. Como sempre, era o único período em que havia paz na aldeia, pois o visitante já desmaiara de tanto beber. Tudo estava em silêncio.

Ruff Ghanor acordou sendo sacudido. Abriu os olhos, confuso, e enxergou Áxia debruçada sobre ele.

— Venha ver o que eu fiz — disse a garota.

— Áxia, o que...?

— Venha ver o que eu fiz.

Ela se ergueu e chamou-o com a mão. A janela do quarto estava aberta. Ruff esfregou os olhos e se levantou. Áxia escalou janela abaixo. Ele, sem saber o que fazer, imitou-a, ainda em suas roupas de dormir. Assim que ambos tocaram o chão, ela correu em direção à taverna. Ruff sentiu um enjoo de nervosismo e rezou para estar errado.

Áxia escalou a parede da taverna e entrou por uma janela aberta. Após algumas tentativas, Ruff também conseguiu subir. Ela o ajudou, quando ele chegou perto da janela, puxando-o para dentro.

Era o quarto malcheiroso do hobgoblin.

— Veja o que eu fiz — disse Áxia.

Então ela foi até a criatura. Pôs a mão em sua cabeça e puxou-a para cima, expondo o pescoço.

A garganta estava cortada.

Os lençóis e a palha estavam empapados de sangue.

— Áxia, você...

— Matei-o. Foi muito fácil. Ele estava desacordado. Enfiei uma adaga em seu pescoço. Esta adaga — estendeu o objeto a Ruff.

O acólito pegou a arma ensanguentada.

— Ele gorgolejou um pouco, mas acho que nem entendeu direito o que estava acontecendo. Então eu fui correndo contar a você.

— Por quê?

— Você viu o que ele fez com Rion.

— Por que me contou?

— Você é o único em quem eu confio, Ruff. E você é o preferido do mosteiro. Estou em suas mãos. Iria ficar nas mãos de *alguém*, e prefiro que sejam nas suas.

— Áxia, eu não sei o que vai acontecer.

— Tudo bem. Eu sabia dos riscos quando tomei a decisão.

Ruff ficou longos minutos ponderando, em silêncio, com a adaga na mão. Por fim:

— Volte para casa, Áxia. Esqueça o que aconteceu aqui.

Ela não disse nada e obedeceu.

Depois que Áxia se afastou, Ruff desceu pela janela, não sem certa dificuldade. Foi até a casa de Korin. A porta não estava trancada; nunca estava. Chegou até o quarto do amigo em silêncio e sacudiu-o.

— Preciso de sua ajuda — disse Ruff.

— É claro — respondeu Korin, sem qualquer questionamento.

Ambos entraram na taverna escondidos. Carregaram o corpo para fora, com o maior silêncio possível. Voltaram à taverna, tiraram toda a palha e os lençóis ensanguentados. Enterraram tudo nos arredores da aldeia.

— Obrigado — disse Ruff. — Eu não conseguiria fazer isso sozinho, mas agora posso me virar. Volte para casa.

— Nem pensar.

— Você sabe o que vai acontecer aqui, Korin. Vai haver consequências.

— Que seja. Não vou deixar você sozinho.

— Estou fazendo isso para proteger Áxia.

— Eu imaginei. Não importa. Se você faz idiotices para proteger aquela garota, eu faço idiotices para proteger aquela garota.

— Obrigado.

— Espero que pelo menos tenha ganho algo além de um beijo.

Riram sem vontade. Então, na praça central, vestiram o cadáver com a armadura, puseram a espada curva em sua mão e colocaram-no entre os dois. Ruff com seu martelo, Korin com sua espada. Cortaram o sargento morto com a espada e bateram em sua cabeça com o martelo. Criaram uma cena que não era assassinato, mas combate. E Ruff guardou para si a adaga.

— Eu dei o golpe fatal, entendeu? — disse o acólito. — Você só me ajudou.

O culpado precisava ser o escolhido do prior, não o filho de guarda ou a garota esquisita metida com bruxaria.

Quando o sol se ergueu e o sino tocou, começou a aglomeração ao redor do cadáver. Ninguém escutara uma luta durante a noite, mas ali estava o resultado. O sargento Derr'Bakk estava morto. Os aldeões choraram de alívio, ao mesmo tempo em que tremeram pelo que o futuro podia trazer.

Mas o futuro era sempre muito distante.

Ruff Ghanor estava de pé na frente da porta fechada da sacristia. Bateu e esperou o prior abrir.

— Eu matei o hobgoblin — disse, à guisa de cumprimento. — Fugi de meu quarto essa noite. Ele estava perambulando na praça e eu o matei.

— Entre, garoto-cabra.

Ruff entrou na sacristia. Sentou-se de frente para o prior.

— Por que fez isso?

— Não aguentava mais — disse o acólito. — Ele nunca mais iria embora. Então, não faria diferença se vivesse ou morresse, porque nunca iria voltar para Zamir. E, de qualquer forma, ele poderia ter morrido antes de chegar à aldeia! Podemos arrastar seu corpo até a estrada, ninguém vai ficar sabendo.

— Matou-o sozinho?

Engoliu em seco.

— Korin me ajudou. Mas só porque eu pedi! Ele não tem nada a ver com isso. Eu tomei a iniciativa, eu dei o golpe fatal.

Mostrou a adaga ao prior.

— Uma adaga. Você não costuma lutar com uma adaga, garoto-cabra.

— Estava sem meu escudo.

— Você está mentindo.

Ruff sentiu o estômago despencar.

— Não! Fui eu!

— Está mentindo e tomou uma decisão muito séria, apesar de tudo que lhe falei.

O prior segurou-o pelo braço.

— Você não é mais um acólito, garoto-cabra.

Ruff ficou tonto, sentiu o mundo girar. Tentou imaginar uma vida que não envolvesse o mosteiro e não conseguiu. De imediato, pensou no quanto havia decepcionado Dunnius e Niccolas. Não era mais um acólito, tudo que conhecera desde que fora resgatado estava ruindo.

Mas então se lembrou de Áxia.

Áxia, que já era desprezada pelos aldeões, mesmo sendo inocente. Áxia, que não podia ser culpada por aquela morte.

Valia a pena jogar a vida fora por Áxia.

— Não, você não é mais um acólito, garoto-cabra.

Então as narinas de Ruff foram invadidas por um forte cheiro de incenso. Ele abriu os olhos e enxergou um braseiro ardendo, recém-aceso. O prior mergulhou os dedos em um óleo viscoso e marcou-o na testa e nos lábios.

— Irmão Ruff Ghanor, você agora se torna um homem. Sua alma ascende, tentando tocar a mão do santo. Você se ajoelha, mais baixo que qualquer um de seus semelhantes. Você agora se torna um servo de São Arnaldo e de todo o povo. Sua vida deixa de ser sua própria, para pertencer aos miseráveis. Irmão Ruff Ghanor, você aceita esta missão eterna, da qual nunca será aliviado?

Ruff estava atônito.

— Eu aceito — murmurou.

— O santo tem um novo servo, e os famintos têm mais alguém que os alimentará! Irmão Ruff Ghanor, eu lhe concedo todos os direitos e deveres do sacerdócio e o inicio como clérigo na Sagrada Ordem de São Arnaldo.

Ruff, de repente, sentiu a presença do santo sobre ele. Viu a sacristia de forma diferente.

Não era mais um acólito.

Era um clérigo ordenado.

— Por quê?

— Você tomou uma decisão, garoto-cabra. Certa ou errada, foi uma decisão de homem. Você assumiu para si o pecado dos outros. Certo ou errado, foi o gesto de um clérigo. Você não é mais um acólito.

Ruff se ergueu.

— O que vai acontecer agora? — perguntou.

— Talvez nada. Talvez o pior. Mas, qualquer que seja o futuro, você irá encará-lo como um sacerdote.

O novo clérigo assentiu com a cabeça.

— Agora vá arranjar robes novos, garoto-cabra. Nada é mais vergonhoso que um clérigo usando roupas de criança.

9 O calvário de Rion

UM ANO DEPOIS, Ruff Ghanor experimentava o terror.

Em seus nove anos no mosteiro, sentira medo. Muitas e muitas vezes, temor incontrolável que o deixava acordado à noite, mesmo exausto dos treinos. Medo do futuro, medo do passado. Medo de Zamir e dos Ghanor. Medo do prior, medo de Áxia. Mas agora conhecia o terror.

O terror era uma criança estirada numa cama, contorcendo-se de dor, suando e gemendo.

O terror era uma mãe na cama ao lado, apática, fingindo dormir, virada para a parede.

O terror era uma garota olhando para ele com esperança.

O terror era não poder fazer nada.

— Use sua magia! — disse Áxia.

Ruff estava ajoelhado ao lado de Rion, o irmão mais novo da garota que amava. Rion, que há quase uma semana não conseguia comer direito, que sentia dores intensas e inexplicáveis. Que ardia em febre há dias. Rion, que nunca aprendera a falar muito bem, que não conseguia compreender a tortura a que era submetido. Ruff ergueu os olhos, fitando Áxia. Estendeu as mãos de novo e se concentrou, buscou a ligação forte com os deuses e com São Arnaldo, que lhe emprestavam o poder para curar.

Sentiu o calor divino brotando a seu redor. As mãos emitiram o mesmo brilho branco, puro e sublime que ele já reconhecia. Mas, mesmo enquanto fazia isso, sabia ser inútil. Mais uma vez, o brilho se desvaneceu, e Rion continuava em agonia.

— *Por que não está dando certo?* — Áxia exigiu, a voz quase se quebrando em choro.

— Não sei.

— Isso não é resposta! Faça algo, Ruff! — Então, aumentando o tom para um grito estridente: — *Por que não faz alguma coisa?*

— *Não consigo!* — ele gritou também.

Ela agarrou as mangas de seus robes, rilhando os dentes, o corpo inteiro tremendo. Os gemidos de Rion continuavam. O garoto estava cego para o que se desenrolava a seu redor. Os olhos de Áxia ameaçavam transbordar, mas ela respirava fundo, pelo nariz, controlando as lágrimas. Recusava-se a chorar.

— Não sei por que a magia não funciona — disse Ruff, tentando ficar mais calmo. — Não é como no início, quando eu não conseguia tocar o poder dos deuses. Está a meu alcance, mas...

— Mas o quê?

— Mas é inútil.

Ela engoliu em seco.

A história da doença de Rion era curta e absurda, como muitas tragédias da vida dos plebeus. Há cerca de dez dias, o garoto havia mostrado indolência pela manhã — recusava-se a sair da cama, estava preguiçoso e resmungão. Como ele não conseguia articular reclamações (ou quaisquer outras palavras inteligíveis), Áxia julgara que era mais uma das esquisitices do irmão. Birra de criança. Precisava arrastar Rion consigo para o mosteiro, onde ambos recebiam desjejum e onde ela trabalhava como copista de tomos antigos. O menino não podia ficar sozinho, e a mãe não podia ajudar — após o trabalho noturno na taverna, aproveitava algumas poucas horas de sono antes de rumar para o segundo trabalho, lavando roupas. Juntas, Áxia e a mãe ganhavam o suficiente para sobreviver e alimentar os cofres de Zamir, mas pouco mais que isso. De qualquer forma, naquela manhã, Áxia demorou quase meia hora para arrancar Rion da cama, e o menino balbuciou reclamações por todo o caminho até o mosteiro.

Quando chegaram, tiveram de comer o desjejum já frio, e Áxia correu para a biblioteca, onde trabalhava com meia dúzia de clérigos velhos e dois acólitos. Em geral, Rion passava o dia inteiro quieto, ao lado da mesa da irmã, entretido com cavalinhos de madeira e outros brinquedos. Naquele dia, contudo, começou a gemer cada vez mais alto, então se pôs a chorar e gritar. Era impossível trabalhar daquele jeito, e Áxia foi retirada da biblioteca, temendo perder a fonte de renda. Pela expressão de Rion, ela soube que não era apenas mau humor infantil, mas algo mais sério: ele sentia dores. Levou-o à enfermaria, onde alguns clérigos examinaram o menino e não conseguiram identificar nada errado. Deram-lhe um preparado de ervas, que deveria aliviar qualquer dor e ajudá-lo a dormir, e mandaram ambos para casa.

Em geral, Áxia aproveitava as noites para estudar seus pergaminhos. Ao longo dos anos, conseguira decifrar quase todas as magias. Mas naquela noite não fez progresso nenhum. Ela preparou suas próprias poções e seus anestésicos, que aprendera tantos anos antes com Ulma, mas nada funcionava.

Todos os remédios se mostraram inúteis, e o estado de Rion piorou.

Ele começou a suar e se contorcer. Parecia ter acessos de dor súbita, quando seus olhos eram tomados de medo e incompreensão, e se agarrava à irmã em busca de algum alívio, alguma resposta. Áxia acordou um aldeão (um dos poucos que falava com ela) e pediu que chamasse sua mãe na taverna. O homem foi; retornou meia hora depois, dizendo que a mãe não podia sair, mas que confiava em Áxia para cuidar de tudo.

Foi uma noite comprida. E foi só a primeira.

De manhã, Áxia conseguiu levar Rion ao mosteiro, mas apenas com a ajuda de Korin. Ela já não se preocupava com seu trabalho ou mesmo com comida. Queria apenas que os clérigos fizessem algo para curar seu irmão, ou ao menos aliviar seu sofrimento. Rion foi conduzido às pressas de volta à enfermaria, onde a Irmã Delilah se pôs a estudá-lo, conduzindo um pequeno grupo de clérigos experientes.

Enquanto alguns sacerdotes administravam remédios e ervas, outros estudavam em seus livros, em busca da reza mais adequada para o caso. A magia divina era uma bênção, mas não vinha sem esforço. Era preciso saber o que pedir aos deuses, e como. No fim da tarde, os religiosos haviam chegado a uma conclusão, e Delilah postou-se sobre a cama onde o garoto jazia. Esticou os braços, murmurou uma prece e todos observaram a luz branca emanar.

Nada aconteceu.

Foi então que, com o coração quebrado, Áxia entendeu que estava sozinha.

Os clérigos logo voltaram à pesquisa, tentando ver onde haviam falhado, por que os deuses não haviam respondido à súplica. Mas a garota notou um sutil olhar conspiratório entre Delilah e outro sacerdote. O olhar que dizia algo que eles não queriam falar à irmã do paciente.

— *Talvez não haja nada a fazer.*

Rion passou a noite na enfermaria, Áxia a seu lado. Ruff também não dormiu; ficou com a garota assim que acabou os trabalhos do dia e até ser chamado para a primeira tarefa da manhã seguinte.

De novo e de novo a Irmã Delilah rezou, mas nenhum milagre curou Rion. Pelo contrário, as dores pareciam aumentar. Ele só possuía forças para se contorcer e gritar. Recusava-se a comer. Enfim, Delilah foi honesta com Áxia:

— Talvez seja a vontade dos deuses que seu irmão parta deste mundo.

Ela sentiu o peito esvaziar. A raiva ficou ainda maior por causa do eufemismo: não falavam em "morrer".

Os clérigos ofereceram-se para tentar aliviar o sofrimento de Rion como pudessem, deixando-o na enfermaria "até o fim" e poupando Áxia do trabalho de cuidar dele. Mas isso foi só mais um insulto. A garota levou o irmão de volta para casa.

E em casa ele piorou e piorou, emagrecendo e ficando pálido.

— Desculpe — disse Ruff. — Eu estou tentando. Estou mesmo.

— Eu sei — ela falou, engasgando.

Ele se aproximou de Áxia. Vencendo a resistência da garota, abraçou--a. Apesar da situação, do fedor de morte no aposento, não pôde ignorar o cheiro maravilhoso, intoxicante, dos cabelos dela.

— Você pode chorar, Áxia — disse. — Ninguém vai ver. Pode chorar comigo.

Ela enfim devolveu o abraço, segurando-o forte contra o peito. Então Ruff sentiu o solavanco do primeiro soluço. Outros vieram, e seu ombro ficou úmido com as lágrimas da garota. Enterrou o rosto em seus cabelos e deu-lhe um beijo lento, carinhoso.

Ela continuou abraçada, chorando. E, porque era um adolescente, ele não sabia o que fazer. Beijou-a de novo na cabeça, então no pescoço. Então a afastou do próprio ombro e procurou seus lábios.

— *O que está fazendo?* — Áxia chiou, as lágrimas esquecidas num instante.

— Desculpe, eu só...

— Quer que eu o beije enquanto minha mãe finge dormir? Por acaso quer se deitar comigo no leito de morte de meu irmão?

Áxia empurrou-o. Ruff afastou-se, sentindo nojo de si mesmo. Só queria reconfortá-la.

Mas não havia o que fazer.

O comentário da garota lembrou-o da mulher deitada na outra cama. A mãe de Áxia fora tão inútil quanto as magias dos clérigos. Desde que ele conhecia a garota, a presença da mãe era como a de um fantasma. Ela era vista de vez em quando, quase nunca falava, ignorava os filhos. Ao longo dos anos, aquilo poderia ser justificado como exaustão. Trabalhava demais, lavando roupas de dia e fazendo coisas meio secretas com os clientes da taverna à noite. Mas, desde que Rion adoecera, a mãe de Áxia recebera permissão de ficar com o menino. Recusara-se e continuara trabalhando. Quando os patrões a proibiram de trabalhar, ela passou a simplesmente ficar deitada o tempo todo, fingindo que dormia, enquanto Áxia cuidava de Rion.

Áxia estava sozinha. Adultos eram inúteis.

E agora até mesmo Ruff era inútil.

— Por que isso está acontecendo? — disse Áxia. Quase não havia mais traço de choro em sua voz. Apenas uma frieza decepcionada.

— Eu também não entendo — Ruff não conseguia tirar os olhos do chão.

— Segundo Delilah, os deuses decidiram que era a hora de Rion morrer.

— Ela não falou isso.

— Falou que "é a vontade deles que ele parta deste mundo". É a mesma porcaria. Explique isso.

— Não posso.

— Você não fica o dia inteiro estudando e meditando? Explique isso, Ruff! Como os deuses podem querer que um menino agonize até morrer? Que deuses são esses? Que santo é esse?

Ele pensou em uma resposta. Mas não disse nada.

Então Áxia falou o que ele estava pensando:

— Os mesmos deuses que botam um garoto em uma caverna para ser encontrado por monges. O mesmo santo que espera que esse garoto viva só para treinar e, então, derrotar um tirano.

— São Arnaldo é nosso protetor.

— São Arnaldo é um bosta. E, se quer saber o que eu acho, esses deuses são os verdadeiros tiranos.

— Não fale isso!

— Eles cobram seus tributos, não? Um tributo muito maior que ouro. Nossa vida. Sua vida!

— Áxia...

— Eles querem reverência, não? Assim como um tirano. E agora eles exigem um sacrifício. Rion vai morrer para agradar aos deuses?

— Não é assim.

— Qual a diferença entre seus deuses e Zamir?

O ambiente pareceu ficar mais frio.

O silêncio só foi quebrado por um grito de Rion.

— São Arnaldo ama você, Áxia.

— Não quero o amor dele! Não quero saber de clérigos inúteis e santos mentirosos!

Ruff tomou fôlego. Num impulso, falou o que nunca dissera antes:

— *Eu amo você.*

Ela o fitou sem dizer nada.

— Meu irmão está morrendo. Eu não amo ninguém.

Então a porta da cabana se abriu. Talvez tivessem batido antes, talvez não. Nenhum dos ocupantes do pequeno cômodo estava em condições de ouvir batidas na porta. Súbito, duas figuras vestidas em robes entraram, colocando as mãos nos ombros de Ruff Ghanor.

— Está na hora de voltar ao mosteiro — disse o Irmão Dunnius.

Ruff virou-se num repelão, desvencilhando-se de Dunnius e Niccolas. Ergueu o punho, num gesto de reflexo, e os dois clérigos sabiam que não podiam fazer nada caso ele resolvesse atacá-los. Mas Ruff conteve-se. Percebeu o que quase fizera e começou a tremer.

— O prior permitiu que ignorasse seus treinos e estudos por tempo demais, Ruff — o Irmão Niccolas conseguiu manter a voz firme. — Está na hora de voltar.

— Vou ficar aqui — foi a resposta do jovem.

— Você não pode. Tem deveres. A vida é maior que a doença de um menino em uma aldeia.

— *Não, não é!* — ele rugiu. — Não há nada maior que isso!

— Venha conosco — insistiu o Irmão Dunnius, sem a mesma firmeza do colega.

— Vão ter que me obrigar.

Então:

— Vá com eles, Ruff — disse Áxia.

Rion gemeu. Ruff Ghanor sentiu os ombros caírem.

— Não há nada que você possa fazer aqui — ela completou.

Era o terror.

O terror de assistir, sem poder ajudar. Pudera salvar a vida de um gato, anos antes. Pudera ajudar um desconhecido na enfermaria. Mas não podia fazer nada pelo irmão de Áxia.

Se Ruff Ghanor pudesse trocar de lugar com qualquer um deles, não hesitaria. Mas era impossível. Ele só podia sofrer a dor secundária.

Deixou-se levar para fora da cabana.

Assim que saiu, sob a luz do dia, enxergou a figura pétrea e autoritária do prior.

— Talvez São Arnaldo esteja testando-o, garoto-cabra.

— Por que o santo testaria um menino que mal consegue falar?

— Não falo de Rion — disse o velho clérigo. — Talvez o teste seja para você.

Então, com mais aquele peso sobre as costas, Ruff Ghanor foi levado de volta aos estudos.

Em geral, quando algum conceito filosófico ou alguma noção metafísica era difícil demais, a resposta era o suor. Após horas de estudo infrutífero, Ruff conseguia clareza quando o esforço físico limpava a mente. Mas naquele dia as respostas não vieram. Mesmo após trabalho duro e exercícios, mesmo após treinos de combate e deveres na cozinha, Ruff Ghanor não entendia por que o irmão de Áxia estava morrendo. Sentia-se muito distante de São Arnaldo e dos deuses. Começava a se ressentir deles. E, ao mesmo tempo, seu orgulho estava ferido. A rejeição de Áxia incomodava-o mais do que ele achava que deveria. Ruff não sabia o que era exatamente seu relacionamento com Áxia, mas achava que, um dia, ficariam juntos em definitivo. Achava que, um dia, tudo estaria resolvido.

Achava que, quando enfim dissesse que a amava, seria um momento sublime.

Não foi.

Julgando-se egoísta e inútil, Ruff completou as tarefas daquele dia sem resposta nenhuma. As palavras do prior também ressoavam em sua cabeça: talvez tudo aquilo fosse um teste *para ele.* Talvez Rion estivesse morrendo por culpa de Ruff. Talvez, se ele nunca houvesse aparecido, Áxia não estivesse sofrendo tanto.

À noite, o jovem exausto e inquieto foi procurar o prior na sacristia. Antes que pudesse bater na porta, ouviu a voz grossa lá de dentro:

— Está muito tarde, garoto-cabra.

Ruff hesitou.

Então se decidiu e bateu.

— Está muito tarde — repetiu o prior. — Eu estou cansado e você está cansado. E você provavelmente fará perguntas cujas respostas nunca irão satisfazê-lo.

Ruff bateu de novo.

— As perguntas valem a pena? — insistiu o velho do outro lado da porta.

Um momento.

— Sim.

— Então não bata, garoto-cabra. Entre logo.

Ruff abriu a porta e adentrou o cômodo que já conhecia bem.

Lá estava a mesa do prior. Lá estavam as prateleiras abarrotadas de livros e pergaminhos. Velas e lampiões davam a todo o ambiente uma luz bruxuleante. Um incensário sobre um banquinho exalava um cheiro doce e tranquilizador. O grande homem estava sentado sobre os próprios pés, numa posição confortável que remetia aos treinos de combate. O cajado estava sobre suas coxas. Quando se estava na sacristia, parecia impossível que houvesse todo um mundo de dor lá fora.

— Fale — disse o velho, antes mesmo que Ruff pudesse fazer uma mesura.

— Desculpe vir até aqui...

— Fale! — trovejou o homem. — Essa hesitação não é característica sua e já esperou demais pelas respostas. Não perca tempo com bobagens.

Ruff tentou achar as palavras durante um momento. Então se decidiu:

— Não entendo.

— O que não entende, garoto-cabra?

— Nada. Não entendo nada que está acontecendo.

O prior sorriu.

— É claro que não. E até hoje aceitou tudo com muita facilidade. Já é quase tarde demais para começar a fazer perguntas.

— São Arnaldo é um santo dos pobres — disse o prior. — Um santo dos esfarrapados e famintos. E isso deveria ser óbvio até mesmo em seu nome.

— Seu nome?

— É claro. A própria forma como chamamos o santo está errada. Por que não *Santo Arnaldo?* Assim ele seria chamado nos salões dos nobres. Nas grandes cidades, perto de estradas com muitos viajantes. Mas não estamos em nenhum desses lugares. Somos um mosteiro bastante pobre, nos confins de uma terra sem lei, longe de qualquer coisa importante. Então continuamos usando a forma como os ignorantes chamavam seu protetor, séculos atrás. São Arnaldo.

— Por que isso é importante?

— O poder de São Arnaldo era criar comida para alimentar os famintos. O dever do santo, e por extensão *nosso* dever, era com os miseráveis. Não devemos nos ver como se estivéssemos acima deles, ensinando-lhes o que é certo ou errado e salvando-os com nossa benevolência. Devemos ser como o santo, cuja vida, cuja *glória,* era simplesmente dar comida a quem precisava.

Ruff passou alguns instantes revirando aquelas informações na cabeça. Boa parte ele já sabia. Outras coisas eram novas, fatos que ele não conhecia porque nunca lhe ocorrera perguntar. Mesmo já sendo um clérigo ordenado, ainda era um estudante, e lidava com conceitos muito mais complexos todos os dias, em suas aulas e suas leituras, mas aqueles fatos simples sobre o patrono do mosteiro nunca haviam sido explicados muito bem. Fora preciso que Rion agonizasse para que ele fosse sacudido de seu marasmo e começasse a fazer perguntas.

— Existiram santos cujos poderes eram muito mais espetaculares — continuou o prior. — Santa Imuen, por exemplo, era capaz de se tornar invisível. Usou seu poder para se infiltrar em uma cidadela ocupada por soldados monstruosos e abrir as portas para o exército que seu irmão liderava.

Ruff Ghanor já sabia: cada santo possuía um poder, um dom único que os deuses lhe concediam quando alcançava a santidade. Mas nunca questionara algo:

— *Como* alguém se torna um santo? O que é um santo, afinal?

— Santos são os maiores servos dos deuses — o prior sorriu, satisfeito com a pergunta. — São clérigos que, por seus feitos, recebem das divindades uma grande tarefa e são abençoados sobre todos os outros mortais para cumpri-la.

O prior não precisou falar explicitamente para que Ruff lembrasse do que fizera na caverna, uma vida inteira atrás. Batera com o punho no chão e causara um terremoto.

Seria aquilo uma dádiva dos deuses?

Seria ele um santo?

Ou alguma outra coisa?

Antes que o rapaz conseguisse perguntar, o prior continuou:

— Santos podem conceder poderes a seus servos. Por isso tantas ordens clericais são devotadas a eles. Como a nossa.

— Tudo depende dos deuses, então.

— Existe muito debate a esse respeito, garoto-cabra. Alguns teólogos falam que um santo, vivo ou morto, só tem qualquer poder porque os deuses permitem. Outros afirmam que, uma vez que seja elevado à santidade, um mortal adquire poder próprio, que nem os deuses podem tirar. E isso é muito importante.

— Por quê?

— Porque, se for verdade, significa que os santos não precisam *obedecer* aos deuses. Significa que nossos criadores nos concederam livre-arbítrio supremo. — Uma pausa. — Ou não.

Ruff permaneceu calado. Estava sentado de frente para o prior. A conversa já durava cerca de uma hora.

— Nada disso explica o que está acontecendo com Rion.

— Você não perguntou sobre a doença do irmão de sua amiga. Seus questionamentos começam aí, mas são muito mais profundos, não?

Ruff assentiu.

— Por que ele está morrendo? — disse o rapaz, afinal. — Por que não podemos fazer nada?

— São duas perguntas muito diferentes. Começaremos pela primeira. O garoto está morrendo porque está muito doente.

— Isso não é resposta! — Ruff explodiu.

— Está enganado, menino. Essa é a maior das respostas. Pense nela um pouco.

Ele obedeceu. Longos minutos se passaram.

— Os deuses não *fizeram* Rion ficar doente — Ruff falou, devagar. — Ele apenas *está* doente. Porque doenças *existem.*

— Continue.

— Por que elas existem?

O prior sorriu.

— Esta é a verdadeira pergunta, garoto-cabra. Por que doenças existem? Por que, em um mundo criado segundo a vontade dos deuses, existe sofrimento?

— E por que eles não interferem diretamente? Por que não poupam a vida de um menino inocente?

— Quando chegar a essa resposta, irá se tornar verdadeiramente iluminado, Ruff Ghanor. Por que os deuses permitiram que doença, guerra e fome existissem? E por que não interferem diretamente? Por que existe um santo que alimentava os famintos, quando um deus pode simplesmente fazer com que *não existam mais famintos?*

Ruff ficou calado. O prior continuou:

— Na verdade, por que vivemos neste mundo imperfeito, cheio de perigos e vilezas, se supostamente existe um reino muito melhor, onde estão os deuses? Por que não estamos todos nesse paraíso?

— Não existem respostas?

— Talvez existam. Nós ainda não as conhecemos.

Silêncio.

— Eu fiz outra pergunta — disse Ruff. — Por que não podemos fazer nada?

— Você já sabe a resposta.

— Porque estamos neste mundo imperfeito, e os deuses não interferem diretamente — o rapaz disse sem precisar pensar.

— Ótimo. O mundo simplesmente é, Ruff Ghanor. Por alguma razão, nós precisamos lidar com tudo isso. Existem ferimentos e doenças que nossa magia não é capaz de curar. Mas você é capaz de ir mais longe. Continue.

Ele fez um esforço.

— Rion... Vai sair deste mundo imperfeito.

O prior perfurou-o com um olhar intenso.

— Sim! — disse o velho. — O menino sairá deste nosso mundo. Por que tentamos salvá-lo? Somos clérigos, dedicamos nossa vida aos deuses. Em teoria, acreditamos que existe um paraíso. Se Rion é inocente, o paraíso é seu destino. Por que então tentar salvá-lo?

— Deixá-lo morrer parece horrível demais.

— Isso faz parte de nós, não? Amar este mundo imperfeito. Duvidar que o outro lado seja realmente melhor. Duvidar que sequer *existe* um outro lado. Deixar um menino morrer nos parece monstruoso.

— O que isso tudo quer dizer?

— Talvez exista uma razão para sermos assim. Para amarmos este lugar onde vivemos. Algo que não tem a ver com os deuses, que nem mesmo os santos podem nos explicar.

Ruff Ghanor sentiu-se parte daquilo tudo. Mesmo nunca tendo deixado o mosteiro, sentiu-se ligado ao mundo, com suas doenças e sua dor. Não importava que houvesse um paraíso mais tarde, era preciso enfrentar a maldade ali. Havia doenças, e era preciso tentar curá-las. Havia um tirano, e era preciso derrotá-lo.

Mesmo que o poder dos deuses não fosse suficiente.

Ao mesmo tempo, sentiu uma repulsa enorme pelo mundo onde estava. Era um lugar horrendo, afinal. Um lugar de morte, mesquinharia, ganância, egoísmo. Ocorreu-lhe que, se pudesse começar tudo de novo, faria um mundo diferente.

— Pense em tudo isso, garoto-cabra.

Ele pensou. Imaginou se a agonia de Rion poderia mesmo ser um teste para ele.

Talvez Rion fosse o sacrifício necessário para fazê-lo entender. Para fazê-lo pensar.

No meio da noite, Ruff foi até a cabana de Áxia, mas encontrou-a vazia, apenas com a mãe deitada no canto, dormindo ou fingindo dormir. Abriu a porta, a mulher não se mexeu. Explorou o interior exíguo — nem a amiga e nem o irmão dela estavam lá. Faltavam também comida e roupas de cama. Ruff saiu e embrenhou-se no bosque, até achar uma luminosidade que indicava um acampamento.

Áxia fizera uma cama para Rion entre as árvores. Não muito longe de onde, anos atrás, ficara a cabana de Ulma. Acendera uma fogueira e agora estava sentada ao lado do menino, sob as estrelas, olhando seus pergaminhos com a luz incerta do fogo.

Rion não estava mais chacoalhando e se contorcendo. Estava apenas parado, gemendo baixo de vez em quando.

— Ele está quieto — disse Ruff, como um cumprimento.

Ela fez que sim.

— Será que a dor está passando?

— Não — disse Áxia. — Ele só não tem mais forças. Acho que pode estar sentindo mais dor do que nunca.

Ele não falou nada. Sentou-se perto dela.

— Por que o trouxe para cá? — perguntou Ruff.

— Acho que ele não passa desta noite.

Ele não entendia.

— Meu irmão vai morrer, Ruff. E não quero que minha mãe esteja por perto. Nunca mais vou vê-lo, então quero pelo menos compartilhar estes últimos momentos só com ele.

— Eu vou embora.

— Não — ela estendeu o braço para segurá-lo. — Fique.

Ruff Ghanor ficou. Em silêncio, sem fazer nada, apenas olhando Áxia e Rion. Ela lia os pergaminhos de novo e de novo, murmurando as palavras. Passou-se uma hora ou mais. Ruff ajudava o menino agonizante como podia, tentando fazer com que ele bebesse água ou deixando-o mais confortável. Chegou até mesmo a rezar de novo.

Mas nada adiantava.

Então Rion caiu num sono profundo, respirando regularmente. Apenas o cenho franzido de leve sugeria o que ele estava sentindo.

Ruff aproximou-se mais de Áxia. Hesitante, temendo ser rejeitado de novo, encostou-se nela. Pôs o braço ao redor de seus ombros, puxou-a para perto. Sentiu-a relaxar, escorar-se nele. Áxia largou os pergaminhos no chão.

Ficaram assim por um longo tempo.

Ela fechou os olhos, mas Ruff continuou observando Rion. Notou ele se mexer de leve, tentar balbuciar algo.

— Áxia — sussurrou Ruff.

A garota pareceu despertar de um meio sono.

— Ele está se mexendo.

— Isso quer dizer que está melhor? — a voz de Áxia deixou transparecer uma nota de esperança.

Ele a segurou mais forte.

— Acho que não. Acho que o momento é agora, Áxia.

Sentiu-a estremecer. Mas ela não chorou.

Ambos se levantaram. Áxia sentou bem perto do irmão. Ruff ergueu-o e colocou sua cabeça no colo da garota. Rion pareceu sentir algum conforto nisso. Áxia deixou que o menino se aninhasse com ela, sentindo sua pele fria. Segurou sua mão. Ruff sentou-se com eles, abraçou Áxia e pôs a outra mão no ombro de Rion.

— Não precisa mais lutar — disse Ruff. — Já acabou.

E estavam ambos olhando o rosto do garoto quando, enfim, toda sombra de dor deixou sua expressão. Ele relaxou. A boca pendeu de leve, os olhos desapertaram.

Rion morreu em silêncio.

— Como você sabia? — disse Áxia.

— Não é a primeira morte que vejo. Achei que você iria querer estar com ele no fim.

A força como ela o segurava era um misto de amor e desespero. E, apesar de tudo, alívio.

A dor acabara.

— Obrigada, Ruff. Você foi o único que ajudou.

O cadáver do menino começava a esfriar. Eles fizeram os movimentos mórbidos de afastar-se do corpo sem vida.

— Você foi o único que conseguiu ajudar.

— Não...

— Todos os outros foram inúteis, Ruff. Apenas você...

— Foi minha culpa, Áxia.

Ela o olhou sem entender.

— Rion morreu para que eu compreendesse este mundo, e o que preciso fazer. Foi tudo um teste, ou uma lição. Eu... Eu sou o culpado, Áxia.

— Então está tudo bem.

— Você não entende. Se eu não estivesse aqui, ele poderia viver.

— Se você não estivesse aqui, talvez ele tivesse morrido apedrejado neste mesmo bosque, há muitos anos. Lembra? Está tudo bem.

— É minha culpa.

— Se foi por sua causa, houve algum sentido, Ruff. É algo que posso entender. Não foi aleatório. Não foi destino cego e sem propósito.

Ele a abraçou. Não sabia se compreendia, mas queria aceitar. Então ouviu a voz de Áxia ainda mais doce, suave, quase imperceptível:

— Eu te amo.

E ele não precisou responder, porque estava tudo lá, evidente. Não haveria volta. Não haveria mais as pequenas fugas um do outro, as hesitações. Eles se abraçaram como um só, seguraram-se com força. Não era preciso mais nada e, mesmo que não houvesse aquelas palavras, ambos saberiam. Na experiência compartilhada, eles estavam à parte do resto do mundo. Abraçaram-se e sentiram seu amor explodir em meio à morte.

E, enfim, deixando-se vencer pela exaustão, aos poucos deitaram na relva.

Acordaram com as primeiras luzes do amanhecer. Ruff já atrasado para os exercícios e os estudos. Mas nada importava. Ele tinha Áxia, e eles tinham o dever de levar o cadáver ao mosteiro para que recebesse os ritos necessários.

Sorriram um para o outro ao acordar, mas então ouviram um ruído estranho.

Era como o som de passos. Centenas de passos, ao longe. Passos fortes, pesados, cadenciados. Então, da aldeia, um grito. Notando o que acontecia, eles começaram a reunir seus objetos. Uma trombeta de guerra soou da estrada. Então o sino da torre tocou em uma cadência apressada. Não o anúncio do início do dia, mas um toque especial, reservado para emergências.

O toque que chamava a população para dentro do mosteiro.

— Vamos! — Áxia pegou-o pela mão e tentou puxá-lo em direção à aldeia.

— Temos que levar Rion — protestou Ruff.

— Ele está morto. Não há nada que possamos fazer.

— Áxia...

— Vamos!

E ambos correram até a aldeia. Ao chegar, já se depararam com o povo esvaziando casas e lojas, aglomerando-se nas entradas do mosteiro, carregando filhos, animais, objetos de valor. Os clérigos tentavam organizar a multidão em uma fila, mas era quase inútil.

— Onde você estava? — o Irmão Niccolas gritou ao enxergar Ruff.

— Eu não sabia...

— Ninguém sabia, garoto! Entre, rápido!

Ruff desgarrou-se de Áxia, empurrado às pressas para dentro da construção. Foi logo posto a trabalhar, recolhendo os pertences dos aldeões que chegavam e contando mantimentos. Não haveria comida para todos, logo viu.

— O que está acontecendo? — Ruff perguntou para um clérigo que passava correndo.

— O que acha que está acontecendo?

Ele escapou dos deveres, só por um minuto, e subiu até a torre do sino. Do topo, conseguia enxergar, por cima das copas das árvores, até a estrada.

E viu uma coluna marchando na direção do mosteiro. Uma centena ou mais de soldados portando lanças, espadas, arcos. Erguendo estandartes.

Estandartes com a figura de um dragão vermelho.

As forças de Zamir chegavam.

9 Primeiro sangue

ELES CHEGARAM COM tochas, eles chegaram com lanças e espadas. Com dentes, garras e os estandartes do dragão.

Não eram um simples batalhão de coleta de impostos. Eram muito mais dos que chegavam uma ou duas vezes por ano. Chegaram ateando fogo aos telhados de sapé e soando trombetas de guerra. Era uma invasão.

O exército de Zamir invadiu a aldeia, minutos depois que o último aldeão entrou no mosteiro. As casas vazias testemunharam a marcha dos hobgoblins com seus corpos pesados e protegidos por armaduras. Os animais da vila faziam barulho, pressentindo o perigo, e logo alguns foram silenciados com lâminas.

Então se ouviu o guincho agudo de um monstro, e o som de asas.

Por sobre o exército, voava uma espécie de lagarto, com cerca de quatro metros de comprimento. As asas abertas faziam-no planar, num círculo lento e ameaçador na frente do mosteiro. A criatura carregava uma sela, e sobre ela havia um cavaleiro. Era o mesmo homem que estivera na aldeia anos antes, cobrando impostos. Armadura completa, vermelha e negra como eram as cores de seu senhor, elmo fechado para esconder seu rosto. Mas então, passando em frente ao mosteiro, retirou o elmo, para expor sua face.

Ruff Ghanor, do alto da torre do sino, viu o rosto da figura que montava no lagarto, e era apenas uma caveira. Seus globos oculares ardiam com chamas vermelhas.

O lagarto pousou, o morto-vivo apeou. Os hobgoblins detiveram sua marcha, parando a algumas dezenas de metros do mosteiro, em meio à aldeia. Curvaram-se em reverência à figura esquelética protegida pela armadura. A um gesto da mão coberta pela manopla, os soldados monstruosos se ergueram, ficando preparados para o ataque.

Dentro do mosteiro, ouvia-se o choro e o burburinho do povo amedrontado. Ghanor pareceu despertar de um torpor, apressou-se de volta para baixo, pois havia trabalho a fazer.

— *Onde está o garoto?* — ouviu a voz trovejante do prior. — Tragam-no aqui!

Ruff surgiu no pé das escadas e já se deparou com um clérigo que procurava por ele. Foi empurrado às pressas até o salão principal do mosteiro, atravessando a multidão, onde o prior e os clérigos mais graduados se reuniam. Não havia espaço para qualquer privacidade: aldeões ocupavam cada aposento, crianças berravam ou se desgarravam dos pais, animais corriam apavorados. O mosteiro começava a feder com o cheiro de tanta gente junta, o cheiro do medo.

— Até que enfim, garoto-cabra! — gritou o prior. — Onde se escondeu? Acha que pode ficar brincando agora?

Ruff não soube como responder, nem mesmo com um pedido de desculpas. Olhava ao redor, confuso, ainda sendo empurrado em direção ao prior. Enxergou Áxia com o canto dos olhos, metida no meio do povo, mas não conseguiu discernir sua expressão. Então estava cara a cara com o prior, ouvindo seus gritos, mas quase sem conseguir entender o que ele falava. As memórias da noite anterior, da morte de Rion e de tudo além, confundiam-se em sua mente.

— Perguntei onde está seu martelo! — rugiu o prior.

— Não sei, senhor.

— Passou a noite na floresta! Está cansado e não sabe onde estão suas armas! E quem vai pagar por isso, garoto idiota? Por acaso vai pedir aos inimigos que esperem até que se apronte?

Ruff não sabia o que dizer. Tudo girava a sua volta — correria, gritos, choro. De novo, o som de trombetas de guerra. O prior ordenou que alguém fosse buscar as armas e a armadura de Ruff.

O próprio prior já trajava sua armadura completa. Nela, parecia um gigante de metal. Era aço espesso, opaco, resistente. Uma armadura composta de incontáveis partes, que se encaixavam umas nas outras com perfeição, unidas por tiras de couro e fivelas. Sob as placas metálicas, uma camada de cota de malha e um revestimento acolchoado. Como arma, o prior não tinha seu cajado, mas um imenso martelo de guerra, com cabeça quadrada e uma longa haste que precisava ser empunhada com as duas mãos. Um acólito a seu lado segurava seu elmo — quando fosse posto na cabeça e fechado, deixaria o velho com aparência totalmente inumana. Tão ameaçador quanto o general morto-vivo que liderava as tropas inimigas.

Os demais clérigos graduados terminavam de ajustar as armaduras e trocavam impressões e planos rápidos entre si. Lá estavam a Irmã Sibrian, com seu martelo e seu escudo, e o Irmão Aldrus, normalmente mais afeito à teoria da guerra, com uma maça em cada mão. Mesmo os clérigos menos experientes e poderosos estavam prontos para o combate. O Irmão Dunnius tremia dentro de sua cota de malha. O Irmão Niccolas rezava para São Arnaldo, enquanto experimentava o peso de uma maça. Apenas acólitos não estavam metidos em armaduras, ficando relegados a deveres mais mundanos. Os guardas da aldeia estavam de prontidão, com suas espadas, aguardando as ordens do prior.

— Venha aqui, Ruff — disse a Irmã Sibrian.

Ruff, estonteado, obedeceu. A clériga tinha um estranho sorriso no rosto.

— Ouça sua professora — Sibrian começou, testando seu martelo. — O que está acontecendo aqui é terrível, mas também é fantástico.

— O quê?

— Treinamos a vida toda, e poucas vezes temos a chance de usar o que aprendemos.

— Você está feliz por estarmos sendo invadidos?

— Nunca. Mas, já que isso está acontecendo, iremos aproveitar. — Ela piscou um olho. — Não conte ao prior que falei isso.

A instrutora de combate dispensou-o, e ele se sentiu mais perdido ainda. Mas estranhamente reconfortado.

Então Ruff ouviu uma voz familiar:

— Eu já estou pronto — disse Korin, orgulhoso.

E realmente estava. Postava-se frente ao prior. Vestia uma cota de malha muito velha, com falhas entre os elos metálicos. Portava uma espada cheia de mossas e um escudo que fora consertado inúmeras vezes. Era equipamento de emergência da guarda da aldeia, usado apenas em caso de última necessidade. Mas Korin ostentava tudo aquilo como se fossem as armas de um príncipe. Seu peito estava inflado, seus olhos traziam um fogo de entusiasmo.

— Volte para a retaguarda, garoto intrometido — disse o prior. — Você fica com os aldeões. São Arnaldo nos ajude caso precisemos de você.

— Nunca! — Korin retrucou. — Meu lugar é aqui. E lá fora, na linha de frente. — Respirou fundo. — E vocês já precisam de mim.

Antes que o prior pudesse responder, Ruff recebeu sua armadura de cota de malha, trazida por um acólito ofegante. Começou a vesti-la de automático. Logo seu martelo estava em sua mão. Então, ainda estonteado, ele estava pronto, e outra trombeta soou do lado de fora.

— É hora, Ruff Ghanor — disse o prior. — Venha comigo.

Ruff sentiu uma bola de gelo no fundo do estômago. Então um vazio o tomou por dentro. Olhou para o lado, enxergou a Irmã Sibrian, expressão resoluta, como se estivesse do outro lado do mundo, em perfeita segurança. Não conseguiu mais ver o rosto do prior, porque o velho já se afastava. Ele mesmo foi sendo conduzido com os clérigos mais graduados. Não parecia haver uma gota de medo em todos eles. Ruff sentiu ser a única pessoa em todo o grupo, em todo o mundo, que sentia medo. Mas andou, estremecendo a cada passo. Algo tocou seu ombro, era a mão de Korin. O amigo sorriu para ele — um sorriso nervoso, apavorado, que o acalmou.

— Lembra de quando você derrotou os garotos mais velhos? — disse Korin. — Lembra de quando matou os lagartos gigantes? Isso é a mesma coisa.

— Não — sussurrou Ruff. — Não lembro de nada, Korin. Não lembro nem de como segurar este martelo.

— Acho que você está segurando do jeito certo.

— Estou apavorado.

— Eu também.

— O que estamos fazendo?

A última pergunta veio quando as portas do mosteiro se abriram. O prior caminhava à frente de todos, e saiu ao sol do início da manhã para encarar os batalhões monstruosos. Ruff e Korin também atravessaram a porta, que então se fechou atrás deles. Eram um grupo pequeno, apenas sete, frente a mais de uma centena de hobgoblins, liderados pelo horrendo morto-vivo. O que estavam *fazendo?*

Um hobgoblin tomou a frente, gesticulou em direção ao morto-vivo.

— Curvem-se a Kydriax, general do grande Zamir!

O prior se curvou ante o general esquelético.

— O mosteiro de São Arnaldo reconhece a soberania de nosso senhor Zamir — disse o velho clérigo. — Não desejamos confronto, não desafiamos a vontade do dragão.

O morto-vivo jogou a cabeça para trás e soltou uma gargalhada tétrica. Não trazia qualquer humor ou alegria, era o ruído de metal raspando em osso, um som agonizante que provocava um arrepio profundo.

— O tempo para mesuras acabou, humano — disse Kydriax, numa voz que se assemelhava a um guincho. — Agora é tempo de sangrar.

— Nós sempre obedecemos a Zamir! — o prior ergueu a voz, enquanto se empertigava. — Nunca o desafiamos!

Ruff não recebera nenhum comando, mas algo dentro dele fez com que desse alguns passos à frente, ficando ao lado do prior. Ainda tremia, ainda tinha a sensação de frio no fundo do estômago, mas de alguma forma não poderia deixar o senhor do mosteiro sozinho.

Porque, ele temia, tudo aquilo era culpa sua.

O prior avisara para que obedecessem ao sargento Derr'Bakk, um ano atrás. Áxia matara o hobgoblin. Ruff assumira a culpa. Ele imaginou se isso era uma retaliação.

Olhou para o rosto do velho clérigo, ainda sem o elmo. Parecia uma rocha, não traía expressão alguma. Naquele momento, Ruff Ghanor sentia-se de novo uma criança, ignorante e muito menor que o prior, mas sabia que precisava estar lá.

Do outro lado do prior, surgiu Korin.

— O desafio já foi feito, humano. Um ano atrás, um bando de guerra foi enviado a este mosteiro para inspecionar suas riquezas. Nenhum dos soldados jamais retornou.

— Não sabemos de nada disso! — o velho clérigo protestou. Ruff impressionou-se com a firmeza de sua voz, mesmo com o perigo e a mentira.

— Este mosteiro é acusado de assassinato de guerreiros de Zamir! — guinchou o general morto-vivo. — Aqui há cheiro de roubo e de revolta. Acharam que poderiam desafiar meu senhor dracônico. E agora pagarão com a morte.

— Não matamos ninguém! — disse o prior. — Nunca roubamos dos cofres de Zamir e nunca desafiaríamos seus soldados.

— Zamir nunca se engana, e seus servos nunca mentem.

— Pagaremos mais — disse o prior. — Leve o que quiser. O que temos é seu.

— Eu *levarei* o que quiser — o general morto-vivo fez um meneio de cabeça que era uma zombaria. — E punirei sua aldeia e seu mosteiro, para que sirvam de exemplo a quem mais ousar desafiar Zamir.

Ruff viu que o prior engolia em seco.

— Deve haver algo que possamos fazer, general Kydriax. Ou nem ao menos estaria disposto a nos ouvir.

O morto-vivo olhou fundo nos olhos do prior, com seus globos oculares em chamas.

— Nosso sangue foi derramado, humano. Agora derramaremos o seu. Escolherei cinquenta de seus clérigos para o sacrifício. Esses cinquenta morrerão... E o resto de seu povo sobreviverá. Pelo menos enquanto continuarem pagando. Recuse e todos morrerão.

Cinquenta clérigos. Aquilo significava quase metade do mosteiro. O prior fechou os olhos, com expressão fúnebre. Ruff nunca o vira daquele jeito. A montanha que era aquele homem parecia estar prestes a ruir, como se por um terremoto.

Kydriax então voltou seus olhos mortos para Ruff. Inclinou a cabeça cadavérica de leve, como se estivesse pensando.

— Este garoto é seu protegido, não?

O prior estremeceu.

— É apenas um clérigo novato. Desobedeceu minhas ordens ontem mesmo. É indisciplinado, será punido hoje.

— Não — disse o morto-vivo, deliciando-se com cada palavra. — Ele está sempre junto a você. É especial de alguma forma. Será um dos cinquenta. É o preço que você pagará pelo crime que cometeu.

— Nunca recebemos a visita de qualquer bando de guerra — o prior tentou uma última vez. — Nunca desafiamos Zamir.

— Tem até o meio-dia para dar sua resposta, humano. Agradeça a seus deuses por não morrer aqui mesmo.

Com isso, Kydriax deu as costas ao prior. Não tinha nenhum medo dos clérigos ali reunidos, desprezava as forças do mosteiro.

E o prior se curvou mais uma vez, para as costas do inimigo, antes de liderar o pequeno grupo de volta ao interior do prédio.

As portas se abriram para permitir que entrassem, então se fecharam de novo. O prior desabou sobre uma cadeira, ante os olhos de clérigos e aldeões.

— Eu me ofereço como sacrifício — disse a Irmã Sibrian. — Sou a instrutora de combate do mosteiro. Muito mais preciosa que um clérigo adolescente.

— Não vai adiantar — foi a resposta da voz grave. — E, de qualquer forma, não podemos aceitar. Eles querem cinquenta clérigos. Eles querem Ruff.

— Deixe que me levem! — Ruff interrompeu o líder do mosteiro. Estava irritado porque falavam dele como uma mercadoria preciosa, como se não fosse capaz de escutá-los. — Eu me sacrifico!

— Cale a boca, garoto-cabra. Não fale idiotices.

Ruff cerrou os punhos, as pernas bambas de raiva.

— Por que eles estão fazendo isso? — Korin interrompeu.

Ruff imaginou que o prior fosse mandar Korin calar a boca. Mas, para sua surpresa, o líder do mosteiro respondeu:

— Por vingança, jovem filho de guarda. Porque eles podem.

— Mas nós somos inocentes!

O prior dirigiu um olhar significativo a Korin. O rapaz estremeceu.

— Os corpos das vítimas serão empalados e espalhados pela estrada, como aviso aos demais. Eles querem cinquenta de nós para acabar com a esperança de nosso povo. Para mostrar aos pais e aos filhos de outras aldeias e cidades que suas vidas pertencem a Zamir. Que cada hobgoblin vale por muitos de nós. Que os deuses não têm poder sobre o dragão.

— E Ruff...

— Ruff será empalado bem perto daqui, se conheço os guerreiros de Zamir. Como um lembrete para todos nós de que eles podem nos tirar o que é mais importante.

— É injusto — Korin protestou sem força.

— É intimidação.

— Mas, se nos recusarmos — o Irmão Aldrus interrompeu — poderemos morrer todos.

O prior balançou a cabeça.

— Eles querem Ruff Ghanor — disse o velho clérigo. — E isso é algo que não podemos permitir. Mesmo que não reste nenhum de nós vivo.

De novo, o peso do destino pairou sobre Ruff. Ele desejou ser outra pessoa.

O sol já se aproximava de seu ápice no céu. O meio-dia chegava, trazendo consigo a necessidade da resposta.

Por todo o mosteiro, ouvia-se o murmúrio coletivo da mesma reza em dezenas de gargantas, mas Ruff Ghanor não prestava atenção. Subiu até a torre do sino na companhia do prior. O velho e o garoto surgiram na janela, observando as fileiras monstruosas do inimigo.

Então o prior estendeu a mão, e Ruff entregou-lhe um arco e uma flecha. O clérigo empunhou-o, encaixou a flecha, puxou a corda, fez mira.

— Eis nossa resposta! — trovejou.

E a flecha voou certeira, indo se alojar no peito de um hobgoblin.

— Zamir não é supremo! — urrou o prior. — São Arnaldo nos protege!

— Servos de Zamir! — guinchou Kydriax. — Matem todos!

As gargantas bestiais soltaram um grito de guerra, e então as criaturas correram para as portas do mosteiro, prontas a derramar sangue.

O chão sob o mosteiro tremeu, ante o peso dos hobgoblins do lado de fora. Sua gritaria impedia que se ouvissem as vozes mais próximas. Mas cada clérigo continuava rezando, certo de que os outros estariam também.

O prior disse algo, mas Ruff Ghanor não conseguiu ouvir.

— *Mandei se juntar aos clérigos, garoto-cabra!* — berrou o líder do mosteiro.

Ruff separou-se dele, correu em direção ao salão principal.

Enquanto o prior reunia os guardas frente ao portão, Ruff entrou no grande círculo que os sacerdotes formavam. Eles haviam mandado os aldeões se amontoarem nos fundos da construção, enquanto ocupavam aquele espaço. Todos estavam ajoelhados no chão, voltados a um mesmo ponto no centro do círculo, como se houvesse algo lá. Mas era apenas chão vazio. Todos entoavam a mesma oração ao mesmo tempo, alguns murmurando-a, outros quase gritando. O Irmão Dunnius já chorava em fervor religioso, enquanto o Irmão Niccolas rezava entre dentes, a expressão feroz lembrando mais um guerreiro do que um clérigo.

Um irmão mais jovem, que até poucos meses atrás fora um acólito, começou a tremer sem controle. Parou de rezar, repetia alguma coisa de novo e de novo, mas era impossível ouvi-lo, por causa do ruído lá fora. Ruff enfiou-se num espaço a seu lado.

— *Continue rezando, irmão!* — Ruff gritou no ouvido do outro.

— *O prior não está conosco!* — choramingava o jovem. — *Por que ele não está conosco? Precisamos dele!*

Ruff segurou seu ombro com força.

— Precisamos apenas de São Arnaldo. E ele está conosco.

— *Vou morrer! Não quero morrer!*

— *Vamos morrer todos!* — Ruff gritou. — *Ou todos iremos sobreviver! Mas estaremos juntos!*

Segurou a mão do homem e conduziu-o na oração.

No centro do enorme círculo, surgiu uma luz azulada, ainda muito fraca.

— *Soldados, comigo!* — urrou o prior.

Era o único clérigo que não fazia parte do círculo, em vez disso, comandava os guardas e todos os aldeões que podiam pegar em armas. Chamava-os de soldados, mas era um elogio e quase uma zombaria. Aquele era um grupo patético, meros punhados que realmente tinham equipamento e sabiam usá-lo — o resto eram homens e mulheres razoavelmente fortes, vestidos de couro ou placas velhas, carregando picaretas e facões.

Mas eram seus soldados.

— *Abram as portas!* — ordenou o prior.

Era uma estratégia arriscada. Sair da segurança do mosteiro para enfrentar os hobgoblins do lado de fora parecia suicídio. Mas era preciso dar tempo aos clérigos que rezavam em círculo.

E era preciso atrair os hobgoblins.

Ninguém questionou as ordens do prior. Quatro garotos puxaram as pesadas portas do mosteiro, revelando o inimigo que se aproximava em corrida.

— *Comigo! Por São Arnaldo!*

E os aldeões responderam:

— *São Arnaldo! São Arnaldo!*

Correram para fora do mosteiro, brandindo suas armas reais e improvisadas. Os hobgoblins gritaram mais alto, abriram largos sorrisos de muitas presas. Estavam em maior número, eram mais fortes, tinham equipamentos melhores. Salivaram ante a matança que se aproximava.

As duas forças correram uma contra a outra, até que o prior gritou:

— *Parem!*

E, com a parca disciplina possível para um arremedo de exército com pouquíssimo treinamento, todos pararam. A poucos metros dos humanoides que se aproximavam com rapidez, ergueram os escudos, tentando travá-los numa parede que resistisse à carga. A postura daqueles aldeões estava errada, sua base não era firme e seus braços não eram fortes. Mas, no centro da linha de frente, estava o prior. E Korin estava logo a seu lado, protegendo-o com o próprio escudo e rilhando os dentes, preparando-se para o impacto.

Dentro do mosteiro, a reza aumentava de fervor. A luz azul brilhava com intensidade. Já era uma bola luminosa do tamanho de dois punhos juntos.

— *São Arnaldo!* — gritou o prior.

E os hobgoblins correram para os aldeões. Quando estavam a meio metro de distância, deram de encontro a uma parede invisível. Os humanoides mais à frente receberam o impacto duplo, batendo na barreira que não conseguiam enxergar e sendo esmagados por seus companheiros mais atrás. Eles gritaram de dor e confusão, e alguns já caíam, tropeçando uns nos outros. O prior abriu um sorriso feroz, ante a vulnerabilidade súbita do inimigo.

— *Agora! Ataquem!*

Então os aldeões deram um passo à frente, atravessando sem dificuldade a barreira que só afetava seus inimigos. Ergueram as armas e abaixaram-nas sobre as cabeças dos hobgoblins, com a ânsia e a raiva de quem não tem treinamento. Em cada golpe, descarregavam anos de humilhação e fome.

Korin movimentou-se com o prior. Não entendia direito o que estava acontecendo, não tinha cabeça para a magia ou as filosofias dos sacerdotes. Mas tinha uma fé cega no velho clérigo, e sabia que seu amigo Ruff estava rezando lá dentro. Então, vendo um hobgoblin tentando se levantar logo à frente, Korin estendeu o braço e o espetou com a espada.

A ponta da arma resvalou na armadura do monstro, sendo desviada. Mas ele ainda se erguia, ainda não estava pronto. Korin recolheu o braço de novo e estocou mais uma vez, com ainda mais força. A extremidade da espada então encontrou o pescoço do humanoide. Primeiro houve resistência do couro, mais resistência do que o rapaz julgou que haveria. Então a ponta afiada venceu-a e o metal se afundou em carne, com uma facilidade impressionante. O hobgoblin gorgolejou sangue, ainda tentou se erguer, enfim ficou mole. Korin puxou a espada a tempo de golpear um segundo hobgoblin, que já lhe vinha pela direita, pisando sobre os corpos dos companheiros. O rapaz conseguiu levantar o escudo a tempo, bloqueando o contragolpe da criatura, mas sentiu todo o corpo se abalar com o impacto. Não conseguia abaixar o escudo o suficiente para enxergar e se proteger ao mesmo tempo, então golpeava às cegas. Súbito, ouviu o som repugnante de osso se partindo e viu a cabeça do monstro explodir em sangue ante uma martelada.

O prior lutava.

O enorme corpo do velho se movimentava com uma rapidez impressionante. Seu martelo de guerra era comprido, alcançava até muito longe, e protegia as pessoas dos dois lados. O prior recolheu a arma da cabeça daquele humanoide, então descreveu um arco longo com ela, por cima, golpeando o ombro de um monstro à esquerda. A armadura do inimigo cedeu, amassando-se, e os ossos se esfacelaram. O hobgoblin emitiu um grito de dar pena, e logo foi morto por um guarda, enquanto o prior já usava o martelo para bater no queixo de um inimigo à frente.

Meros instantes desde que a carga dos hobgoblins havia dado de encontro com a barreira invisível, e vários deles jaziam no chão, mortos ou moribundos. Mas os aldeões também já começavam a sofrer baixas, e as criaturas estavam se reorganizando. A confusão duraria pouco.

— *Vamos logo, desgraçados!* — urrou o prior. — *O que estão esperando?*

Um hobgoblin tentou lhe partir o crânio com um machado; o prior aparou o golpe com seu martelo. Então chutou o joelho da criatura, que se abaixou de dor, e desceu a enorme e pesada arma na nuca do monstro.

— *Santo preguiçoso!* — o prior esbravejou. — *Precisamos de você! Agora!*

Dentro do mosteiro, Ruff e os demais clérigos rezavam. O jovem ao lado dele já não duvidava mais da própria sobrevivência, ou então não se importava. Parecia tomado por um fervor místico, talvez mais do que todos os outros. Seus olhos reviravam-se e ele rezava como se estivesse possuído.

A luz azul no centro do círculo já tinha o tamanho de um homem adulto. Era tão intensa que os clérigos eram obrigados a virar o rosto ou fechar os olhos; impossível olhar diretamente para ela.

Lá fora, Korin sentiu calor sobre sua cabeça. Ouviu um guincho e teve tempo de olhar para cima, enquanto Kydriax, o general morto-vivo, se aproximava, montado em seu lagarto voador.

A montaria tinha a boca aberta. E, da goela do monstro, brotavam chamas.

Korin saltou para o lado no instante em que uma longa língua de fogo deixou a bocarra do lagarto, atingindo um guarda a seu lado e um hobgoblin que agonizava. Homem e humanoide se uniram em berros de morte, enquanto tentavam em vão apagar as chamas.

O guincho de novo: Kydriax gargalhava.

A montaria voadora fez um novo rasante e, desta vez, Kydriax esticou o corpo para golpear com sua espada. As cabeças de dois aldeões voaram, mas o prior saltou e bloqueou a arma com seu próprio martelo, antes que outros fossem mortos. Caiu pesado no chão, enquanto morto-vivo e lagarto subiam para um novo mergulho.

Dentro do mosteiro, a luz azul tomava todo o salão. Um velho irmão já cego começou a gritar, afirmando que conseguia ver de novo, olhando fixamente para a cor ofuscante. Ruff Ghanor forçava os olhos contra a luminosidade dolorida. Então, em sua visão periférica, surgiu uma luz diferente.

Uma luz dourada, como a que ele vira, tantos anos atrás, na caverna.

— O que é aquilo? — disse, meio para seus companheiros, meio para si mesmo.

Kydriax mergulhou na direção do prior, a espada preparada para um golpe decisivo e a montaria pronta para uma nova baforada de fogo. O velho sacerdote rilhou os dentes e ergueu o martelo, para resistir ao golpe. Então uma luz dourada surgiu frente ao morto-vivo. Era brilhante demais para que fosse possível discernir qualquer coisa em seu interior, mas ouviu-se o clangor de metal contra metal, e o golpe foi aparado. Subitamente, assim como surgira, a luz dourada desapareceu, deixando ver o esqueleto que tentava estabilizar sua montaria em pleno voo. Recuou, sobrevoando o centro de suas forças.

Então o brilho azul emanou do mosteiro. Nem mesmo as janelas fechadas foram capazes de bloqueá-lo. Porque, lá dentro, todos os clérigos oravam:

— São Arnaldo, lute com nossos irmãos!

Ruff Ghanor sentiu-se tomado por uma onda de êxtase, como nunca antes. Por um instante, esqueceu-se de si mesmo, foi um só com o santo padroeiro.

E, lá fora, as nuvens se abriram e brilharam com fogo.

Um rugido monumental tomou o campo de batalha quando uma coluna de chamas desceu sobre hobgoblins e seu general morto-vivo. O fogo de São Arnaldo carbonizou dezenas das criaturas, numa fúria divina que não conhecia limites. Kydriax estava bem no centro da punição do santo, e foi engolfado por completo.

Quando as chamas se desvaneceram, o lagarto voador estava agonizando, e desceu em uma espiral, derrubando seu cavaleiro. Kydriax rolou no chão, a armadura semiderretida, mas ergueu-se. O lagarto, contudo, estava morto. Os hobgoblins bem abaixo da coluna haviam virado ossos e cinzas, numa pira fúnebre instantânea. Aqueles nas bordas do efeito mágico estavam pegando fogo, e corriam em desordem enquanto tentavam apagar as chamas de si mesmos. E havia muitos outros que não haviam sido afetados, mas que olhavam com horror a queda de seu líder e a morte rápida de seus compatriotas.

O prior matou um hobgoblin hesitante, que olhava para trás, vendo a carnificina mística, e o pânico se instaurou entre as fileiras das criaturas. Ele fez uma reza rápida, testando a paciência do santo só mais uma vez. Queria apenas algo simples, e sua vontade foi atendida. A voz do prior se elevou, mais alta que um trovão, numa ordem clara e letal:

— *Clérigos! Para o combate!*

Ruff Ghanor, dentro do mosteiro, ouviu o comando e saltou de pé, como se estivesse a vida inteira esperando por aquilo.

E, na verdade, estava.

— A mim, vermes! — guinchava o general Kydriax, em meio ao tumulto dos hobgoblins. — A mim, ou serão mortos!

Os clérigos emergiram do mosteiro, entoando uma canção de fé e guerra. Era uma canção que todos haviam aprendido ainda na infância, mas que raramente tinham a oportunidade de usar. Naquele mosteiro, treinava-se, mas raramente se lutava. Não fosse o prior, um antigo guerreiro, talvez não aprendessem aquela canção, não aprendessem a arte do combate.

Mas estavam inflados pelo milagre de São Arnaldo, pelo duro golpe nos goblinoides, e marcharam de forma ordenada para fora das portas, cabeças erguidas e armas de prontidão.

Os hobgoblins começavam a se reorganizar. Ruff Ghanor postou-se ao lado do prior, com Korin. Os dois jovens amigos se entreolharam, trocando um sorriso lupino. A Irmã Sibrian estava logo perto, assim como o Irmão Niccolas e tantos outros.

— Quando era criança, você disse algo — falou o prior, chamando a atenção de Ruff. — Disse que não sabia lutar. Sabia apenas matar.

Ruff Ghanor foi transportado, por um instante, até muitos anos no passado. Para os mais velhos, quase um piscar de olhos. Para ele mesmo, uma vida inteira atrás.

— E era verdade — disse o jovem clérigo.

— Lembre-se disso agora, garoto-cabra. Não quero que você lute. Quero que mate.

Ruff assentiu, severo e feroz.

— Ainda está com medo? — disse Korin, entre dentes.

— Apavorado. E você?

— O que mais quero é fugir.

Sustentaram o olhar um do outro.

— E vai fugir? — perguntou Ghanor.

— Nunca.

— *Em frente, devotos de São Arnaldo!* — urrou o prior. — Matem!

Ruff Ghanor gritou, então correu, acompanhando a explosão de movimento a seu redor. Os clérigos corriam, armas em riste e gargantas emitindo o rugido de fúria e justiça, e ele pareceu ser levado. Os monstros ainda se recuperavam da coluna de chamas, ainda não haviam conseguido formar suas fileiras em disciplina. Ruff não sabia exatamente para onde corria, teve um instante de pânico ao notar que podia estar rumando para um inimigo já preparado, talvez um assassino experiente.

Então, antes que formulasse outro pensamento, as pernas levaram-no frente a frente a um hobgoblin que se postava desafiador, ao lado de outros dois, com uma espada curva erguida. Ghanor não percebeu quando levantou o escudo e preparou o martelo — quando deu por si, já estava na posição de guarda tantos anos praticada, e então não percebeu mais coisa nenhuma. O frenesi do combate tomou conta dele, e o corpo se moveu sozinho.

A espada do inimigo desceu, mas Ruff encontrou a lâmina com a borda do escudo. O ângulo do bloqueio foi perfeito para não danificar a proteção e empurrar o braço do monstro para longe. Isso abriu a guarda do hobgoblin, e Ghanor golpeou em foice contra suas costelas, usando o martelo. O tronco da criatura era protegido por placas, mas a força do golpe, impulsionada por um giro do corpo do clérigo, foi demasiada. Ruff Ghanor sentiu as costelas do inimigo se partirem, então a coisa se curvou para o lado, num instinto de dor. O segundo golpe de martelo acertou em cheio a têmpora do monstro, no mesmo lado que já havia sido golpeado, e então ele despencou. Ruff mal notou a queda do inimigo, passou por cima de seu corpo para encontrar o próximo adversário.

Esquecia-se de si mesmo, tomado pelo júbilo da luta.

Não era uma embriaguez, não era uma alegria cega. Era uma euforia clara e focada, na qual ele enxergava o mundo com todos os detalhes, escutava cada minúsculo ruído, sentia todos os cheiros. Movimentava-se com graça treinada, o corpo assumindo o lugar da mente, a memória de todos os treinos aflorando sozinha.

Um segundo hobgoblin tentou espetá-lo com uma lança, pelo flanco direito, mas Ruff esquivou-se com agilidade de dançarino. Então ergueu o martelo num golpe violento, de baixo para cima, contra o queixo da criatura, ao mesmo tempo em que bloqueava um golpe vindo da esquerda com o escudo. Não precisava ver o inimigo para saber que ele tombaria para trás; virou-se para o terceiro hobgoblin e bateu nele de cima para baixo, acertando o topo de sua cabeça. O crânio do monstro rachou, ele gemeu e amoleceu.

— São Arnaldo! São Arnaldo!

Impedidos de se reorganizar, os hobgoblins não se decidiam entre fugir ou lutar. Ainda estavam em grande superioridade numérica, mas nenhum deles adivinhava o poder dos clérigos. Não podiam prever se outra coluna de chamas viria dos céus, ou se algum outro milagre abençoaria os defensores do mosteiro. Seus líderes tentavam reuni-los, mas eram caçados pelos sacerdotes mais experientes. Derrubando mais um inimigo, Ruff Ghanor conseguiu ver a Irmã Sibrian matando um sargento hobgoblin, que tentava tocar uma trombeta de guerra para ordenar seus comandados. O Irmão Aldrus juntou-se com o Irmão Niccolas para enfrentar outro dos líderes.

Contudo, um guincho no centro do campo de batalha anunciou que o general Kydriax ainda era um perigo.

— Garoto-cabra! — gritou o prior. — Venha comigo!

Ruff abaixou-se para evitar um golpe de machado, chutou o hobgoblin que o havia desferido e deixou Korin finalizar aquele inimigo. Correu para o velho sacerdote.

— Precisamos dar cabo do morto-vivo! — disse o prior.

— Meu martelo é seu!

— É claro, garoto-cabra. Mas agora preciso mais de sua fé.

Eles avançaram em marcha rápida, na direção dos guinchos. Havia várias fileiras de hobgoblins entre eles e o general, mas logo conseguiram enxergar os contornos da armadura de placas. E, embora isso não fosse suficiente num combate em massa, os humanoides caíam aos punhados ante o prior. O clérigo lutava como um demônio, movimentava-se de forma rápida e imprevisível. Ruff acompanhava-o, mas de novo e de novo, via-se golpeando um inimigo que não estava mais lá, porque já fora derrotado pelo velho.

Quase vinte hobgoblins formaram-se em duas linhas compactas frente aos dois clérigos, protegendo seu general. Disciplinados, os humanoides travaram seus escudos. Da linha de trás surgiram lanças, prontas para trespassar qualquer atacante. A linha da frente brandia espadas. Era a parede de escudos, e quase nenhum combatente seria capaz de quebrá-la.

Antes que o prior pudesse dar qualquer ordem, Ruff Ghanor correu na direção daquela defesa, berrando o nome de seu santo protetor. Os hobgoblins uivaram e gargalharam, ávidos para a morte fácil que aquele rapaz lhes apresentava.

Então Ruff saltou e caiu pesado, golpeando o chão com seu martelo.

Um estrondo enorme eclodiu do ponto de impacto. O chão sob os hobgoblins começou a tremer e rachar. Meia dúzia caiu ante a instabilidade. Um fosso se abriu no chão, engolindo outros dois.

Ruff Ghanor então investiu, escudo erguido e martelo pronto, encontrando a parede de escudos que desmoronava. Seu primeiro golpe derrubou um hobgoblin que já estava desequilibrado. Ele empurrou um segundo com o escudo, pisou em seu pescoço quando o monstro caiu no chão. Matou um terceiro com um golpe na têmpora e abriu uma brecha na defesa. A parede estava quebrada. O prior veio atrás, matando os demais goblinoides, fazendo-os fugir.

À frente dos dois, estava o general morto-vivo.

Kydriax brandia sua espada, voltado aos dois sacerdotes.

— Você luta por este moleque e ao lado dele — guinchou. — Ele é milagroso. Lembrarei disso quando estiver fincando sua cabeça num poste.

— Suas fileiras caem ante nossa religião! — rugiu o prior.

— Isso não é nada! — disse Kydriax. — As forças de Zamir não têm fim! Este mosteiro cairá!

— Nunca! São Arnaldo olha por nós!

O morto-vivo correu para o flanco de Ruff, num ataque súbito. O prior gritou:

— *Sua fé, garoto-cabra!*

E Ruff Ghanor não precisava de outra ordem.

De novo agindo num conjunto perfeito, os dois clérigos fecharam os olhos. Sentiram-se invadidos pelo poder do santo e dos deuses, que já abençoara aquele campo de batalha, já matara tantos inimigos. Era fácil confiar em São Arnaldo.

E era fácil odiar o anátema do poder divino: um morto-vivo.

Ghanor e o prior não usaram nenhuma magia. Apenas reuniram sua força de vontade, sua fé, e uma aura formou-se a seu redor. Uma aura de vida, de energia positiva, de verdadeira bondade. Kydriax guinchou e chiou, repugnado pelo poder que emanava dos clérigos. Não havia luz nenhuma, mas o morto-vivo parecia ofuscado; não conseguia golpear e tentava se afastar deles. Ruff e o prior avançaram para atacá-lo.

Duas marteladas em conjunto acertaram o braço da espada e a perna de apoio do inimigo. O poder dos clérigos continuava a emanar, e Kydriax recuou. Esquivou-se de uma martelada no crânio e correu alguns metros para trás.

— Soldados! — chiou o general. — A mim!

Os hobgoblins enxamearam em volta dos dois clérigos, enquanto Kydriax recuava.

— Sou apenas um servo! — disse o morto-vivo, em sua voz de metal raspando em osso. — Isso não é uma derrota, humanos!

Então não pôde mais suportar a fé. Sob a cobertura de seus guerreiros, fugiu para longe.

— Queimem tudo! — os guinchos de Kydriax cortavam o ar, penetrando no ruído da batalha enquanto ele corria. — Destruam a aldeia!

Ante a visão de seu líder recuando, os hobgoblins também começaram a fugir. Mas, ouvindo a ordem, seus instintos de destruição ainda falaram mais alto, e suas tochas encontraram o sapé dos telhados. Eles correram pela vila, destroçando o que era de madeira, ateando fogo à palha, matando o que era indefeso.

Kydriax embrenhou-se no bosque, para longe dos clérigos, deixando que seus comandados lidassem com os defensores do mosteiro. Ouviu o farfalhar da vegetação, virou-se com a espada em riste. Seu orgulho estava ferido, mas ele era capaz de matar pelo menos mais um humano, como uma pequena vingança.

Cortou uma árvore com um golpe da espada, mas não viu ninguém. Andou devagar pela mata, tentando achar a vítima que podia satisfazer, pelo menos um pouco, sua sanguinolência.

Avançou mais um pouco e viu dois corpos estendidos no chão, sobre cobertores.

Não viu ninguém vivo, então desistiu da busca.

Mas havia mais alguém lá. Alguém que havia saído do mosteiro escondida, quando as portas foram abertas. Alguém que fora até o bosque para verificar como estava a cabana afastada de tudo.

A poucos metros de distância do general, Áxia encolhia-se, tentando não respirar alto demais.

Os goblinoides fugiam.

— Vitória! — gritou Korin, erguendo os braços.

Sibrian liderava um punhado de guardas e clérigos em perseguição aos últimos hobgoblins, para garantir que não mudariam de ideia. Mas algumas pessoas já se abraçavam em comemoração ou iam vasculhar os cadáveres, procurando seus entes queridos.

— Clérigos! — a voz do prior se ergueu acima de tudo. — Aqueles que ainda têm algum poder, curem os feridos!

Os sacerdotes espalharam-se para cumprir a ordem.

— Aldeões! Apaguem as chamas!

As portas do mosteiro se abriram, e o povo saiu em corrida, carregando baldes. Tentavam salvar suas próprias casas, uniam-se para preservar o que restava das habitações dos vizinhos. Alguns olhavam a devastação de tudo que possuíam e caíam de joelhos, aos prantos. Enxergavam entre os mortos rostos familiares e berravam aos deuses.

Era a vitória, e era a morte.

Começava a anoitecer quando Ruff Ghanor conseguiu se atirar no chão da aldeia, exausto, sentando-se pesado na areia pisoteada. Todos os incêndios haviam sido apagados, todos os feridos haviam sido curados ou levados às enfermarias. Ruff não tinha mais uma gota de poder mágico, nem tinham os outros clérigos. Qualquer oração que fizessem seria inútil.

Mas, a seu redor, ergueu-se uma canção sagrada.

Os sacerdotes levantavam os braços, entoavam sua gratidão a São Arnaldo. O prior abençoava cada um que ia até ele pedir essa graça. Korin agarrava-se a seu pai, que fora ferido, mas ainda estava vivo.

Ruff Ghanor sorriu.

Então:

— *Onde está Áxia?*

Ergueu-se de um salto. Desde o início da batalha, não a vira mais. Desde antes de começar a grande oração, dentro do mosteiro. Ruff correu de volta à construção, mesmo sabendo que a garota nunca teria ficado ali enquanto tudo acontecia. Entrou em cada aposento, mesmo os quartos dos enfermos, mesmo a sacristia.

Voltou esbaforido para a aldeia. Começou a revirar pilhas de escombros, rezando para que não a visse morta. Entrava em uma casa e em outra, mesmo as que pareciam prestes a desabar. Ainda restava uma esperança: o bosque. Ruff correu naquela direção, mas estacou quando viu a silhueta de Áxia avançando lentamente para dentro da aldeia.

Ela arrastava algo.

Não algo: duas coisas. Duas coisas pesadas.

Com sua baixa estatura, seu físico magro, Áxia puxava as pontas de dois cobertores, que deixavam trilhas no chão de areia. Sobre cada um deles, um corpo.

Ruff correu até ela, dizendo para si mesmo *"não"*, mas sabendo o que era aquilo.

A alguns metros de Áxia, já podia discernir.

— O que está fazendo? — disse o rapaz, logo se achando estúpido.

— O que parece que estou fazendo, Ruff? — Ela deu um riso sem humor. — Estou trazendo os corpos de minha mãe e de meu irmão para serem enterrados.

Ruff Ghanor deixou-se cair de joelhos. Esquecera por completo da morte de Rion. Parecia ter sido há um ano, uma década.

— Vai ficar aí parado? É difícil arrastar dois cadáveres sozinha.

Ele se ergueu de novo.

— Áxia, talvez... Talvez eu possa fazer algo por sua mãe.

— É claro que não pode.

Não podia mesmo. Já havia esgotado toda sua magia. E, chegando mais perto, viu a realidade tétrica: era uma bênção que a mulher estivesse morta. Ela tinha um enorme corte no peito. Caso ainda estivesse viva, a dor seria terrível.

— Ela não saía de dentro de casa, lembra? — disse Áxia, sem emoção. — Só ficava lá dentro, deitada, dormindo ou fingindo dormir. Ninguém se lembrou dela quando todos se esconderam no mosteiro. Mas os hobgoblins acharam-na.

— Áxia...

— E ninguém foi procurá-la depois que a batalha acabou. Só eu. Afinal, por que iriam? Ela era só uma vadia.

— Eu sinto muito — disse Ruff.

— Sente?

— É claro, eu...

— Você é um clérigo, Ruff. Eu sou uma aldeã.

Ele sentiu gelo por dentro.

— Vocês lutaram quando os *clérigos* foram ameaçados. Quando *você* foi ameaçado. E protegeram o mosteiro, não é mesmo? Está intacto. Mas olhe o que houve com a aldeia.

Era verdade. Estava destruída. Plantações pisoteadas, animais trucidados, casas queimadas. O trabalho de muitas vidas transformado em restos. Em comparação, o mosteiro nem fora chamuscado.

— Áxia, o prior fez o que achou melhor.

— Claro que fez. Ele sempre faz. Por isso vocês, clérigos, ficaram lá dentro, rezando, enquanto os aldeões morriam aqui fora.

— Viemos lutar!

— Sim. *Depois* que seu santo já os havia abençoado bastante, *depois* que um monte de gente normal havia dado a vida por você. Para defender todos vocês e permitir que ficassem rezando. Que conveniente, Ruff.

Ele tentou se aproximar dela, ela o afastou com um safanão. Então ele fez menção de carregar um dos cadáveres, mas ela o empurrou.

— Quer saber? Mudei de ideia. Não me ajude. Não quero que o escolhido suje as mãos dessa forma. Não quero a ajuda de nenhum de vocês. Posso carregar sozinha os cadáveres de minha mãe e meu irmão.

— Áxia…

— Não será a primeira vez que tenho que fazer tudo sozinha. Lembra de Ulma? Que eu alimentei quando ninguém mais queria saber dela? Onde estavam os clérigos? — Ela estremeceu de raiva. — Onde estavam os *aldeões?*

Ele não soube o que dizer.

— Na verdade, eu errei. Disse que você é clérigo e eu sou aldeã, mas não é assim. Nem aldeã eu sou. Sou só a garota que mora numa cabana afastada. A garota amiga da bruxa. A garota que tinha a mãe vadia e o irmão imbecil. Mas agora há menos razões para me odiar. Afinal, vocês deixam essas pessoas inconvenientes morrerem.

— Eu não odeio você. Eu te amo.

— Cale a boca. Não sou aldeã. Porque vocês pelo menos tentaram salvar os aldeões, depois de os terem usado como iscas. *Ninguém* se preocupou com minha mãe. Ninguém pensou que ela estava sozinha naquela cabana, e que os monstros poderiam matá-la sem nenhuma dificuldade. Ela era só a prostituta da taverna, mãe de um imbecil e de uma esquisita.

Ele não tinha defesa. Realmente nem lembrara da mãe de Áxia. Deixara-se convencer pelo desprezo aparente que a garota demonstrava.

Mas era claro que Áxia não desprezava sua mãe. Não a odiava.

Apenas queria que ela a protegesse, e sentia raiva.

— Áxia, foi sua decisão, um ano atrás... — Ruff começou, incerto. — Foi a morte do hobgoblin que...

— Na época, você disse para eu esquecer isso. Vai jogar em minha cara agora?

Naquele instante, Áxia era puro ressentimento. Ruff desistiu.

— Desculpe, Áxia.

— Não me peça desculpas. Isso não ajuda em nada. E você não me deve desculpas. Você é especial. É um clérigo e um escolhido que vai lutar contra Zamir. — Fôlego. — E salvar todos que *merecem* ser salvos.

— Todos merecem...

— Uma prostituta, seu filho e sua filha não merecem. Não mereceram ser salvas de um hobgoblin solitário, nem da doença, nem de um exército.

— Vou ajudá-la em algo.

— Não. Clérigos nunca conseguem me ajudar.

Então ela seguiu, arrastando os dois cadáveres queridos. Atravessou a aldeia com eles, foi até o mosteiro. E seu rosto de raiva e decepção desafiava alguém a barrá-la. Quando começou a cruzar as portas do mosteiro com os corpos, o Irmão Dunnius fez menção de impedi-la, mas foi detido pelo prior.

Áxia levou a mãe e o irmão para o pátio central do mosteiro. Achou uma pá nos almoxarifados. Então começou a cavar a terra do pátio. Ruff e Korin tentaram ajudar, mas ela não admitiu. Passou a noite toda nisso, até obter um buraco grande o bastante que coubesse os dois. Jogou-os lá dentro e tapou o buraco.

Então se deixou cair de exaustão.

Áxia dormiu por um dia inteiro sobre a tumba de sua família.

10 | O filho da guardadora de livros

FOI COMO SE uma parede houvesse se erguido ao redor de Áxia. Depois que ela acordou, saiu caminhando pelo mosteiro, olhando reto à frente. Ruff viu-a e se apressou para alcançá-la. Ela não lhe dirigiu um olhar.

— Como você está? — o rapaz tentou.

— Bem. E você?

O tom seco o pegou de surpresa.

— Fiquei preocupado.

— Eu só estava dormindo, Ruff.

Ela seguia num passo determinado, ainda sem olhá-lo nos olhos. Ruff, alguns centímetros para trás, forçando a conversa.

— O que vai fazer agora?

— Arrumar minha casa. Com todos mortos, vou ter mais espaço.

Ele sentiu um aperto na garganta.

— Quer ajuda?

— Você iria atrapalhar. E não tem deveres aqui?

— Bem, sim, mas...

— Não, obrigada, Ruff.

Ela abriu as portas do mosteiro. Os dois saíram, naquela meia conversa aos tropeços.

— E o que vai fazer... Depois? — Ele engoliu em seco. — O que vai fazer com sua vida?

— Continuar trabalhando como copista no mosteiro, é claro. Agora, que Rion está morto, será mais fácil. Vou precisar de dinheiro, já que não posso contar com os trabalhos de minha mãe.

— Eu sinto muito, Áxia.

— Eu sei. Você já falou.

Seguiram um tempo sem dizer nada.

— Não quer ajuda mesmo?

— Não, obrigada, Irmão Ruff.

O tratamento formal foi um soco no estômago.

Ele se deixou ficar para trás. Caminhou alguns passos mais devagar, depois parou completamente. Ela continuou.

Então Áxia se virou e disse:

— Não vai se despedir de mim?

— Vejo você à noite?

— Claro. Até a noite, Irmão Ruff.

Ele a viu andar até sumir atrás de uma casa semidestruída. Então ainda ficou um ou dois minutos parado no meio da vila, sentindo-se tolo. Voltou ao mosteiro e pôs-se a seus deveres. O dia foi passado ajudando os aldeões a reconstruir tudo. Era apenas o início de um longo trabalho. A enfermaria também estava lotada, e Ruff revezou-se lá com outros clérigos. Entre os sobreviventes, a alegria da vitória misturava-se com a dor de tantas mortes.

E o assombro ante o jovem clérigo.

Mesmo estando em meio ao campo de batalha, o feito miraculoso de Ruff Ghanor fora visto. Vários defensores do mosteiro haviam presenciado ele bater com o martelo no chão e fazer a terra tremer. Ruff sentia os olhares longos sobre si mesmo, notava que conversas aos sussurros eram silenciadas quando ele se aproximava.

Todos sabiam que ele era o garoto achado na montanha, tantos anos atrás. Todos sabiam que ele recebia do prior um treinamento muito mais duro. E agora tudo se combinava na mente do povo para criar uma aura de maravilha ao redor dele.

Ele era Ruff Ghanor, o filho da montanha. Ruff Ghanor, com uma marca de nascença nas costas. Ruff Ghanor, que lutara ao lado do prior contra o general morto-vivo. Ruff Ghanor, que fazia a terra se abrir para engolir os inimigos.

Para si mesmo, ele era Ruff Ghanor, incapaz de ajudar a garota que amava.

À noite, enfim, recebeu permissão de meia hora para descansar. Não havia comido quase nada o dia inteiro, e um jantar magro (pois a comida era racionada) o esperava no refeitório. Mas ele ignorou o estômago que roncava e atravessou a aldeia para ir até a casa de Áxia.

Encontrou-a vazia.

As pouquíssimas roupas que a garota possuía tinham sumido com uma faca, quase toda a comida presente na casa e alguns apetrechos úteis — uma pederneira, uma pequena panela, cobertores.

Áxia tinha ido embora.

Ruff Ghanor entrou e chutou a porta da sacristia, jogando-a para trás. Não lhe interessava quem ouvisse o estardalhaço, ou mesmo que o prior tentasse puni-lo com golpes de cajado. Áxia deixara a aldeia.

— E é tudo culpa *sua!* — ele exclamou.

Mas não havia ninguém lá dentro.

A lareira estava apagada, apenas uma vela e um lampião iluminavam o cômodo inteiro. Nem sinal do prior.

— O que é culpa minha, garoto-cabra?

Ruff deu um salto ao ouvir a voz atrás de si. O homenzarrão chegara em silêncio. Pingava suor, e seus robes estavam sujos de um dia de trabalho árduo.

— Onde você estava? — Ghanor exigiu.

— Trabalhando com os outros, é claro. É preciso coordenar os esforços, mas também é preciso carregar pedras e derrubar construções comprometidas. O que é minha culpa, garoto-cabra?

Um pouco desconcertado, Ruff chegou a hesitar. Mas a lembrança reacendeu o fogo nele:

— Áxia foi embora!

— E você não foi atrás dela?

Isso o calou.

— Por que não foi atrás dela, Ruff?

— Ela... Não queria.

— Disse-lhe isso?

— Não.

— Ah! — o prior sorriu. — Mas era evidente. É claro que Áxia não quer que você a siga.

— Tudo isso é culpa sua.

— Como? De que forma causei seu desconforto amoroso?

Mais uma vez, ele não se deixou ficar embaraçado. Recuperou a ferocidade com a lembrança da casa vazia.

— Nós *nunca* ajudamos Áxia. Não de verdade. Quando a bruxa Ulma morreu, os culpados ficaram impunes. Quando Rion adoeceu, ninguém pôde fazer nada. Não protegemos sua mãe durante o ataque. Por São Arnaldo! Quando o pai dela se foi, vocês não foram capazes de sustentá-la! A mãe de Áxia teve de...

— E estes são crimes terríveis de minha parte, em sua concepção?

— É claro que sim!

Ainda estavam ambos de pé na porta da sacristia. O prior fez um gesto para que Ruff entrasse, então que se sentasse, como tantas vezes havia feito ao longo dos anos. O jovem clérigo hesitou, mas enfim obedeceu. O prior também entrou, fechando a porta atrás de si. Antes de se sentar, escolheu dois canecos de barro e serviu uma bebida para si mesmo e para Ruff. Não era mais suco de frutas — tinha cheiro forte de álcool. Ruff tomou um gole e sentiu se esquentar por dentro.

— Você não entende o que está acontecendo, garoto-cabra. Mas não há problema, não acredito que ninguém neste mosteiro ou nesta aldeia entenda. Cuidar de mulheres abandonadas, sustentar meninas pobres, curar garotinhos doentes... Tudo isso é secundário. Desimportante.

Ruff Ghanor não teve palavras. O choque foi genuíno, e forte demais.

— Sim, a mãe de Áxia morreu, depois de uma vida de sofrimento — o prior continuou. — Várias outras pessoas morreram.

— Mas *eu* sobrevivi! Nós sobrevivemos! — Ruff fechou os punhos. — Os clérigos! O mosteiro ficou intacto!

— Porque o mosteiro é mais importante do que qualquer coisa.

— *Não* somos mais importantes do que os aldeões! Você mesmo me ensinou isso!

— É claro que não. Todos somos apenas ferramentas.

— Ferramentas?

— Todos somos recursos a serem gastos para enfrentar Zamir. E isso é a única coisa que importa. Enfrentar o tirano e, um dia, derrotá-lo.

— Nós acabamos de derrotar as forças de Zamir!

Então houve algo que Ruff nunca presenciara. Num instante, o rosto do prior tornou-se escarlate, uma veia grossa em sua testa inchou. Os punhos do homem se fecharam, ele bateu na mesa com um estrondo enorme. Meio que se ergueu e gritou com a boca muito aberta, como se o interlocutor fosse um inimigo. Era mais do que a raiva da batalha — era ira profunda, e era aterrorizante.

— *Garoto idiota!* É mesmo tão imbecil? *Nunca mais fale isso!* Nunca subestime o dragão, seu tolo!

E o golpe de cajado veio rápido. Ruff conseguiu se esquivar a tempo, mas a arma ainda resvalou em seu ombro, uma pancada firme e dolorida.

— *Nunca mais fale isso!* — o prior repetiu, aos gritos. — *É melhor sacrificá-lo para Zamir do que deixar que espalhe esse veneno entre meu povo!*

Os olhos de Ruff Ghanor estavam arregalados. Apesar de si mesmo, ele suava e tremia. Sentia mais medo agora do que na batalha do dia anterior. E acreditou que o homem preferiria matá-lo se isso fosse impedir que ele repetisse o raciocínio entre os clérigos e aldeões.

— Você não entende, Ruff. Como poderia entender? Isso não foi nem uma fração das forças de Zamir. Isso não foi nada. Zamir é muito mais poderoso do que você pode imaginar. E muito, muito mais cruel. Nenhum de vocês entende.

— E como *você* entende?

O prior terminou sua bebida.

— Já mantive o segredo por tempo demais. Orei a São Arnaldo que me poupasse disso, que me deixasse esconder a verdade, até que eu mesmo esquecesse. Mas nunca é possível esquecer Zamir, garoto-cabra.

Ela era levada numa corrente, com outras. A corrente era presa numa grande coleira de metal que a faziam usar em volta do pescoço. Era ligada a outra coleira, de outra mulher que caminhava à frente dela, e a uma terceira que caminhava atrás. Assim eram seus dias: ela andava de pés descalços na estrada, numa procissão de mulheres acorrentadas. Quando faziam pausas no trajeto, os soldados atiravam comida no chão, e elas devoravam os pedaços como bichos. Então, à noite, as coleiras se abriam e os soldados usavam-nas. Isso já acontecia há tanto tempo que ela esquecera o próprio nome. Esquecera os rostos de sua família, massacrada no ataque em que ela mesma fora capturada. Esquecera todo o resto — menos o que fazia antes de ser levada.

Mas isso não importava mais. Ela não tinha mais profissão. Era só uma escrava das hordas goblinoides de Zamir.

Ela crescera, assim como todos que conhecia, à sombra do dragão vermelho. Vira seus pais se esforçando para pagar os tributos ao senhor, testemunhara a chegada dos batalhões de hobgoblins inúmeras vezes. Até que um dia, sem aviso ou explicação, eles chegaram para queimar e matar, não coletar ouro.

E então ela deixou de ser uma mulher com um trabalho que a enchia de orgulho, passando a ser um brinquedo nas garras dos soldados bestiais.

Eles viajavam de aldeia em aldeia, de cidade em cidade. Às vezes, só coletando os impostos. Às vezes, matando um pequeno grupo de plebeus, como punição por algum crime inventado. Às vezes, causando grandes massacres, como o que vitimara sua gente. Em alguns desses lugares, novas prisioneiras eram adicionadas ao bando — e então algumas escravas mais antigas eram degoladas. Ela sempre se impressionava com o apego que aquelas mulheres tinham à vida, mesmo à vida de sofrimento. Imploravam para continuar respirando, tentavam lutar, mas nada adiantava.

Várias delas ficavam grávidas. Em geral, o esforço e a desnutrição matavam as crianças antes que nascessem.

Mas não foi seu caso.

Quando ela sentiu que havia vida dentro de si, conheceu um terror maior do que tudo. Não sabia se odiava ou amava o filho, não sabia se deveria rezar para que ele morresse ou para que nascesse. No fim, os deuses tomaram sua própria decisão: a criança nasceu durante uma pausa na marcha. Veio ao mundo forte, gritando, e ela usou uma pedra afiada para cortar o cordão umbilical. Os hobgoblins fizeram todo tipo de ameaça ao menino, por sadismo, mas por alguma razão o deixaram viver.

E ela passou a ser a escrava que, de aldeia em aldeia, de cidade em cidade, carregava um bebê.

Os anos se passaram, e a escrava precisou dividir sua ração com a criança. As outras mulheres colaboravam: aquele era um raio de esperança para todas. Um lembrete de que vida nova surgia, não existia apenas morte no mundo. A mulher se orgulhava dele. Pensava que, talvez, ele pudesse ser diferente de seu pai, fosse quem fosse. Imaginava que, mesmo não sendo totalmente humano, o garoto poderia ser mais do que uma fera bípede.

Quando ele tinha idade suficiente para fechar o punho e dar um soco, atraiu a atenção dos hobgoblins, e todas as esperanças caíram por terra.

O batalhão chegou a uma aldeia próspera. Inicialmente, o plano era apenas cobrar impostos. Mas, vendo que aquela gente tinha casas grandes e filhos gordos, os goblinoides ficaram com raiva. Havia, apesar do tirano, um ar de *felicidade* naquele povo, e isso provocou neles um frenesi destrutivo. Espontaneamente, sem planejamento nenhum, eles começaram a cortar gargantas e incendiar telhados. As pessoas tentaram fugir, mas eram abatidas a flechadas. Então os hobgoblins reuniram as crianças da aldeia, ante os olhos de seus pais. Colocaram-nas na praça da cidade (tomada de cadáveres enforcados) e ordenaram que lutassem umas contra as outras.

Riram das lutas desajeitadas, mas os pequenos humanos tinham escrúpulos em matar. Assim, os hobgoblins tomaram o filho da escrava, empurraram-no para a praça e apresentaram-lhe o primeiro oponente, um garoto magro de olhos verdes, que tremia de pavor.

O filho da escrava não precisou de muito incentivo: aquela foi sua primeira morte.

Isso foi comemorado pelos hobgoblins, até que o assassinato de crianças perdeu a graça. Eles queimaram o que restava da vila e deram de comer ao garoto meio-humano. A escrava chorou, porque viu que seu filho não era mais seu. Mas, à noite, aproximou-se do menino. Tímida, quase com medo do que ele havia se tornado.

— Você vai viver, meu filho — ela falou com doses iguais de alegria e pesar. — Você é forte, é feroz, e vai viver.

O menino olhou-a, e não havia mais nada de inocência em seu rosto. Em volta de sua boca, sangue coagulado, de quando mordera outra criança. Em seus olhos, uma ânsia, como se mal pudesse esperar para experimentar a violência de novo. Ele era só um pouco mais abrutalhado e peludo do que outras crianças da mesma idade; parecia humano.

Mas não era.

— Você viu o que eu fiz? — disse o menino, com orgulho desmedido. — Matei todos! Ninguém ganhou de mim!

Ao ouvir aquelas palavras, a escrava começou a chorar. Desejou que a criança nunca houvesse nascido, e odiou-se por isso. Desejou matá-lo naquele instante — mas, mesmo tão jovem, o garotinho já era forte e rápido demais para ela. Não era humano. Ela havia perdido a chance.

Só havia uma coisa que ela conhecia que talvez pudesse ser capaz de mudar seu caminho de sangue.

— Eu vi. Fiquei muito feliz — ela mentiu, controlando o asco. — Mas quero que você faça algo para mim.

— O quê? — o garoto entusiasmou-se.

— Você tem que aprender a ler.

Ele não entendia. Na aldeia seguinte, ela avistou uma igreja, e imaginou que lá dentro poderia haver livros. Descreveu os objetos e mandou o garoto roubar um deles. Ele lhe trouxe um livro, orgulhoso. Disse que espancara um acólito para obter o tesouro. Ela controlou o choro.

— Ótimo, meu filho, ótimo! Aqui, neste papel, existem palavras — indicou as letras. — Aqui você pode aprender muitas coisas.

— Posso aprender a lutar melhor?

— Claro. Se aprender a ler, você vai saber coisas que ninguém mais sabe. Você poderá ser o chefe de seu próprio bando.

Os olhos do garoto brilharam ante a perspectiva. Então ele foi chamado para executar um burgomestre insolente. Os hobgoblins achavam que uma criança executando um adulto era engraçado.

À noite, depois que ela era usada pelos goblinoides, ensinava o filho a ler. Via-o ficando mais e mais feroz, deleitando-se na maldade e adquirindo a crueldade como uma segunda natureza. Temia, pelo conhecimento, capacitá-lo ainda mais para o horror, mas não tinha nenhuma outra arma para alterar seu futuro. Conhecia apenas uma coisa que podia verdadeiramente mudar uma pessoa: livros.

Ao longo dos anos, o garoto conseguiu pôr as mãos em diversos outros tomos. Concluiu sua curta educação, era capaz de ler com desenvoltura. Para o desgosto da escrava, isso não mudou seu caráter. Ele continuou feroz e terrível, fascinado pela violência.

Quando o garoto tinha 10 ou 11 anos, começou a fazer perguntas:

— Por que você quis que eu aprendesse a ler?

— Eu nunca escondi isso, meu filho. Para que você aprendesse mais do que qualquer outro. Para que fosse melhor que os outros soldados, para que virasse um líder.

— Isso não faz sentido — o menino grunhiu. — Nenhum dos outros sabe ler, e eles são fortes. Nem mesmo os sargentos e capitães leem. Ler não serve para nada, só para olhar os impostos que cada cidade nos deve. Mas não gosto disso. Nenhum dos livros que já li me ensinou a lutar melhor.

Ela estremeceu. O medo que tinha do filho era constante. Ele era muito mais parecido com seu pai bestial, fosse quem fosse, do que com ela mesma.

— Mas ler ainda vai ajudá-lo — tentou. — Confie em mim.

— *Não!* — o menino rugiu. Ela se encolheu e trincou os dentes para não chorar. — Fale a verdade! Por que quis me ensinar essa bobagem?

E ela não podia falar a verdade, mas pensou em uma mentira melhor. Uma verdade parcial.

— Porque eu amo livros, meu filho. Eles eram minha vida, antes de eu ser capturada.

O rosto do garoto se desanuviou. Ele pareceu interessado.

— Eu era uma bibliotecária.

— O que é isso?

— Uma guardadora de livros. Eu os organizava, conhecia todos eles. Quando as pessoas vinham ler, eu as ajudava. Quando precisavam de uma informação, eu lhes dizia onde procurar. Eu vivia cercada de livros, e amava-os mais do que tudo.

— E agora?

— Agora, mais do que tudo, amo você — ela mentiu, aterrorizada.

O garoto pareceu satisfeito com aquela resposta, mas decidiu que não havia mais sentido em continuar lendo. Da próxima vez em que a escrava pediu para ele roubar um tomo, ele riu de sua cara. Disse que ela deveria esquecer aquelas bobagens e se preocupar com coisas importantes, como comer. Quando ela insistiu, ele a ameaçou.

Apesar da aparência, não havia quase nada humano no garoto. Demorou pouco mais de um ano para que parasse de chamá-la de "mãe". Passou a tratá-la por "escrava".

E chegou o dia que ela sempre soube que chegaria. Eles pilharam uma aldeia e trouxeram novas escravas. Ela foi julgada velha demais, cansada demais. Deveria morrer.

Entregaram uma espada para seu filho e ordenaram que a matasse.

O garoto chegou perto, a lâmina em riste.

No início, ela rezou para que ele se recusasse, mas ele continuou se aproximando.

Então ela rezou para que pelo menos fosse difícil para ele, mas o garoto tinha um sorriso no rosto.

E ela não rezou para que ele hesitasse, porque soube que seria inútil.

— Volte a ler, meu filho — foram suas últimas palavras.

Então a espada perfurou sua garganta, e o garoto urrou de felicidade, ante a aprovação dos goblinoides.

O menino cresceu. Parecia-se mais com um humano, como a mãe, do que com um goblinoide. Mas todo hobgoblin que ria de sua aparência pagava o preço: era sempre a morte. Destoando do resto do batalhão, não era uma criatura animalesca, com dentes protuberantes na mandíbula inferior, mas uma espécie de humano grandalhão. O cabelo era farto, e a barba crescia rápido. Mas a mente, logo descobriu, era muito mais astuta do que a dos guerreiros bestiais.

Quando já alcançava a mesma altura dos outros, desafiou o líder do batalhão.

— Nós não decidimos quem nos lidera! — riu o goblinoide. — Mesmo que fosse capaz de me matar, humano, não seria o líder! Todos obedecemos a Zamir e a nossos generais.

— Não sou humano — ele rosnou.

— Tem sangue humano e por isso é fraco e idiota. Agora cale a boca antes que eu precise matá-lo por insolência.

— Eu serei o líder do batalhão. Mas, para provar isso a Zamir, primeiro preciso tirar você do caminho.

A luta foi curta e brutal. O meio-humano enterrou seu machado no pescoço do outro. Então, com mais dois golpes, o decapitou, e exibiu a cabeça para o resto do bando.

— *Alguém pensa em me desobedecer?*

Todos se curvaram. Então, sob as ordens do novo líder, o grupo desviou-se de seu caminho, rumando ao covil do tirano.

Era um vale estéril, ladeado por uma grande montanha. Quanto mais perto se chegava, mais quente era o ar. O céu parecia sempre nublado, e a grama não crescia. O chão era nu e pedregoso. Humanos eram reunidos em currais — com a finalidade, ele descobriu, de alimentar o dragão. Hobgoblins patrulhavam a área e atuavam como feitores de escravos, mas havia poucos deles. Zamir gostava de solidão e isolamento.

O meio-humano escolheu um sargento hobgoblin e interpelou-o.

— Sou o novo líder deste batalhão — apresentou-se. — Vim comunicar isso ao grande Zamir.

O goblinoide mandou que se reportasse a um general. Ele foi até uma figura trajada em armadura de placas, que dava ordens para um destacamento de hobgoblins de elite. O general virou-se para ele, e sua face era uma caveira.

O meio-humano achou que fosse vomitar quando viu pela primeira vez um morto-vivo.

Já havia, é claro, observado alguns dos generais do dragão. Mas sempre usando elmos fechados, nunca deixando ver seu rosto. Perto do covil, aquelas criaturas não mais se escondiam.

— Sou o novo líder de meu batalhão — ele disse, suando. — Vim prestar lealdade a Zamir.

— Um meio-humano — a voz aguda e enervante do morto-vivo fez doer seus ouvidos. — Meio-humanos são úteis. Siga-me.

Então ele foi conduzido para dentro da montanha. Atravessou túneis escuros, sentindo cada vez mais calor.

Chegou a uma imensa câmara envolta em sombras. Não conseguia enxergar o tirano, mas sentiu o calor rítmico de sua respiração, o cheiro de enxofre ao redor da fera. Então surgiram dois olhos alaranjados, como brasas incandescentes. Mesmo com toda sua ferocidade, o meio-humano tremeu.

O general curvou-se, o meio-humano fez o mesmo.

E então ele viu de onde o dragão Zamir tirava seu poder.

As paredes da caverna estavam recobertas de prateleiras. Prateleiras que abrigavam milhares e milhares de livros.

Ele não era estúpido, e sabia que o dragão não iria se lembrar de seu nome ou seu rosto caso o visse uma segunda vez. Mas naquele dia recebeu do tirano sua nova missão. Meio-humanos eram úteis, eram especiais. Tinham a ferocidade bestial dos hobgoblins, aliada à ambição e à inteligência dos humanos. E ele, em específico, era útil e especial porque se criara em meio à violência, aprendera desde cedo a matar e desprezar a fraqueza. Não estava maculado por nenhuma noção incômoda de moralidade. E ainda assim sabia ler.

Recebeu mais dois comandados: hobgoblins especialmente treinados, que seriam capazes de fazer serviço mais sutil e preciso. Também ajudariam na liderança do bando de selvagens a que ele estava acostumado.

Foi designado para um trabalho de confiança.

Em sua primeira missão sob as novas ordens, entrou marchando em uma grande cidade, uma das maiores sob o domínio do dragão. A grande maioria da população era humana, mas hobgoblins patrulhavam as ruas, andavam por tavernas e no mercado com ar de superioridade. Tomavam o que queriam, bebiam de graça, arrastavam mulheres a seus alojamentos.

Mas nem tudo era perfeito: dentro da cidade havia dissidências. O meio-humano e seu grupo de hobgoblins haviam sido enviados para lidar com aquilo.

Ele entrou, no meio da noite, em inúmeras casas, chutando portas e arrancando moradores de suas camas. Vasculhou armários, prateleiras, porões. Espancou pais de família e ameaçou seus filhos. Tudo em busca dos traidores, da escória que planejava resistência contra o dragão. Na terceira noite, encontrou livros escondidos sob uma tábua de piso solta.

Com seus dedos grossos e calejados de pegar em armas, ele folheou as páginas. Com seus olhos ferozes de intimidar, leu as palavras. Eram tratados antigos, de sábios cujo nome quase ninguém conhecia. Falavam de como unificar um povo para que fosse uma única entidade brava e forte, capaz de lutar. Falavam de táticas de guerrilha, de mensagens secretas, de maneiras sutis de organizar uma população.

Acima de tudo, falavam de liberdade.

De como era justo que homens e mulheres pudessem mandar em suas próprias vidas. De como os reis e os governantes deveriam ser responsáveis por seu povo. Eram textos de uma época anterior aos grandes dragões, e descreviam um mundo em que cada raça podia governar a si mesma. Mencionavam goblinoides como criaturas que viviam escondidas no escuro, em matas profundas e cavernas úmidas.

A família que abrigava aqueles livros foi enforcada em praça pública, na frente da população. Os livros foram queimados.

Mas havia neles táticas úteis. Manobras que poderiam ser usadas pelos próprios servos de Zamir.

O meio-humano guardou dois livros para si mesmo.

E assim seguiu, de cidade em cidade, aldeia em aldeia. Espalhando um horror muito maior do que antes. Sob o antigo líder, o batalhão entrara nos vilarejos e cobrara impostos, intimidara o povo, matara com impunidade.

Mas, involuntariamente, sempre deixavam ideias para trás.

A nova missão do meio-humano era matar ideias, e ele se tornou um especialista nisso.

Impossível contar quantos livros foram queimados por seu bando. Quantos pretensos líderes foram torturados e executados. Quantos idealistas, ameaçados com a morte de suas famílias e seus amigos, foram forçados a delatar antigos companheiros. O meio-humano conhecia a verdadeira maldade de Zamir: o dragão perseguia o espírito humano. Chamar sua atenção era convidar a destruição de todo um legado. Do passado e do futuro.

Mas, em cada aldeia devassada, em cada esconderijo de rebeldes destruído, o meio-humano recolhia um livro ou dois. Para conhecer o inimigo. Para aprender suas táticas.

E ele lia. E, mesmo não notando, ideias diferentes o contaminavam.

Nada é mais prejudicial à cegueira voluntária do que as palavras de quem enxerga.

Após dois anos de missões daquele tipo, o batalhão era certeiro e eficiente como uma faca de cirurgião. Usavam capuzes negros de executores, e sua imagem era temida em cada canto das terras de Zamir. Em uma aldeia perdida, no meio das montanhas, o meio-humano enfim descobriu a origem de boa parte do que caçava. Um pequeno grupo de revoltosos entregava livros para caravanas mercantes, que por sua vez os distribuíam para viajantes e aldeões. Era uma das principais vias pelas quais o conhecimento se espalhava.

Foi preciso bastante tortura para que um dos rebeldes revelasse de onde tiravam tantos livros. O homem agradeceu quando enfim estava prestes a ser executado, pois a dor era maior do que qualquer um poderia suportar, e o meio-humano era um artista ao criá-la.

O batalhão seguiu as indicações do rebelde. Embrenharam-se numa trilha pelas montanhas. Chegaram a um vale estreito, no qual havia os restos de uma cidade antiga. De alguma forma, deveria ter sido próspera, porque todos os prédios eram de pedra, e muitos tinham até janelas de vidro. Mas estava abandonada.

No centro da cidade, uma grande construção, que o meio-humano identificou como um templo. Mas era maior do que qualquer coisa que ele já vira.

O batalhão entrou no templo, já planejando como destruí-lo, e o meio-humano perdeu o fôlego.

Em seu interior, livros.

Milhares de livros.

Dezenas de milhares de livros.

O pé direito da construção era alto como quatro homens. Até o teto, as paredes estavam forradas de livros. No chão também havia prateleiras, que continham tomos sem fim. Era um labirinto de livros. O meio-humano estremeceu, com um leve temor. Ele não imaginava que pudessem existir tantas ideias no mundo.

O bando circulou por aqueles corredores com tochas na mão, rindo sobre como tudo aquilo arderia. Falavam de fazer uma grande pilha na nave central, de organizar a queima em seções.

O meio-humano sentiu um aperto desconhecido no peito. De alguma forma, aquilo parecia diferente. Repetiu a si mesmo que era igual ao que fizera durante anos. Eram livros, era papel e pergaminho cheios de rabiscos perigosos. Mas, de alguma forma, a simples quantidade de ideias impressionava.

Convidava.

Perto de uma parede, ele encontrou um enorme tomo aberto. Folheou as páginas e descobriu várias caligrafias diferentes. Era um diário. Um diário mantido ao longo de décadas por uma sucessão de sacerdotes responsáveis por aquele templo.

Os registros de uma dinastia de bibliotecários.

Ele leu algumas frases, que viraram algumas páginas. Leu sobre a vida daquelas pessoas devotadas a preservar os livros. Eram registros ancestrais, não tinham a ver com os rebeldes ou o contrabando de ideias que existia naquela época. Eram décadas e décadas de puro amor ao conhecimento.

Em meio aos registros, leu um nome. Um nome de mulher, ao qual duas páginas e meia eram devotadas. A mulher fora uma bibliotecária ali há poucas décadas. Depois foi transferida para outra cidade — onde, ele deduziu, foi capturada e escravizada. Não fizera nada de notável, a não ser ajudar pessoas a encontrar conhecimento.

Era o nome de sua mãe.

Lendo aquilo, a ínfima fagulha de mudança que existia dentro dele se acendeu.

— Não iremos queimar tudo isso — ele anunciou para o bando. — O que existe aqui é conhecimento. Conhecimento que pode ser usado por nosso senhor.

— O que está falando, *humano?* — a palavra escorria desprezo na boca de um dos hobgoblins de elite. — Temos nossas ordens. Localizar essas porcarias e destruí-las. Matar quem espalha essas bobagens.

— Não podemos destruir tudo isso. É uma afronta ao próprio Zamir.

— Zamir decide o que é uma afronta — rosnou outro hobgoblin, mais atrás.

— Zamir possui livros! — o meio-humano sentiu sua voz de rugido alterada pelo medo. — São a fonte de seu poder!

Uma risada tomou conta de quatro dos guerreiros bestiais:

— Zamir é enorme, cospe fogo, tem garras e dentes! Este é seu poder!

Mas não era, o meio-humano sabia. Qualquer coisa material, mesmo com garras e dentes, podia ser destruída. O poder de Zamir não estava em seu corpo, mas no controle que tinha sobre o conhecimento.

E o próprio tirano sabia disso — batalhões comuns eram enviados para recolher ouro e matar pessoas. Era preciso um batalhão de elite para caçar ideias.

— Ninguém vai tocar nos livros — ele rosnou.

Outro hobgoblin de elite tomou a frente, já sacando sua espada curva.

— Pensa que ninguém vê quando pega livros para si mesmo? Até agora você nunca havia fraquejado, mas todos notamos sua estranheza. O sangue humano torna-o mole.

Ele viu a lâmina e sacou o machado. Olhou ao redor: seus comandados já arreganhavam os dentes, as mãos nos cabos de suas armas. Ele sentiu um frio profundo no estômago. Por que estava prestes a fazer aquilo? Por que, depois das chacinas, das atrocidades, a queima de uma biblioteca acendia seus escrúpulos?

Porque os livros o haviam mudado.

Porque, de alguma forma, aquilo parecia pior do que matar. Aquilo era matar o futuro.

Ele matara a própria mãe. Mas não conseguia matar o futuro que sua mãe havia ajudado a construir.

— Sou mais forte do que todos vocês — o meio-humano ameaçou. — Todos já me viram em combate. Obedeçam, ou não sobreviverão.

— *Era* forte — cuspiu um hobgoblin. — Agora é só um humano.

E, com um urro, ele atacou.

Nunca sua ferocidade foi maior. Ele matou o primeiro inimigo antes que os demais tivessem sacado as armas por completo. Girou seu machado num arco amplo, fez dois deles recuarem, então se abaixou e cortou os tornozelos de um terceiro. Usou o corpo do inimigo como escudo, jogou-o sobre mais um adversário, fazendo-o tombar. Então rachou um crânio com a lâmina, pulou sobre mais um e mordeu-lhe a jugular.

Matou e matou.

Quando tudo estava acabado, ele se agarrava à vida por pouco. Sangrava de inúmeros cortes, seu braço esquerdo estava quebrado, seu rosto estava inchado e enegrecido. Mas, mais do que tudo, estava coberto do sangue dos inimigos, e nenhum deles respirava.

Cuidou dos próprios ferimentos como pôde. Lavou as mãos num córrego próximo. Então escolheu um livro, abriu-o e leu a primeira palavra.

Ele não pretendia mudar. Não tanto assim. No início, achava que usaria o poder dos livros para melhor servir ao dragão.

Então, à medida que mais e mais páginas eram viradas, ele se libertou da servidão voluntária a Zamir, e pensou em adquirir poder para si mesmo. Seria igual ao tirano, iria derrubá-lo. Seria ele próprio um tirano ainda mais forte.

Mas as palavras libertaram-no mais uma vez. Ele notou que a tirania sobre os outros seria sempre tirania sobre si mesmo. O meio-humano rompeu as amarras da sede de poder e deixou de ser um escravo.

Leu histórias fictícias e conheceu personagens que pareciam mais reais do que ele mesmo. Leu a história daquelas terras, e de terras além, e soube como a vida podia ser diferente. Leu ensaios de estudiosos e entendeu que havia maneiras diferentes de pensar.

Pelos livros, conheceu as pessoas. Teve muito mais experiências do que seriam possíveis em uma centena de vidas. Entrou em contato com outras mentes, e algo aconteceu dentro de si. Acendeu-se uma chama incômoda, que desafiava os pensamentos simples e fazia com que questionasse tudo. Que fazia arrefecer o desejo primal de violência, tornava insatisfatório satisfazer a si mesmo.

Era a empatia.

E o meio-humano leu sobre aquele templo. No passado, fora a fortaleza de Santa Amélia, uma grande guardiã do conhecimento. Leu também sobre os deuses e seus santos.

Passou anos naquela biblioteca, vivendo do que caçava nos arredores, sem ter contato com ninguém, além dos escritores do passado e das pessoas que existiam no papel.

Quando virou a última página e leu "fim" pela última vez, era um homem transformado. Leu de novo sobre a guardadora de livros, seu serviço registrado no grande tomo sobre os bibliotecários. Lembrou-se do que ela tentara fazer com ele e do que recebera em troca. Chorou, pela primeira e única vez, a morte de sua mãe.

Há muito ele descartara sua armadura. Largou também seu machado. Colocou em um saco alguns punhados de livros mais importantes e deixou o resto para trás.

Voltou à civilização e procurou durante meses, mas não encontrou sinal da Ordem de Santa Amélia. A campanha de Zamir para destruir o conhecimento era eficiente; talvez todos os rastros da santa já houvessem desaparecido. Mas ele encontrou outra ordem, dedicada a alimentar os famintos e proteger os miseráveis.

Apresentando-se com humildade nas portas de um mosteiro, tornou-se um acólito da Ordem de São Arnaldo.

Alguns anos depois, já liderava os clérigos, como prior.

— Entende por que todos nossos esforços são para combater Zamir, garoto-cabra? Por que uma morte, por mais trágica que seja, nunca pode nos deter? Por que uma vida, por mais preciosa que seja, nunca pode ser nossa prioridade?

Ruff Ghanor estava calado.

— Zamir faz seus exércitos cometerem atrocidades, mas isso *não* é o pior. Ele deseja destruir tudo que já fomos, Ruff Ghanor. Tudo que podemos ser.

— Mas como posso viver sem Áxia?

— Não tem escolha. O dragão não lhe deixou escolha. Isso não é justo, e é bom que você sinta raiva. Não podemos escolher estar em outras circunstâncias. Podemos apenas lutar para que nossos filhos e netos tenham mais escolhas do que tivemos.

Ele compreendia.

Mas a exigência era demasiada.

Para evitar o desespero, Ruff afundou-se no trabalho e nos treinos, para que não restasse um minuto vazio no dia em que a mente pudesse se voltar às lembranças de Áxia e a sua própria infelicidade.

Um ano depois, ela voltou, sob a cobertura da noite.

Ninguém a viu. Entrou no mosteiro escondida, carregando uma sacola de algodão cru. Então desceu as escadas até um porão central. Acendeu um lampião.

Ajoelhou-se no chão e retirou da sacola um frasco de líquido vermelho. Molhou os dedos e desenhou um pentagrama no piso.

Também retirou da sacola velas, ervas raras, incensos. Mas não precisava de pergaminhos: sabia recitar as palavras arcanas de cor.

Limpou tudo antes do amanhecer, sem deixar qualquer sinal do que fizera.

Ruff corria perto das montanhas, logo antes do nascer do sol, quando avistou uma silhueta. Estreitou os olhos, forçando a visão, porque nunca havia ninguém lá, principalmente àquela hora.

Mais alguns metros e divisou os cabelos revoltos, agora mais longos. As pernas magras, o corpo esguio e sinuoso.

Ele corria a plena velocidade quando viu o sorriso enorme de Áxia.

Ruff Ghanor não pensou: apenas a tomou em seus braços assim que chegou a ela. O beijo que dividiram foi o alívio do sofrimento de um ano inteiro, que ambos já esqueciam estar sentindo. Deitaram-se com sofreguidão na relva, tentando absorver o máximo um do outro enquanto juravam se amar para sempre.

11 Dois retornos

RUFF BEIJOU DE novo os cabelos de Áxia. Ainda estava ofegante. Ela estava aninhada em seus braços, a cabeça repousando em seu peito largo. O contato com a pele nua era delicioso, e ele imaginou como pudera passar um ano sem sentir aquilo. Abraçou-a mais forte, querendo ficar daquele jeito para sempre.

— Assim você vai me esmagar — ela riu.

Em resposta, ele a abraçou mais ainda.

— Sentiu tanto assim minha falta? — disse Áxia.

— No início, eu mal conseguia respirar — ele respondeu. — Não estar perto de você me sufocava. Eu precisava fazer força apenas para não gritar, para sair da cama.

— Mas saía?

— Precisava sair. O prior aumentou ainda mais meus treinos.

— Você deve ter ficado forte, então — ela pontuou o comentário deslizando a mão pelos músculos em seu peito.

— Eu me sentia fraco. Não conseguia pensar em nada além de você, Áxia. Nada tinha valor. Eu queria que Zamir viesse e queimasse tudo.

Ela ficou calada.

Ambos sabiam que o esconderijo tinha vida curta. Haviam achado uma caverna na montanha, sem sinais de passagem humana, e decidido ficar lá o dia inteiro. A vida inteira, se fosse possível. Estavam deitados sobre as próprias roupas descartadas e um cobertor fino que Áxia carregava em sua mochila. Mais cedo ou mais tarde, chegariam clérigos em busca de Ruff. Era bem provável que os pegassem daquele jeito, nus, ou mesmo engalfinhados de novo.

Mas não importava.

— O que você fez durante esse ano? — ele perguntou.

Ela quase seguiu seu instinto e se desvencilhou, mas controlou-se. Ficou deitada, deu um suspiro fundo.

— Andei por aí.

— Por aí?

— Conheci cidades. Você não faz ideia do tamanho das cidades, Ruff. Cidades *de verdade*. Tudo que leu em livros, todas as ilustrações que viu, nada faz jus a enxergar uma cidade real. Conheci pessoas, aprendi coisas.

— Conheceu pessoas? — com uma ponta de ciúme.

— Não seja bobo — ela sorriu. — E aprendi coisas, Ruff. Aprendi tanta coisa.

— O quê?

— Magia.

Silêncio.

— Como...?

— Eu poderia ter mentido para você. Poderia dizer que limpei o chão de tavernas ou trabalhei como copista em algum lugar. Mas falei a verdade. Eu estudei magia. Sei que clérigos não veem feitiçaria com bons olhos, então é melhor você não perguntar mais nada sobre isso.

— Tudo bem.

— Acho que esse é o lado ruim de estar apaixonada por um homem santo.

Isso encheu o peito dele de um calor formidável, e ele sorriu como há muito não sorria. Continuou sentindo o cheiro maravilhoso dos cabelos revoltos de Áxia.

— E o que vai fazer agora? — Ruff perguntou. — Duvido que queira ficar na aldeia, após ver o mundo.

— Não quero mesmo.

Silêncio.

— Venha comigo! — ela convidou, apoiada sobre os cotovelos, para olhá-lo nos olhos. — Você já é um clérigo ordenado, não precisa mais ficar aqui. Vamos viajar!

— Eu tenho deveres, Áxia.

— Seus deveres não são no mosteiro. Você deve servir a São Arnaldo, não é? Pode agradar ao santo melhor ficando aqui escondido no fim do mundo ou encontrando o povo?

Era lógico. Por um instante, Ruff sentiu o futuro se abrir a sua frente, com possibilidades infinitas. A ideia de estar na estrada com Áxia, sem a mesma rotina que mantinha desde criança, era sedutora. Mas a figura do prior logo surgiu como uma sombra sobre os planos.

— Esqueça esse velho! — disse Áxia. — Você nunca o desobedeceu. Você nunca faz nada errado.

— O que ele me ensina é importante.

— Mas ele não é um deus, Ruff. Não é um santo. Ele não sabe tudo. Se ele não quer sair do mosteiro, isso não quer dizer que você não possa sair.

— Vou explicar isso a ele. Talvez me dê permissão...

— *Não!* Vamos embora! Juntos.

Ele sentiu um delicioso frio na barriga, imaginou se realmente ousaria fazer aquilo.

— Está certo — disse, o coração na boca. — Vamos. Ainda esta semana.

— Não, Ruff! Se você voltar ao mosteiro, nunca vão deixá-lo sair.

— Bem, não podemos ir *agora.*

— Por que não?

— Porque eu tenho uma família, Áxia! Eu nunca sairia sem me despedir de Dunnius e Niccolas. E Korin! Já imaginou o que Korin pensaria caso eu desaparecesse?

Ela apertou os lábios.

— É verdade — admitiu. — Só porque *eu* não tenho ninguém, não quer dizer que...

— Você tem a mim, meu amor.

Puxou-a por cima de si mesmo, eles trocaram um beijo demorado.

— Você tem a mim, Áxia. E teremos novos amigos, uma nova família, no mundo lá fora. Confie em mim.

— Vou tentar.

— Afinal, você não *precisa* partir hoje, não é?

Ela engoliu em seco.

— Não. É claro que não, meu amor. Posso ficar mais um pouco.

Ela ficou escondida na casa abandonada que pertencera a sua mãe. Ele voltou ao mosteiro, cheio de ideias e intenções. Disse ao prior que passara o dia investigando sinais de monstros nas montanhas. Já era um adulto — ou quase — e os professores confiavam nele, sabiam que não mentiria.

À noite, encontrou-se com Korin na taverna.

O amigo já se tornara um guarda efetivo da aldeia, assim como seu pai. Korin era o mais novo na milícia, mas começava a ter a mesma rotina dos antigos. Resolvia pequenos problemas durante o dia inteiro, fazia uma ronda em volta do perímetro, ocasionalmente afastava criaturas ferozes. E, à noite, ia para a taverna. As únicas diferenças eram que, de manhã, ele treinava e se exercitava. E, à noite, não bebia demais. Duas esquisitices que seriam corrigidas com o tempo, garantiam os guardas mais velhos, aos risos.

Ruff Ghanor entrou na taverna. Já entrara muitas vezes, é claro, mas naquela noite tudo tinha um ar estranho, como se ele notasse os detalhes pela primeira vez. Era o contato com Áxia após tanto tempo — estando dentro da taverna, ele imaginava onde a mãe da garota havia estado, antes de morrer no ataque. Como se sentava no colo dos clientes. De alguma forma, Ruff sentia-se um garoto invadindo um espaço de adultos, onde eles tinham seus segredos.

Mas Korin já pedira uma caneca de cerveja para ele, e cumprimentou-o com alegria.

— Até que enfim Sua Santidade resolveu vir falar com os pobres mortais!

Os dois trocaram um abraço rápido, forte, e xingamentos que significavam a mais alta amizade. Os clérigos pouco frequentavam a taverna, mas lá estava Dunnius, em um canto, conversando com alguns senhores de cabelos brancos e desfrutando de um chifre de vinho. O próprio Ruff ainda era visto com algum assombro, desde que demonstrara seu dom de fazer a terra tremer. Alguns aldeões paravam suas conversas pecaminosas quando ele se aproximava, temerosos de que, de alguma forma, ele fosse um dedo-duro de São Arnaldo. Algumas garotas se afastavam dele, outras tentavam se aproximar.

Mas os dois amigos só queriam saber um do outro, e sentaram-se numa mesa sozinhos. Bateram as canecas de cerveja e beberam goles fartos.

— Eu vou embora, Korin — Ruff confidenciou em voz baixa, limpando a espuma do lábio.

— Já? Mas mal bebeu um gole.

— Não, estou falando do mosteiro. Eu vou embora. Vou viajar.

— Eu sabia! O prior vai mandá-lo em alguma missão maluca. Esses clérigos velhos são todos assim: não estão felizes a menos que estejam criando problemas. Bem, não seria uma missão maluca de verdade se eu não estivesse junto, então vá se acostumando com meu fedor.

— Não é isso! — mas ele riu, reconfortado com a lealdade instantânea. — Áxia voltou. E nós vamos embora.

— Ah!

Korin ficou sério. Bebeu mais uns goles.

— O que foi? — disse Ruff.

— Você vai fugir então?

— Bem... Sim. Acho que sim. Vou fugir com Áxia.

— Por quê?

Ghanor franziu o cenho.

— Ora, porque não posso passar a vida toda no mosteiro! Porque existe todo um mundo lá fora...

— Se fosse por isso, você não teria esperado Áxia chegar.

Uma sombra desceu sobre o rosto do jovem clérigo.

— Você tem algo a dizer sobre Áxia? Acaba de saber que ela voltou e nem parece feliz.

— Áxia ama você, isso é certo. E São Arnaldo sabe que você também a ama. Desde crianças, sempre que se encontram parece que o mundo incendeia a seu redor. Mas...

— Mas...?

— Mas você já deve ter notado que essa garota arrasta problemas por onde passa. A morte está sempre ao redor dela, Ruff.

O jovem clérigo controlou-se para não erguer a voz.

— Realmente é culpa de Áxia ter tido um irmão doente — as palavras de Ghanor pingavam de sarcasmo. — E os hobgoblins que mataram sua mãe certamente estavam sob as ordens dela.

— Não estou falando isso. Ela não tem culpa, e o povo da aldeia foi mesmo escroto com aquela família. Mas ela tem a morte a seu redor. — Abaixou a voz: — Ela matou o hobgoblin.

— Ela não teve escolha.

— De qualquer forma, não é só isso; Áxia traz problemas. Ela desapareceu por um ano. Deixou-o sozinho. E agora volta, de repente, querendo arrastá-lo.

— Venha conosco!

— Claro. Vai ser muito divertido ficar ao lado do casal apaixonado. Principalmente no acampamento, à noite.

Ruff esquecera a cerveja. Não esperava que a conversa transcorresse daquela forma.

— O que vocês vão fazer? — disse Korin, tentando amenizar o ar pesado entre os dois.

— Eu... Não sei. Tentarei servir a São Arnaldo. Para falar a verdade, não imagino como eu vá conseguir dinheiro para comer.

Silêncio. Korin deu uma risada curta.

— Quer saber? Você tem razão, meu amigo. Não consigo imaginá-lo passando fome. Você é o homem milagroso, capaz de matar monstros e criar terremotos. Eu queria ter um amor tão avassalador assim. Parece que nunca fico com ninguém por mais de algumas semanas. Vocês vão ficar bem.

— E você vem conosco?

— Meu lugar é aqui. Sou um guarda.

— Nós vamos voltar. Viremos visitá-lo.

Korin abriu um sorriso malicioso.

— Antes que você vá embora, precisamos cumprir um de nossos objetivos antigos, Ruff.

O clérigo riu de antecipação.

— Vamos fazer o Irmão Dunnius tomar um porre! Talvez dançar pelado na frente do prior!

Pediram mais bebidas, chamaram Dunnius com gritos e exigências amigáveis. Aquela foi uma noite de risos na taverna e, pela primeira vez, Ruff bebeu um pouco demais.

Acordou na manhã seguinte com o som de trombetas de guerra, e asas. Poderosas asas batendo sobre o mosteiro.

Clérigos e aldeões já sabiam o que fazer. Ao soar da primeira trombeta, pais e mães acordaram seus filhos, agarraram sacolas com suprimentos de emergência e reuniram as posses mais valiosas, que já estavam à mão. O sino na torre do mosteiro começou a badalar de imediato — o mesmo toque urgente, apressado, de um ano antes. Aldeões mais velhos eram carregados pelos mais jovens e fortes. Havia guardas de prontidão, acordados a noite inteira, e eles foram bater nas portas das casas mais afastadas. Não haveria outro esquecimento como o da mãe de Áxia. Ninguém ficaria para trás.

No mosteiro, o Irmão Niccolas achou estar tendo mais um pesadelo, como tantos desde o ataque. Mas, em um instante, notou que os sons de perigo se aproximando eram reais, e despertou antes que um acólito enviado pela Irmã Sibrian viesse acordá-lo. As portas já estavam abertas quando os aldeões chegaram. Os clérigos já haviam treinado para conduzir o povo a alojamentos de emergência, construídos ao longo daquele ano no pátio interno. Havia uma ala do mosteiro designada a todos que eram jovens, velhos ou frágeis demais para combater ou ajudar. Era a ala mais protegida, de costas para a montanha, que qualquer invasor teria dificuldade de adentrar. Todos os outros aldeões já conheciam sua função e correram para seus postos, como haviam treinado.

Alguns receberam armas de guardas e clérigos. Outros assumiram a liderança dos inválidos. Outros, ainda, correram para a cozinha, pois logo seria preciso alimentar toda aquela gente. Ao longo do ano, parte da produção de toda a aldeia fora estocada no mosteiro. O povo tinha meios de sobreviver a um cerco de alguns dias, caso fosse necessário.

E, mais do que tudo, o povo tinha meios de lutar.

A aldeia fabricara mais armas naquele ano do que em qualquer período na memória do mais velho dos aldeões. Armaduras simples de couro haviam sido curtidas e moldadas. Homens e mulheres vestiam as armaduras e pegavam em armas, as mãos tremendo e os rostos endurecidos de decisão. O inimigo voltava, como o prior dissera, e enfim chegara o dia que todos temiam.

— Organizem os arqueiros! — gritou o prior. — Reúnam os abençoados! Comecem as orações!

As ordens serviam mais como incentivo do que como direcionamento. Todos sabiam o que fazer. Mas, ante o vozeirão do líder do mosteiro, sentiam-se mais seguros, corriam mais rápido, temiam menos. Era como se o próprio santo estivesse lá com eles.

— *Prior!* — Ruff Ghanor chegou esbaforido ante o clérigo mais velho. Já trajava sua armadura de cota de malha, portava seu martelo e seu escudo. — Tenho que avisar...

— Eu imaginei que Áxia tivesse voltado — falou o homem enorme. E, Ruff notou com surpresa, em seus lábios havia um leve sorriso. O prior estava feliz com a volta da garota. — Você não teria desaparecido ontem se não tivesse reencontrado o amor, garoto-cabra. Vá! Ache a garota louca e traga-a para cá.

Ruff sentiu uma onda de ternura invadi-lo. O último sentimento que esperava naquele momento, mas assim eram as batalhas. Súbito, o carinho que aquela rocha em forma de homem tinha por ele mesmo estava claro como o ar de manhã. O prior, a pessoa que o criara. Que, apesar de tudo, entendia que ele estava apaixonado e que precisava achar a jovem que, um ano atrás, enterrara dois cadáveres no centro do mosteiro.

Ele correu na direção contrária da multidão, saindo pelas portas duplas do mosteiro.

Ainda não amanhecera totalmente. O céu começava a clarear, mas o sol ainda não conseguira vencer o horizonte. O ambiente era iluminado pelos lampiões do povo que chegava e pela luz que emanava das janelas do mosteiro.

Pelo brilho das tochas que os invasores carregavam. A coluna das forças de Zamir começava a aparecer.

Ele correu pela aldeia, chamando o nome de Áxia. A armadura pesava vários quilos, mas ele já estava acostumado e nem sentia qualquer desconforto. Seu corpo já era adulto, os ombros eram largos, a mandíbula era quadrada e definida. Ruff Ghanor corria para buscar seu amor, e em seu peito aquele não era mais o amor adolescente que fora antes do primeiro ataque. Não era mais composto de intenções ocultas e gestos envergonhados. Era um amor feroz, profundo. Ele iria partir dali com ela, ambos teriam uma vida juntos. Aquilo era verdadeiro.

— Áxia! Áxia!

Então ela surgiu, de trás de uma casa. Seus olhos muito arregalados, mas as sobrancelhas mostravam uma expressão determinada. Ela correu para ele.

— Eu ouvi as trombetas, Ruff! Ouvi a tempo! Estou bem!

Mais um toque de guerra cortou o ar, enquanto os dois se encontraram no meio da aldeia quase vazia. O sino do mosteiro badalava, lá de dentro soava uma cantoria religiosa.

— Achei que pudesse perdê-la.

— Nunca.

Eles se deram as mãos, os últimos ainda fora do mosteiro, e viraram-se para rumar às portas que se fechavam.

E então ouviram o bater das asas.

Com o primeiro som, ambos sentiram o estômago descer. Um vazio primordial, uma sensação de desespero tomou conta dos dois. Ouviram, e sentiram o vento em suas costas. O vento provocado pelo bater de poderosas asas, e o pavor que elas traziam consigo.

Então, um rugido monumental tomou conta do ambiente.

O som era tão forte que o chão tremeu. Tão forte que não dominou apenas a audição; eles pareceram ficar cegos. Desequilibraram-se. E o medo crescia cada vez mais. Não era só o medo racional, o medo de algo muito poderoso e capaz de matá-los. Era um medo primitivo, animalesco. Um medo que os fazia ter vontade de se jogar no chão, chorar, gritar. Sentiram-se paralisados, incapazes até mesmo de correr. Uma aura emanava do céu, esmagando seus pensamentos. E eles não queriam olhar, mas não podiam resistir. A mesma coisa que provocava aquele medo era atraente, era sedutora. Exigia ser admirada, reverenciada. Com os dedos entrelaçados, Ruff e Áxia viraram-se e olharam para o céu.

Com o sol nascente, erguia-se Zamir.

Ruff Ghanor imaginara o dragão ao longo de sua vida.

Mas nunca poderia imaginar aquilo.

Zamir tinha várias dezenas de metros de comprimento. Suas escamas eram vermelhas — de uma tonalidade carmesim, quase negra, nas costas, até um tom quente e alaranjado na barriga. O corpo era musculoso, poderoso. As asas imensas o mantinham no ar facilmente, com batidas fortes. O pescoço era sinuoso, serpenteava para um lado e para outro. Tinha quatro patas com garras afiadas e pontiagudas. A bocarra possuía incontáveis dentes, e dela se projetava uma língua vermelha e delgada. Os olhos de Zamir eram cor de âmbar, pareciam quentes, como se fossem queimar ao toque. Todo o dragão exalava um calor intenso.

Mas não apenas seu corpo físico era magnífico.

Zamir era majestoso. A maneira como voava era graciosa, fácil. Por toda a superfície de seu couro, emergiam pequenas chamas e, ocasionalmente, viam-se brasas entre uma escama e outra. A maneira como olhava o mundo era superior. Zamir não era arrogante — estava *acima* dos demais seres. Árvores, casas, a própria terra, tudo parecia prestes a desmoronar ante sua grandiosidade.

Ruff Ghanor estava fascinado. Ali estava o tirano. Desde criança, ouvira histórias sobre Zamir. Soubera que seu destino era enfrentá-lo.

Agora, que o enxergava, podia rir de tais expectativas. *Como* enfrentar algo assim? O prior estava louco. Seria impossível vencer uma criatura como aquela. Seria o mesmo que investir contra uma montanha. Ruff Ghanor atacando Zamir seria como uma criança atacando o oceano.

E então Zamir dirigiu seu olhar para ele.

— *Vamos, Ruff!* — o grito de Áxia tirou-o de seu estupor.

Ela o puxou pela mão, correndo ao mosteiro. O dragão rugiu de novo, e os dois sentiram seu hálito como uma ventania fervente em suas costas. Ele bateu as asas mais uma vez, e o deslocamento do ar fez com que caíssem. Ruff rolou no chão e ficou de pé em um salto, puxou Áxia para que se erguesse também.

E continuaram correndo. O dragão voava acima de suas cabeças, mergulhava em um rasante. Nas portas do mosteiro, o prior brandia seu martelo, gritando desafios para o tirano. Sibrian, a seu lado, berrando para que os dois jovens se apressassem. Korin espremeu-se junto aos clérigos, espada na mão, chamando os dois amigos.

— Venham! Rápido! Ele vai pegá-los!

Zamir mergulhou e passou alguns metros acima. Ruff e Áxia gritaram, pois a mera aproximação da fera era terrível demais — o calor e o medo impediam que eles raciocinassem direito. Então o dragão ganhou mais altura, sobrevoando o mosteiro, para fazer um arco comprido e voltar a suas tropas.

Ruff e Áxia chegaram enfim às portas.

— Achei que ele ia matá-lo! — disse Korin.

— Não — Ruff retrucou, a voz calma de pavor. — Se Zamir quisesse nos matar, estaríamos mortos.

As portas se fecharam, e ele mal teve tempo de se recompor antes de ser empurrado para o círculo de clérigos já formado no salão principal.

— E eu, o que devo fazer? — Áxia interpelou o prior.

— Sabe lutar? — o homem gigantesco perguntou.

— Muito mal.

— O que sabe fazer, menina?

Ela mordeu os lábios.

— Magia. Sou uma feiticeira.

— Não conheço sua feitiçaria. Não sei o que ela pode fazer, ou qual é o preço.

— Eu posso...

— Mais do que isso, o povo não sabe. Eu apenas não conheço seu poder, mas esta gente teme as artes arcanas. E o que mais precisamos agora é de fé.

— Não sei fazer mais nada — disse Áxia.

— Sabe rezar?

Pausa.

— Na verdade não — ela admitiu.

— Ótimo. É melhor que não saiba. Junte-se aos outros aldeões e apenas fale com o santo, garota. Fale com sinceridade. Ele vai ouvi-la.

Ela obedeceu.

Ruff já entoava os cânticos com todos os outros. A mesma luz azul que surgira um ano atrás começava a brilhar. Desta vez ainda mais forte, porque todos tinham confiança no poder de São Arnaldo. Todos sabiam que o padroeiro era capaz de protegê-los, e durante um ano tinham feito por merecer aquela proteção. Haviam se esforçado e, agora, imploravam que a mão do santo criasse a barreira invisível entre seus defensores e as forças do inimigo.

Ruff lembrou-se também da luz dourada que surgira no meio da batalha um ano atrás. Do clangor metálico quando ela protegera o prior, de como era sublime e majestosa. Lembrou-se da primeira vez em que vira aquilo, na caverna, quando foi achado por Dunnius e Niccolas. Fosse o que fosse, ele esperava que a luz surgisse mais uma vez.

O brilho azulado cresceu até o tamanho de um homem. A presença de São Arnaldo era sentida. O mosteiro era forte. A fé era inquebrável.

Na torre e nas janelas mais altas, os arqueiros estavam prontos, assim como o prior instruíra. Não eram soldados, mas gente comum, que dia após dia treinara com aquelas armas, para melhor defender sua aldeia e suas famílias. Os arqueiros viam a forma terrível de Zamir, e suas gargantas fechavam-se de medo. Alguns deles choravam abertamente, outros tremiam sem controle. Mas, quando enxergaram os guerreiros inimigos, encaixaram as flechas nas cordas dos arcos e puxaram-nas. Chorando ou tremendo, eles tinham suas ordens, e iriam cumpri-las.

Um guarda fora designado como chefe dos arqueiros, e mantinha-os disciplinados.

— Ainda não! Não desperdicem flechas! Ainda não!

O inimigo se aproximava. Logo os arqueiros puderam divisar seus corpos peludos, as presas que surgiam de suas mandíbulas. Desta vez os hobgoblins não perdiam tempo matando animais ou queimando telhados de sapé. Marchavam rumo ao mosteiro, com a única intenção de punir quem os havia desafiado.

— Ainda não!

Zamir circulou mais uma vez ao redor da construção. O pavor era terrível. Mesmo sem enxergá-lo, nas entranhas do mosteiro, uma anciã morreu de medo e angústia. No salão principal, as vozes fraquejavam, mas a fé se mantinha. Logo atrás das portas, os guardas e os aldeões designados como soldados tremiam, mas mantinham-se em posição com a liderança do prior.

E os arqueiros rangiam os dentes, mas ficavam firmes.

— Agora! Atirem!

As flechas voaram dos arcos, indo se cravar nos soldados hobgoblins. Meia dúzia deles caiu com a primeira saraivada, mas eram pelo menos duas centenas.

— Atirem à vontade!

Os arqueiros, que há poucas horas haviam sido ferreiros, oleiros, cavalariços, encaixaram mais e mais flechas em seus arcos, puxaram as cordas e dispararam. Atiravam para cima, e as setas faziam uma trajetória longa, em elipse, até chegar a seus alvos, criando uma chuva de pontas letais sobre os inimigos.

— Eles não chegarão até nós! Lembrem-se do ano passado! São Arnaldo está conosco!

Lá embaixo, o prior falava a mesma coisa:

— Estamos prestes a lutar, mas não estamos sozinhos! Os clérigos rezam para nos proteger, e São Arnaldo não nos abandonará! Já vencemos essa batalha antes e venceremos de novo!

Então alguém falou o que todos pensavam:

— Mas antes não havia o dragão.

O prior rilhou os dentes e respirou fundo.

— É verdade. Zamir está aqui, contra nós. Mas isso é só mais uma prova de nossa força!

O brado daquele homem quase fazia frente ao rugido do dragão.

— O próprio Zamir precisou vir nos enfrentar! Somos fortes demais para seus soldados! Eles têm um dragão... Mas nós temos um santo!

Os aldeões ergueram as armas, gritaram aprovação.

— E não temos só isso. A nosso lado está Ruff Ghanor, capaz de fazer milagres! Ruff Ghanor, que há um ano abriu a terra para engolir nossos inimigos! Este será um dia de morte... Mas não nossa! Este será o dia em que mataremos os opressores!

E todos gritaram de fervor.

O brilho azul no centro do salão já era cegante.

— Abram as portas! — ordenou o prior.

E os defensores do mosteiro saíram, armas prontas para encarar o inimigo.

— Formem a parede de escudos!

Um ano era pouco tempo para treinar aquele povo, mas todos haviam se dedicado dia após dia. Designados para a luta de perto, haviam praticado a tática mais letal, a parede de escudos. Os defensores ficaram lado a lado, numa base sólida e estável, com seus escudos à frente do corpo. Cada um protegia o companheiro a sua esquerda, enquanto era protegido por alguém a sua direita. Na fileira de trás, projetavam-se lanças, desafiando qualquer inimigo a investir. Aqueles aldeões haviam visto a parede de escudos dos hobgoblins, e agora a usavam contra eles próprios. Mas sabiam que, a sua frente, estava a proteção divina.

Os hobgoblins correram para eles.

— Preparem-se! — gritou o prior. — Quando o santo barrá-los, matem-nos!

Os soldados monstruosos chegavam mais perto.

— Matem todos! — Korin berrou, tomado pela antecipação do combate.

E então os hobgoblins atingiram a parede invisível que a reza dos clérigos criara. O impacto de seus corpos fez com que ela rebrilhasse em azul, o mesmo azul que fulgurava no mosteiro.

E então eles a atravessaram.

— *O quê?* — gritou alguém.

Os hobgoblins atiraram-se contra a parede de escudos dos aldeões, empalando-se em suas lanças, mas atacando com ferocidade. A primeira leva fez com que os defensores recuassem meio passo. As lanças espetaram os corpos peludos, mas uma delas se quebrou ante o peso de um hobgoblin que morria. E a segunda leva esmagou a primeira contra os escudos deles. As lâminas curvas dos hobgoblins subiam e desciam contra os escudos dos aldeões, criando mossas, partindo a madeira, fazendo um ferimento e outro.

A terceira leva foi um impacto ainda maior, e um guarda escorregou e caiu. Era a primeira brecha.

— *São Arnaldo nos abandonou!* — gritou um fazendeiro, transformado em soldado para aquela emergência. — *Estamos sozinhos!*

— Fiquem firmes! — gritou o prior, esfacelando um crânio de hobgoblin com seu martelo.

Korin deu uma estocada certeira no bucho de um inimigo, mas sentiu que os defensores atrás dele recuavam.

— Não fujam! — bradou o jovem. — Podemos vencer!

Mas os hobgoblins não paravam de chegar, e a proteção de São Arnaldo falhara.

— Abram as portas! — ordenou o prior.

Quando as portas do mosteiro se abriram, os clérigos derramaram-se para fora, já liderados pela Irmã Sibrian. Enquanto os aldeões voltavam à segurança, os sacerdotes corriam para proteger sua retirada. Ruff Ghanor surgiu gritando, brandindo o martelo, e desceu-o no joelho de uma das criaturas. Os defensores corriam para o lado contrário a seu redor. Ele achou Korin e postou-se a seu lado, bloqueando com o escudo e golpeando.

— O que aconteceu? — perguntou Ruff.

— A magia não deu certo!

— Isso é impossível!

— Eu continuo confiando em São Arnaldo! — Korin disse, enquanto matava um hobgoblin. — Mas sua magia falhou!

O ataque arrefeceu por um instante, com a chegada dos novos lutadores.

— Recuem! — ordenou o prior. — Vamos para dentro do mosteiro!

Os clérigos mantinham a disciplina, lutando enquanto andavam para trás. O Irmão Niccolas puxou um cântico religioso, com um ritmo que se prestava para a explosão repetitiva dos golpes. Aos poucos, eles voltaram, e quatro acólitos empurraram as pesadas portas, para que se fechassem. Quase uma dezena de hobgoblins entrou também, e foi recebida com golpes de martelos e maças, espadas e lanças. Mas a primeira leva de defensores estava desorganizada e ferida. Ninguém mais sabia o que fazer, o mosteiro estava em polvorosa. Alguns pais de família largaram as armas para ir à ala mais protegida encontrar seus filhos.

E, lá fora, os hobgoblins se jogavam contra as portas. Guardas e clérigos juntaram-se aos acólitos para mantê-las fechadas.

— O que aconteceu? — Ruff Ghanor gritou, frenético, para o prior.

— Algo que não é natural, garoto-cabra.

Então ninguém ouviu mais nada, pois o ar foi tomado por um rugido monumental. Zamir se aproximava do mosteiro desprotegido, urrando fúria. Abriu sua bocarra e as chamas brilharam no interior de sua garganta.

A primeira baforada atingiu a torre, derretendo a face de São Arnaldo e carbonizando os arqueiros no interior. A estrutura começou a se transformar em líquido.

O som de pedras desabando se juntou ao rugido quando o mosteiro começou a ruir.

12 | O fim da juventude

A BAFORADA DE fogo acendeu-se com uma luz alaranjada e quente; brilhou como um segundo amanhecer. Atingiu a base da torre com o rosto de São Arnaldo, derretendo as pedras e fazendo a estrutura ruir. A torre desmoronou em si mesma e atingiu o teto do mosteiro, com um estrondo imenso. As janelas da construção explodiram ao mesmo tempo, enviando estilhaços de vidro para todos os lados.

Zamir rugiu de triunfo perante a humanidade e o santo.

Lá dentro, dezenas de pessoas caíram ao chão com o impacto. A gritaria começou num instante, tão ensurdecedora quanto o barulho das pedras. Uma parede ao fundo desmoronou — a estrutura toda começava a ceder. Ruff Ghanor ouviu um rangido diferente em meio à cacofonia. Um rangido alto de madeira. Olhou para cima e viu que uma viga do teto estava prestes a ceder.

— *Cuidado!* — jogou-se sobre três aldeões, empurrando-os para longe enquanto a viga quebrava, enviando uma chuva de escombros no local onde estavam um momento antes.

Mas, mesmo enquanto salvava aquelas vidas, via outras se extinguindo sob os tijolos que caíam, ante os cacos de vidro das janelas. O calor dentro do mosteiro ficava insuportável. As paredes começaram a rachar. Um estrondo nas portas frontais sinalizou que, lá fora, os hobgoblins tentavam arrombar.

— Vamos fugir! — gritou o prior. — Sibrian, Aldrus, organizem a retirada! Niccolas, Dunnius, reúnam os aldeões!

Os quatro clérigos correram para suas tarefas. A Irmã Sibrian e o Irmão Aldrus, acostumados a militarismos, começaram a organizar as pessoas em duplas para que não se perdessem, dando ordens a cada uma e explicando as rotas que seriam usadas. O Irmão Dunnius e o Irmão

Niccolas apressaram-se até a ala onde estavam os não combatentes, aqueles frágeis demais, que precisavam ser protegidos. A porta estava emperrada, trancada pela parede que cedia. Do outro lado, os gritos de desespero dos aldeões. Dunnius ficou um instante atônito, mas Niccolas fez uma prece rápida a São Arnaldo: de repente, pareceu inchar, e jogou-se com o ombro contra a porta. Ela rachou, mas continuava no lugar. Jogou-se de novo, e a madeira grossa quebrou ante a força aumentada pela bênção do santo. Niccolas desabou para o outro lado, o ombro doendo e cheio de farpas, mas foi recompensado pela visão dos aldeões ainda vivos, amontoados, esperando para sair.

— Delilah, cuide dos feridos! — ordenou o prior.

A Irmã Delilah já havia começado a fazer aquilo, mas o líder do mosteiro dava ordens a todos, coordenava o caos. A magia de Delilah era forte, mas o mais importante era seu conhecimento de medicina — ela podia julgar quem ainda tinha chance de ser salvo. Com pesar, a clériga verificou que um jovem pedreiro, com casamento marcado para a próxima primavera, estava ferido demais. Um bloco de pedra atingira sua espinha, e ele chorava de dor no chão. Estava condenado. Delilah reconfortou-o com palavras rápidas e seguiu a um paciente que pudesse salvar.

— Ruff, recolha os livros!

Ruff Ghanor estava com o martelo e o escudo de prontidão, ao lado dos guardas e de um grupo de clérigos. Rilhava os dentes ante cada batida do aríete dos hobgoblins, e salivava ante a chance de matar mais alguns deles. Quando ouviu a ordem do prior, pareceu ter levado um soco.

— Não! Vou lutar!

— Não seja idiota, garoto-cabra! Você tem o dever mais importante. Tem que preservar os livros! Todo nosso conhecimento será perdido.

— Eu posso matar o inimigo! Tenho o poder do terremoto!

— Você mal tem barba no rosto, garoto-cabra, e está sendo uma criança! Mate vinte hobgoblins, e outros trinta queimarão o que levei décadas para reunir. Mate cem, e outros cento e cinquenta destruirão nosso legado! *Salve o que importa, Ruff Ghanor.*

Ele dirigiu um olhar para Korin, que nem ouvia o que estava se passando. O jovem guerreiro estava na primeira linha da parede de escudos, aguardando a entrada dos hobgoblins. Korin lutaria enquanto os aldeões fugiam, lutaria enquanto clérigos curavam os feridos. Lutaria enquanto Ruff reunia livros.

Então o prior capturou seu olhar e não falou mais nada. O homenzarrão tinha um ar de tristeza ancestral, de arrependimento que nunca podia ser curado. Ele matara, torturara, destruíra. Ele queimara livros, queimara ideias. E mudara sua vida apenas por causa dos livros. O olhar do prior era uma súplica — para que sua vida não tivesse sido inútil.

Salve o que importa, Ruff Ghanor.

Ruff correu para a sacristia.

O prior atravessou as linhas de guerreiros-aldeões, não sem antes dar uma última olhada para trás, verificando que todas suas ordens estavam sendo cumpridas. Colocou-se na frente da parede de escudos, bem no centro, sendo visto e ouvido por todos. Olhou para o lado e, com satisfação, viu que o jovem Korin estava na extrema direita da parede. Protegia seu companheiro, mas não era protegido por ninguém.

Um novo estrondo nas portas aumentou a rachadura. Viu-se um naco do rosto bestial de um goblinoide.

— Vamos segurar os invasores! — urrou o prior. — Enquanto nossos irmãos, pais, mães e filhos fogem, vamos enfrentar o caos! Eles vêm para destruir nosso lar, mas não irão destruir nossa família!

— Por São Arnaldo! — exclamou alguém.

— Venham, filhos da puta! — gritou Korin.

Então a porta se estilhaçou, e surgiu o enorme aríete empunhado por oito hobgoblins. As criaturas derramaram-se pelos lados, brandindo suas espadas curvas e jogando-se na parede de escudos dos aldeões. O prior bloqueou um ataque, ergueu seu escudo contra o queixo do inimigo, partindo sua mandíbula. Korin abaixou-se sob seu escudo e deu um golpe forte com a espada, atingindo no peito um goblinoide que tentava passar pela direita.

— Por minha mãe! — rugiu o prior; por um momento, deixando de lado a cultura do líder do mosteiro e voltando a ser um selvagem meio-goblinoide.

Ruff Ghanor ouvia os sons da batalha ao longe. Subir a escada foi um desafio, pois grande parte já desmoronara, e o resto ameaçava desabar a qualquer momento, mas ele chegou ao segundo andar. Avançou até uma seção do corredor quase totalmente bloqueada pelo desabamento da torre. Os escombros estavam derretidos, os blocos de pedra unidos entre si como cera de vela. Ele se arrastou pelo chão, passando por um túnel exíguo que se formava sob as pedras caídas. A partir dali, tudo estava escuro, como se fosse noite fechada.

— *A luz de São Arnaldo* — fez uma prece rápida, e a cabeça de seu martelo se acendeu com um brilho branco.

A porta da sacristia estava aberta. Ele entrou, martelo erguido, e viu uma familiar figura magra, baixa, cabelos desgrenhados.

Linda.

— O que você está fazendo aqui, Áxia?

Ela se voltou para ele, expressão preocupada.

— Salvando os livros. O prédio não vai resistir, Ruff. Se não levarmos tudo isso embora, vai acabar soterrado.

De fato, ela separava os tomos mais importantes, colocando-os em um grande saco de estopa. Seu trabalho também era iluminado por luz mágica.

— Por que... — ele começou.

— Seu líder é um imbecil que me mandou ficar ajoelhada rezando em vez de ajudar em algo útil, como se eu também fosse uma imbecil. Eu copiei vários destes livros. Sei quais são mais importantes.

Por alguma razão, ele hesitou.

— Áxia... Por que você insistiu tanto para que fôssemos embora ontem?

— O quê?

— Por que você queria que fugíssemos ontem? — ele falou com mais confiança. Um pouco mais de agressividade. — Por que tinha tanta pressa?

— Porque eu amo você e queria que ficássemos juntos — ela retrucou, dando meio passo para trás.

— Por que insistiu para irmos *ontem,* Áxia?

— Se vai me acusar de alguma coisa, então acuse.

Ela adquiriu o rosto frio que usava com os aldeões. Com todos que a decepcionavam. Ele sentiu verdadeiro pânico, pois nada era pior que causar nela aquele sentimento. Mas, voz trêmula, insistiu:

— É muita coincidência. Você volta. Insiste para irmos embora no mesmo dia. E, no dia seguinte, Zamir ataca.

— Ainda está se prendendo a meias palavras, Ruff. Aprendeu isso com seu querido prior? Se quer dizer algo, tenha coragem! Fale!

— Estou dizendo que você sabia do ataque! Que veio para cá tentar me tirar do mosteiro, me salvar! Mas não quer salvar os outros, porque os odeia!

O rosto de Áxia não era mais frio. Era uma máscara retorcida de ofensa, de mágoa, de raiva.

— Como pode pensar isso de mim?

— Você nunca amou a aldeia.

— Não é suficiente que eu ame você? Tenho que amar também quem me maltratou a vida inteira? Quem matou minha mestra e deixou minha mãe morrer?

— Você não se importa com os outros!

— *Ruff, cuidado!*

E foi o aviso de Áxia que fez com que ele se abaixasse no momento exato, fazendo a lâmina passar poucos centímetros acima de sua cabeça. Ruff Ghanor rolou para trás, ergueu-se de escudo em punho, e estava frente a frente com um homem de armadura completa.

Não, não um homem: um morto-vivo.

O rosto cadavérico do general Kydriax mostrou um esgar tétrico que era quase um sorriso, e ele atacou.

Ruff levantou o escudo no exato instante, fazendo a lâmina do morto-vivo bater na borda metálica. O clangor ressoou pela sacristia. A criatura era rápida, e atacou mais duas vezes antes que ele pudesse preparar o martelo. Toda sua concentração era necessária para se proteger. Ele recuou até uma prateleira, então se impulsionou e empurrou o general com o escudo. A força do inimigo era inumana, mas Ruff conseguiu movê-lo meio metro, então deu um golpe longo com o martelo, de cima para baixo. Kydriax tirou a cabeça da trajetória do golpe, mas a arma caiu pesada sobre seu ombro, amassando as placas da armadura.

— Eu disse que teria você como meu sacrifício — chiou o morto-vivo.

— Você já foi vencido uma vez — Ruff Ghanor falou entre dentes.

Uma boa bravata enquanto o mundo desmoronava.

— E onde está seu líder agora? — disse a voz de guincho. — Lutando lá embaixo? Morrendo?

Ruff deu um berro, atacou Kydriax com golpes repetidos e selvagens, impulsionados pela ira. O general esquivou-se para a esquerda e para a direita, então se abaixou num relâmpago, estocando com a espada. A ponta passou por baixo do saiote de cota de malha, o fio encontrou o tecido que protegia a coxa esquerda do clérigo. Sangue esguichou farto, e Ruff sentiu que a perna não mais o sustentava.

Kydriax recolheu a espada para um golpe de baixo para cima, então:

— *Não!* — a voz de Áxia precedeu um clarão esverdeado.

Repetidas esferas de energia deixaram os dedos da garota, espiralando e indo encontrar o peito do morto-vivo. Kydriax foi arremessado para trás, de encontro a um pilar, rachando a pedra e sendo banhado por uma chuva de pequenos escombros.

— Ruff! — gritou Áxia.

— Estou vivo! Não deixe ele se levantar!

Kydriax já se erguia quando o ar a seu redor brilhou, e então o brilho se transformou em uma teia grudenta, como se uma enorme aranha a houvesse tecido — era a magia de Áxia de novo. O morto-vivo tentava se desvencilhar, mas os fios se grudavam cada vez mais. Ruff tentou correr para ele, mas a perna não permitia. Então, apoiado num móvel quebrado, se jogou para o inimigo, erguendo o martelo. Golpeou o crânio de Kydriax com força, mas então caiu para trás. O morto-vivo soltou-se das teias, cortando-as com sua espada, e investiu contra Ruff. O primeiro golpe rachou a madeira do escudo, o segundo o estilhaçou, o terceiro encontrou o braço. A cota de malha protegeu, mas o osso se partiu ante a força da pancada.

— Você não pode fazer isso! — gritou Áxia, conjurando sua magia. — Não *vai* fazer isso!

Kydriax virou-se para ela, e por um instante Ruff teve a impressão de que ele iria falar algo, mas então um jorro de ar, como um aríete invisível, jogou-o para trás. Ruff arrastou-se alguns metros para longe, quando uma bola de fogo explodiu na face cadavérica. As teias perto do morto-vivo se incendiaram de imediato. As chamas se espalharam, incendiando também as roupas do clérigo, mas ele rolou e conseguiu apagá-las. O braço esquerdo, quebrado, estava em agonia. Os livros nas prateleiras ao redor ardiam. Kydriax se contorcia, em chamas, mas estava de pé. Seus olhos pareceram brilhar mais ainda com o fogo que envolvia sua cabeça, e ele olhou diretamente para Áxia.

— *Você!* — guinchou –, e investiu contra ela.

E então, mais uma vez, tudo ficou claro para Ruff Ghanor. Ele não conseguira articular a sensação das outras vezes em que a tivera, mas agora notava que era capaz de enxergar o mundo como uma mera junção de partes. Era como se cada coisa — pedras, madeira, pessoas — fosse feita de minúsculas partículas, e bastasse golpear o ponto certo para que elas se separassem. De alguma forma, ele era capaz de destruir tudo aquilo. Ruff bateu no chão com o martelo, e o estrondo foi quase tão grande quanto o do desmoronamento da torre. O chão se abriu numa fenda instantânea, sob os pés de Kydriax. O morto-vivo em chamas caiu pelo rombo, e o pavimento caiu sobre ele, soterrando-o em pedras e livros. O fosso se alargou; Áxia deu um grito, segurando-se a uma estante para não ser tragada. Ruff saltou para ela, agarrando-a, levando-a para longe.

Só então notou que sua perna e seu braço estavam curados. Era como se, destruindo daquela maneira, ele adquirisse uma espécie de energia. Como se devorasse o que era desfeito com seus golpes de terremoto.

— Ruff…

— Não precisa dizer nada, meu amor. Eu sei. Você me salvou.

— Ruff, você tem razão. Eu odeio essa gente. Tudo que aconteceu foi horrível demais para mim. Mas você precisa salvar os livros. Leve-os ao prior. Ele é bom para você, mesmo que não se importe comigo.

— Eu vou cumprir minha missão, Áxia. E então nós vamos embora. Juntos.

— Juntos, meu amor.

E beijou-o.

Ao lado do prior, um clérigo gorgolejou sangue. A espada curva do hobgoblin atingira-o na virilha, por baixo dos escudos, e subira, dilacerando seu corpo até a altura do estômago. O homem caiu, logo veio outro, da fileira de trás, para tomar seu lugar. Mas era a última fileira. Não havia ninguém atrás deles. Eram os últimos defensores do mosteiro.

As paredes rugiram de novo, com o som de rachaduras e pedras caindo.

— Como está a fuga? — gritou o prior, para qualquer um que pudesse ouvi-lo.

A Irmã Sibrian surgiu, correndo em meio aos destroços, desviando-se de pedras que caíam. Empurrou os defensores e juntou-se à parede de escudos, matando um goblinoide no mesmo instante.

— Os aldeões já estão seguindo pelo túnel! — ela exclamou.

O prior deu um sorriso triste. Aquilo era tudo que ele queria.

— Recuar! — bradou o líder do mosteiro.

Os defensores começaram a andar para trás, lentamente, erguendo os escudos ainda mais para se proteger. Os hobgoblins atacavam sem cessar, numa chuva constante de golpes. No segundo passo, um dos defensores tropeçou. Caiu para trás e foi morto por um hobgoblin. As criaturas aproveitavam a vantagem, atacavam com mais selvageria. Restavam poucos guerreiros da aldeia.

Korin, ferido e sangrando, ainda lutava. Mal conseguia erguer o braço da espada, tão exausto estava, mas não desistia. Encontrava-se perto do prior — não havia como ficar longe, estando ainda no combate.

— Vamos fugir também? — perguntou o guarda.

Em meio ao caos e ao sangue, o prior dirigiu-lhe um olhar sério, significativo.

Então Korin foi tomado por uma sensação fria. E, em seguida, ficou anestesiado.

Eles não podiam seguir pelo mesmo caminho dos aldeões em fuga, ou atrairiam os hobgoblins para lá.

Aquele era o fim.

Korin berrou, um som gutural e feroz. Tirou o escudo da frente do corpo e deu um golpe enorme, brutal, contra o hobgoblin mais próximo. Descarregando sua raiva, sua frustração com a morte iminente, matou mais dois, mas então foi atingido na cabeça. Usava um elmo simples, que protegia apenas o topo do crânio, e sentiu a pancada como um gongo. A lâmina do goblinoide não partiu o aço, mas amassou-o. Korin sentiu uma dor lancinante, ficou tonto. Então foi arremessado para trás, como se estivesse em um mar revolto. Não tinha controle sobre o próprio corpo. Notou que era empurrado, e então pisoteado, por uma onda interminável de goblinoides. Não conseguia se erguer, estava preso ao chão pela passagem contínua de pés, de solas de botas em suas costas, seus braços, suas pernas. Mesmo estonteado, ainda ouvindo um zunido pelo golpe no capacete, conseguiu proteger a nuca, e rezou para de alguma forma continuar vivo.

O prior lutava como um goblinoide. Os defensores a sua direita e a sua esquerda já haviam morrido; não existia mais parede de escudos. Ele descartou a proteção e puxou das costas o enorme martelo de duas mãos. Brandia-o em golpes imensos, atingindo três ou quatro goblinoides de cada vez. Com a visão periférica, enxergou Sibrian sendo atingida por um machado. O crânio da clériga se partiu, sangue inundou seu rosto, e ela desapareceu no mar de atacantes. Não haveria mais treinos no pátio, não haveria mais aulas de combate para os acólitos. Em sua fúria, o prior desejou apenas que pudesse saber também o destino dos outros clérigos, dos outros aldeões.

Súbito, uma área enorme do teto desabou sobre os goblinoides. Mais de uma dezena foi esmagada, o ambiente todo foi tomado por poeira. Com os destroços, caiu a forma cadavérica do general Kydriax. Então, um instante depois, mais uma avalanche de pedras soterrou o morto-vivo.

Aquilo foi uma pausa no ataque frenético, mas agora o mosteiro era um labirinto. Morros de destroços trancavam passagens antes abertas, novos corredores se abriam com os desabamentos, o próprio chão era traiçoeiro. Não havia iluminação, exceto a luz do sol que surgia por algumas frestas. O prior aproveitou o momento para uma prece ao santo:

— *Mostre-me onde ainda há vida.*

Em sua visão, algumas auras fracas surgiram, do outro lado de paredes de destroços, por baixo de morros de pedras desabadas, atrás de barreiras intransponíveis. Três hobgoblins atacaram-no naquele momento, em meio à névoa de poeira, mas ele os matou sem dificuldade. Então foi buscar as auras, os sobreviventes.

Era um exercício de futilidade e mágoa. Enxergava os sinais de vida que o santo mostrava, ouvia gemidos — mas sob pilhas de destroços. Nada podia fazer. Ao detectar uma aura mais forte, começou a escavar um morro de pedras irregulares com suas próprias mãos, esfolando e fazendo sangrar os dedos. Mas, antes que pudesse completar o trabalho, a pilha de destroços se moveu, terminando de matar quem quer que fosse.

O prior dobrou uma esquina formada pela queda de uma parede e enxergou outra aura forte. Era alguém soterrado sob uma pilha de cadáveres goblinoides, que por sua vez estava sob uma imensa viga de madeira. O velho clérigo agarrou a viga. Rugiu de esforço, sentiu os músculos e os tendões dos braços e das pernas ardendo, mas ergueu o enorme objeto. Então o jogou para o lado e pôs-se a trabalhar nos corpos dos inimigos. Retirou um, depois outro e, quando já havia movido quase dez, enxergou o sobrevivente embaixo deles.

Korin.

Um prior não deveria amar um aldeão mais do que os outros, mas ele não pôde conter um sorriso ao ver o rapaz. Trabalhou com mais afinco, e enfim o guarda estava livre. Muito ferido, sangrando de inúmeros pontos, com ossos quebrados, mas livre. E, acima de tudo, vivo.

— Acabou? — gemeu Korin.

— Não, filho de guarda. Está longe de acabar. Mas ainda estamos vivos.

E as palavras do prior foram agourentas, porque se ouviu um rugido monumental.

As garras de Zamir atravessaram as paredes. O céu brilhante surgiu à frente dos dois e, com ele, o dragão vermelho.

Ruff e Áxia desceram com cuidado uma espécie de rampa formada por destroços. Ambos carregavam sacolas cheias de livros. Os fardos eram muito pesados — quando era preciso carregá-los e se mover rapidamente, o papel pesava como pedra. O jovem clérigo suava, já sentia o esforço do combate. Tentava ignorar a dor ardida nos dois pés — sabia que, quando tirasse as botas, veria os dedos e os calcanhares esfolados. E, principalmente, tentava ignorar o que acontecera momentos atrás. Não sabia como a destruição curara seus ferimentos, e talvez aquela não fosse a hora para reflexões místicas.

O casal ganhou o que antes fora o salão principal do mosteiro. Era agora composto de túneis instáveis, pilhas de destroços, paredes inclinadas. Eles seguiram, tentando achar uma saída do labirinto. Súbito, um grito de guerra anunciou um ataque de hobgoblins. As criaturas não tinham apreço à própria vida — amavam mais o massacre do que a sobrevivência. Ruff atingiu um deles no rosto com o martelo, então girou a arma e destroçou um joelho. Áxia fez com que chamas saltassem em um cone de seus dedos, queimando duas das criaturas. Em um minuto, os atacantes estavam mortos. Ruff esqueceu-os quase instantaneamente. Aquilo já era casual, havia coisas mais importantes.

A passagem estava bloqueada por uma parede que caíra. Não havia saída. Sem dizer nada, Ruff Ghanor firmou os pés no chão e colocou as mãos espalmadas contra o obstáculo. Fez força, mas não conseguiu movê-lo. Rezou a São Arnaldo, sentindo que sua própria fé se esvaía, sua força de vontade estava se extinguindo. Contudo, o santo emprestou-lhe vigor. Com um grunhido, Ruff empurrou a parede e derrubou-a para a frente. No mesmo instante, enxergou a cena mais maravilhosa que poderia imaginar: Korin e o prior.

Juntos.

Vivos.

Mas os dois não o notaram, porque, ao mesmo tempo, Zamir chegava.

Ruff ouviu o rugido terrível, viu as garras vermelhas destroçando a parede como se fosse lama seca. O pouco de sustentação que o mosteiro ainda possuía se foi, e uma ala inteira caiu. O céu azul inundou sua visão, ofuscando-o. Mas, mais impressionante que o sol, Zamir chegava, com sua fúria feita de dentes, garras e fogo.

— *Prior!* — o jovem clérigo gritou, estendendo a mão inutilmente para seu mestre.

E, mais à frente, o prior ergueu seu martelo. O dragão se aproximou, maior do que a vida, e lá estava o clérigo meio-humano, o soldado renegado dos batalhões do tirano, o professor inclemente que forjara Ruff Ghanor.

O prior girou seu martelo para golpear o dragão, o último e supremo desafio.

— Prepare-se para morrer, Zamir!

Então as garras monumentais rasgaram o corpo do prior. Zamir carregou-o por alguns metros, enganchado em suas patas, o sangue escorrendo farto do peito e do estômago. Deixou-o cair, com um barulho repugnante.

E o dragão continuou sua trajetória.

As garras traseiras rumavam diretamente a Ruff Ghanor. Em um instante que teve para pensar, o jovem clérigo raciocinou que sua vida até então fora um engodo. Ele não estava destinado a derrotar o tirano, não mataria Zamir ou libertaria o povo. Todo o treinamento fora em vão. Assim que as garras o encontrassem, ele morreria, decepcionando ao mesmo tempo o prior, Korin e Áxia.

— *Não!* — berrou a garota, um grito de desespero.

As duas enormes patas de Zamir passaram dos dois lados de Ruff Ghanor. O deslocamento do ar jogou-o para trás.

Então as garras de Zamir apanharam Áxia.

Com uma batida de asas titânica, o dragão ergueu-se no céu, levando o amor de Ruff.

Áxia ainda tinha um braço estendido para ele, e lágrimas nos olhos.

Ruff Ghanor não notou que estava gritando.

O horror de enxergar Áxia sendo levada pelo dragão eclipsou todo o resto. Ele gritou até sua garganta ficar em carne viva, e não percebeu, até que a mancha vermelha que era o dragão sumiu atrás da montanha.

Ainda havia hobgoblins de pé. Talvez mais de duas dezenas, e eles enxamearam sobre Ruff Ghanor.

Ruff ainda gritava quando começou a matá-los, sem pensar, sem perceber, sem hesitar. Ossos partiam-se sob seu martelo, e ele girava num frenesi de morte. Ele gritava quando começou a chorar, ainda matando.

E ainda gritava quando golpeou o chão, e uma fissura se abriu no solo, tragando o último batalhão de goblinoides.

Ruff Ghanor só percebeu que estivera gritando quando não restava mais ninguém para matar, e ele caiu de joelhos sobre as ruínas de sua vida, entre os cadáveres de sua família.

Não havia mais mosteiro, apenas uma enorme pilha de escombros. Não havia mais aldeia, apenas destroços de casebres e focos de incêndio. E não havia mais clérigos e aldeões, apenas corpos sem vida. Os corvos já começavam a se aproximar, pressentindo um banquete.

— Uma ajudinha aqui não viria mal — disse Korin, a voz fraca.

Ruff levantou-se de um salto. De novo lhe vieram lágrimas aos olhos, mas de felicidade. Ele correu até o amigo, deixando armas e livros para trás. Korin realmente *parecia* um cadáver — não era nada menos que um milagre que estivesse vivo. Estava estendido no chão, sujo do próprio sangue, do sangue dos goblinoides, do sangue do prior.

— Fique calmo, Korin — disse Ruff, ajoelhando-se perto do amigo.

— Vou curá-lo.

— É claro que vai. É o mínimo que você pode fazer. Eu fiquei lutando, enquanto você passeava por aí, sabia?

Ruff riu, em meio ao choro.

— Sempre deixo o trabalho pesado para vocês, guardas — disse.

— Quando erguermos uma nova aldeia, os guardas vão mandar — gemeu Korin. — Tudo vai funcionar muito melhor. Os clérigos serão nossas putinhas, vão limpar o chão e massagear nossos pés.

Rindo, chorando, Ruff Ghanor estendeu as mãos, e a luz branca de São Arnaldo brilhou sobre seu amigo. Korin fechou os olhos, sentindo o alívio delicioso enquanto vários ferimentos se fechavam, alguns ossos voltavam a ficar inteiros. Ainda estava muito ferido, mas conseguiu ficar de pé com a ajuda do clérigo.

— Áxia... — Ruff começou.

— Eu sei. Eu vi. Sinto muito, Ruff.

Silêncio.

— Sobrou alguém? — o clérigo perguntou.

— Não sei. Vi muitos morrerem. Mas vários aldeões fugiram. Dunnius e Niccolas estavam com eles.

— Dunnius e Niccolas — Ruff sorriu. — Bom.

— O prior salvou minha vida.

Os dois engoliram em seco. Ao longo dos anos, haviam amado e odiado aquele homem. Ruff tivera com ele uma relação tão próxima quanto poderia ter; tão próxima quanto a relação de pai e filho — quando o filho era criado para uma missão, por um pai inclemente. Korin não fora tão próximo, mas tivera sua infância ao lado do amigo, e vira o prior como uma figura assustadora e amorosa, gigantesca, eterna. Ruff lembrou-se: Korin tivera seu próprio pai.

— Pelos deuses, Korin, seu pai...

— Está morto. E você vai me ajudar a encontrar o cadáver. Vai fazer os rituais que vocês, clérigos, conhecem. Vamos enterrá-lo do jeito certo. Mas isso depois. O corpo do prior está logo ali.

Juntos, Ruff amparando Korin, eles foram até a forma inerte do velho clérigo. O prior não parecia em paz. Seu corpo estava destroçado. Seu rosto, congelado numa expressão de dor e fúria. Ruff ouvira sua história, e não achava que aquele homem jamais conhecera a paz por completo em vida. E, agora, nem na morte.

Súbito, ele se mexeu.

— Está vivo! — Ruff entusiasmou-se, ajoelhando-se para tocar no homem.

— Não — disse o prior, a voz mais fraca que um sussurro. — Já morri. Meu corpo apenas não entendeu isso ainda.

Ruff estremeceu. Mesmo assim, começou uma prece.

— *Não,* garoto-cabra. Não há mais como me salvar. Apenas ouça.

— Mas...

— Não entendeu nada do que tentei ensinar em todos esses anos? O mais importante é derrotar Zamir. Todas as mortes são aceitáveis.

Ruff mordeu os lábios. Ao longo dos anos, aquela doutrina se aplicara a vários inocentes. Agora se aplicava também ao próprio prior.

— Ele venceu nossa magia — o líder do mosteiro falou num murmúrio entrecortado. — O poder do santo não basta para detê-lo. *Seu* poder, o que quer que seja, não basta. Você precisa de mais. Precisa de mais poder a qualquer custo. E então precisa vencer Zamir.

— Como...?

— Erudição. Na erudição você achará algo. Não posso mais guiá-lo: já fracassei. Você está sozinho agora. Entregue-se à erudição e, com ela, derrube o tirano.

— Não sei se consigo — disse Ruff, de repente uma criança de novo.

— Você não tem opção, garoto-cabra. Este é seu dever.

Então o prior, num esforço supremo, estendeu a mão e segurou o pulso de Ruff. Apertou-o uma vez e deixou o braço pender.

— Todos temos nosso dever — ele sussurrou. — Eu tentei cumprir o meu.

Rilhou os dentes num espasmo de dor. Seus olhos pareceram se focar em algo que não estava lá, algo além de Ruff, de Korin, do próprio céu. O prior balbuciou algo. Ruff aproximou o ouvido para tentar escutar. O velho repetiu:

— *Perdoe-me.*

Ruff começou a soluçar. Não conseguia conceber o prior pedindo-lhe perdão por algo. E pelo que se desculpava? Por ter fracassado? Por ter tentado?

Por ter criado um garoto apenas para uma missão, durante sua vida inteira?

Mas então Ruff notou: não era com ele que o prior falava. Não era a ele que pedia perdão. Seus olhos continuavam além, enxergando algo que ninguém mais via, e o velho clérigo falou:

— *Perdoe-me, mãe.*

O prior abriu a boca e arregalou os olhos, como se estivesse surpreso. Chegou a dar um meio sorriso.

Como se tivesse obtido uma resposta.

Então sua expressão enfim adquiriu paz.

Ruff Ghanor fechou seus olhos.

O peso do mundo estava sobre suas costas.

13 O santo de pés descalços

— ELE SEMPRE FOI um velho idiota — disse Korin.

Ruff virou-se para o amigo, surpreso, quase indignado. Haviam se passado poucos minutos desde a morte do prior. Eles gastaram o tempo procurando sobreviventes, sem falar nada. O silêncio foi quebrado por aquela colocação absurda. Era quase uma blasfêmia.

— O quê? — disse Ruff.

— O prior sempre foi um velho idiota, digo e repito. O que ele falou foi a maior bobagem que já ouvi.

— O que ele falou?

— Que você está sozinho. Você não está sozinho, Ruff.

Ghanor abraçou o amigo. Então olhou em volta para a devastação.

— O que vamos fazer? — disse.

— Eu sempre disse que conhecia as passagens secretas do mosteiro — falou Korin. — Os aldeões devem ter fugido por um túnel subterrâneo. Sei onde podemos encontrá-los. Mas primeiro vamos enterrar nossos mortos.

— Você não precisa ir comigo...

— Já basta *um* velho idiota, Ruff — disse Korin. — Não vire um idiota você também. Não está sozinho.

E respirou fundo antes de completar:

— Nunca estará.

Eles enterraram os mortos e entre eles procuraram sobreviventes. Juntos. Encontraram apenas três ainda vivos, e nenhum durou mais do que alguns minutos. Os cadáveres, contudo, eram incontáveis. Rostos conhecidos surgiam aos punhados, desfigurados e cobertos de sangue. Os irmãos do mosteiro haviam sido chacinados quase até o último clérigo. Os acólitos haviam sido massacrados sem piedade. Alguns tinham morrido rezando, outros lutando, outros fugindo.

Mas agora todos eram iguais.

Os dois amigos gastaram dias naquela tarefa fúnebre. Ruff nunca realizara qualquer cerimônia como clérigo. A primeira que presidiu foi um enorme funeral para as vítimas de Zamir.

E não foi o único: eles precisaram de muitos funerais. Eram cerimônias curtas, circunspectas, silenciosas. Eles não tinham tempo para honrar todos aqueles mortos queridos. Cavaram buracos até que as mãos sangrassem. Afastaram corvos. Então Ruff fazia os ritos e Korin observava.

No meio do terceiro dia nessa função, Korin interrompeu o amigo:

— Acho que tenho que falar alguma coisa.

Ruff não entendeu.

— Estamos enterrando toda essa gente como se estivéssemos construindo uma cerca ou cavando um poço. Como se fosse só um trabalho. Mas não é! Eles eram pessoas, merecem que se diga algo em seu funeral.

— Vários já foram enterrados sem que disséssemos nada, Korin.

— Verdade. Mas este funeral vai valer pelos outros. Fique quieto e ouça.

Korin pensou um pouco, tomou fôlego e então começou:

— O povo da aldeia era nossa família. Eles eram ruins, mas também eram bons. Tinham momentos de mesquinhez e de generosidade. A viúva Chanti era fofoqueira e maldosa, mas dava boas gorjetas. A Irmã Sibrian parecia louca quando estava com uma arma na mão, mas me treinou muito bem e me tratou como se eu também fosse um acólito. O Irmão Aldrus era sisudo e nunca entendeu uma piada, mas tinha mais paciência do que um santo. Meu pai era bêbado e um pouco preguiçoso, mas nunca me bateu e sempre me fez rir, mesmo depois que minha mãe morreu e meu irmão desapareceu. Tenho dito!

Ruff apertou os lábios, admirado com o amigo.

De frente para a enorme cova coletiva aberta, recitou:

— Povo da aldeia e do mosteiro, eu encomendo sua alma a São Arnaldo. Que a generosidade que demonstraram em vida seja concedida a vocês na morte. Se não deixaram ninguém passar fome, criaram o próprio alimento do espírito. Passarão pelos corredores de sombras, com a luz divina como guia, e nada temerão, pois a mão do santo os guia. Assim oramos.

— Assim oramos — repetiu Korin.

Entreolharam-se, um pouco satisfeitos e aliviados.

— Agora menos falatório e mais trabalho — disse Ruff. — Ainda temos muitos mortos a enterrar.

Depois de terminar aquela limpeza macabra, Ruff e Korin foram atrás dos fugitivos do mosteiro. Andaram em marcha apressada por dois dias. Sem outras pessoas para atrasá-los, caminhavam rápido. Carregavam nas costas sacolas cheias de livros e algumas rações — tudo que haviam conseguido recuperar. Mas, por mais que houvessem procurado, no meio desses restos não havia nenhum mapa. Comiam o que conseguiam caçar ou colher. A bênção de São Arnaldo fechou os ferimentos de Korin, e em pouco tempo estavam ambos revigorados. O guarda liderava o caminho, sempre afirmando conhecer mais segredos do mosteiro do que qualquer um.

Era um pensamento melancólico. Ninguém mais conheceria os segredos do mosteiro. O mosteiro não existia mais.

Os dois amigos tiveram todo o tempo do mundo para sentir mágoas, arrependimentos, tristezas. De vez em quando, a realidade das perdas os atingia como um soco no estômago. Afastando-se de casa, era quase possível esquecer as ausências. A mente pregava truques — fazia-os acreditar por um instante que, se dessem meia-volta, lá estaria o prior, lá estaria o pai de Korin. Então se lembravam, e era como se o dragão tivesse atacado de novo, tivesse roubado suas vidas mais uma vez.

Eles haviam enterrado seus mortos na ruína de suas casas e nunca mais poderiam voltar.

Por mais que caminhassem, a paisagem não mudava. Eles passaram ao largo do bosque, por uma precária estrada de terra. Embrenharam-se numa região pedregosa, de aparência cinzenta, onde nasciam poucas plantas. Colinas altas e íngremes escondiam boa parte do ambiente, criavam pontos-cegos e davam a sensação de que uma emboscada sempre estava aguardando após a próxima curva.

Desviaram-se da estrada e começaram a subir uma inclinação, que logo foi ladeada por dois paredões quase verticais. O caminho era estreito, longo e sinuoso. Ruff seguia Korin sem entender aonde iam. Era como se o amigo tivesse um mapa na cabeça, e ele apenas confiava em suas indicações, como um cachorro guiado pela coleira.

— Você realmente nunca se afastou do mosteiro? — perguntou Korin.

Ruff balançou a cabeça.

— Por quê?

— Não sei — disse o clérigo. — Sempre havia tanto a fazer. O treinamento nunca parava. O prior sempre estava me dando ordens.

— Mas *nunca?* Nem até a estrada?

— Não.

Ruff ficou em silêncio, depois completou:

— Sempre achei que, algum dia, eu receberia a ordem de ir. Que tudo aconteceria naturalmente. Acho que fiquei muito acostumado a obedecer.

Korin tentou falar algo, mas Ruff continuava:

— Nunca pensei que, obedecendo, eu fosse chegar a *isso*. Eu achava que o prior, a Irmã Sibrian, até mesmo o Irmão Dunnius e o Irmão Niccolas *soubessem* o que estavam fazendo. Achava que eles sabiam o que era melhor. Achava que estavam nos protegendo.

— Eles estavam. Tão bem quanto podiam.

— Mas, no fim, eles não podiam fazer muita coisa. Todo o treinamento, toda a preparação... Tudo inútil. Bastou Zamir querer e pôr fim a tudo que tínhamos.

— Não foi só ele querer.

Ruff virou-se para ele.

— Não bastou ele querer. Antes, estávamos protegidos pela magia. Dessa vez a magia falhou. Algo aconteceu, Ruff.

O clérigo assentiu.

— O que houve, então?

— Dessa vez, havia *um dragão* liderando o ataque!

— Mas mesmo antes de Zamir atacar, a magia não deu certo.

Ruff ficou calado.

— Não entendo de magia, mas acho que Zamir não quebrou a magia com os músculos — disse Korin. — Deve ter havido algum truque, alguma estratégia. Ele fez algo. O quê?

— Não sei — disse Ruff.

— Existe muita coisa que não sabemos — Korin chutou uma pedra. — Como você faz aquilo? Os terremotos, digo. Como faz a terra se abrir?

— Não sei. Simplesmente faço. Às vezes, parece um instinto.

— E o que foi a luz dourada que salvou o prior ano passado? Se era alguma proteção de seu santo, por que não veio quando mais precisávamos, durante esse último ataque?

— Não sei.

— E por que Áxia surgiu exatamente quando Zamir atacou?

Ruff Ghanor ficou calado. Apertava os lábios, olhava o amigo com dureza.

— O que está dizendo, Korin?

— Que tudo isso é muito estranho. Áxia deixou a aldeia logo depois do primeiro ataque e voltou logo antes do segundo. Voltou querendo arrastá-lo para fora. E você estava pronto para nos deixar.

— O que queria que eu fizesse?

— Questionasse!

— *Eu questionei, Korin!* — Ruff gritou. — Eu botei Áxia contra a parede, acusei-a de traição! Mas então uma porcaria de um morto-vivo nos atacou, e ela salvou minha vida! Desculpe se não estava interrogando a mulher que amo no meio de uma luta contra um ser profano!

Korin recuou meio passo, pareceu que ia pedir desculpas. Mas então:

— A mulher que você ama?

— Sim. Algum problema?

— Você quer dizer a única mulher que você conhece, com exceção de suas professoras.

— E você, por acaso, é um grande conquistador? Tem filhos bastardos espalhados por todas as terras?

— Pelo menos eu conheço as garotas da aldeia, Ruff! Ou conhecia, antes que todas morressem no ataque do qual sua queridinha escapou.

— Ela foi levada pelo dragão, sua besta! Até onde sei, pode estar sendo torturada! Já pode ter sido devorada!

— Ou pode estar rindo de nós, com um novo amigo grande e vermelho!

— *Retire o que disse!* — Ruff berrou.

— Você está apaixonado pela primeira donzela em apuros que surgiu em sua vida! Morre de amores pela menina que precisou ser salva e que apenas você era capaz de compreender! Mesmo quando ela se revelou uma bruxa...

Korin não conseguiu terminar a frase; Ruff pulou sobre ele. Os dois amigos rolaram na trilha, um tentando esganar o outro. Ruff ficou por cima, recuou o punho para um soco na cara do outro, mas então hesitou. Korin aproveitou a chance para jogar-lhe areia na cara, então inverter a situação e montar sobre ele. Ainda estavam lutando quando uma luz dourada surgiu entre os dois paredões.

— Veja! — disse Ghanor.

O outro parou de atacá-lo no mesmo instante. Korin ergueu-se, estendeu a mão distraidamente para ajudar o amigo a levantar. Ruff agarrou seu pulso e também ficou de pé, olhando fixo a luminosidade. Ambos sangravam no nariz e nos lábios.

— Desculpe pela areia na cara — disse Korin.

— Desculpe por ter atacado você. O que acha que fazemos com essa luz?

— Vamos atrás dela.

Ruff e Korin colocaram nas costas as sacolas cheias de livros e foram em direção à luz dourada. Precisavam proteger os olhos contra o brilho, e o que quer que fosse parecia se afastar, fugindo deles sem se mover. Mas, quanto mais andavam, mais detalhes conseguiam distinguir. Primeiro acharam que fosse uma espécie de estrela estilizada, com raios pontiagudos brotando de um centro indistinto. Depois viram que na verdade só havia uma "ponta" — uma lâmina de espada que se projetava para cima, a partir do núcleo feito de luz. Entusiasmaram-se com a descoberta e correram, tanto quanto o peso das sacolas permitia. Fizeram uma curva, e a luz sumiu por trás de uma colina escarpada.

Contornaram o obstáculo e viram o Irmão Dunnius emergindo da abertura estreita de um túnel na encosta.

Depois que o Irmão Dunnius e todos os sobreviventes haviam saído do túnel, o Irmão Niccolas foi o último a ser puxado. Ruff assustou-se com os ferimentos que os dois clérigos apresentavam e com o pouco contingente de aldeões. Menos de trinta pessoas haviam sobrado da aldeia. Todas protegiam os olhos contra o sol, porque haviam passado dias no subterrâneo, com a parca iluminação de tochas. Todas estavam sujas e cansadas. Todas já haviam esgotado as lágrimas, pois tinham visto mortes demais.

— O que houve? — Ruff Ghanor quis saber, quando puxou Niccolas para fora do túnel.

— Aranhas gigantes — disse o clérigo. Ele mancava, e um rasgão em seus robes mostrava um ferimento feio, coberto de sangue seco.

— Por que não usaram sua magia para...? — Ruff não completou a frase, pois Niccolas olhou para os aldeões.

Aqueles dois não eram os mais fiéis, ou os mais abençoados por São Arnaldo. Comparados a Ruff, eram quase aprendizes. Não sabiam lutar direito. Dunnius, em especial, era desajeitado e dado à preguiça; Ruff achava que ele nunca seria capaz de segurar uma maça sem ficar com calos nas mãos. Mas Dunnius e Niccolas haviam lutado contra aranhas tão grandes quanto lobos, que espreitavam no subterrâneo. E, em vez de cuidar de seus próprios ferimentos, haviam usado toda a magia com que o santo os havia agraciado para manter os aldeões vivos.

Havia outros clérigos no grupo, mas nenhum capaz de operar os milagres de São Arnaldo. Serviam para dar apoio espiritual aos sobreviventes e repetir que, mais do que nunca, tudo ficaria bem. Mas não podiam *fazer* nada para garantir aquilo. Dunnius e Niccolas eram os únicos. Ruff foi inundado por um sentimento de carinho por aqueles dois homens. De orgulho por ter sido criado por eles e por vê-los superando-se.

Observou Dunnius com sua mulher e sua filha. Agradeceu a São Arnaldo que as duas tivessem sobrevivido. Caso contrário, ele não achava que o clérigo conseguiria seguir em frente.

— A luz sumiu — disse Korin interrompendo o reencontro.

Ruff olhou em volta e notou que era verdade: a luminosidade dourada que os guiara até ali sumira. O que quer que fosse, com seu núcleo cegante e sua espada apontada para cima, era capaz de desaparecer em pleno ar; mais uma vez sem aviso e sem respostas.

— Estava nos guiando — disse Ruff.

— Ei, *eu* estava nos guiando — Korin protestou. — Eu conhecia esta passagem. Sabia que o prior mandaria eles fugirem pelo túnel. Conseguiria chegar aqui sem...

Mas foi interrompido por Niccolas:

— O prior....?

Ruff Ghanor balançou a cabeça lentamente.

O Irmão Dunnius deixou sua filha nos braços da esposa e se juntou a eles.

— E Sibrian?

— Morta também — disse Ruff.

— Delilah? Aldrus...? — Niccolas perguntou, temeroso.

— Sobramos apenas nós. Eram tantos, Niccolas. Você não pode imaginar. Eram *tantos mortos.* O mosteiro foi destruído. A aldeia acabou. Sobramos só nós.

Dunnius começou a chorar. Niccolas ainda lutava uma batalha inglória contra as lágrimas.

— E Áxia? — o Irmão Dunnius perguntou.

Ruff arregalou os olhos. Mesmo em meio ao horror, mesmo tendo acabado de saber que seu líder e seus mentores haviam morrido, aquele homem perguntava por Áxia. Queria saber da garota que odiava os clérigos, que não se importava com os aldeões, que fora acusada de bruxaria. Dunnius tinha um coração maior que o mosteiro, e Ruff Ghanor desabou em soluços ao ouvir a pergunta dele. Abraçou-se nos dois clérigos e só conseguiu responder depois de um longo tempo.

Não faltava muito para escurecer, e eles fizeram acampamento logo perto. A fogueira era pequena, fazendo pouco brilho e pouca fumaça, para o caso de ainda haver soldados de Zamir por perto. Ruff assumiu a liderança, dividindo o povo em grupos pequenos e organizando turnos de guarda.

Antes de dormir, um aldeão velho veio pedir sua bênção. Ruff ficou sem saber como agir.

— Não posso abençoá-lo — disse.

O rosto do homem desabou em uma expressão de dar pena. Como se — mais uma vez — fosse-lhe tirado o chão.

— Mas você é o rapaz que faz a terra tremer — argumentou o velho. — Uma luz divina guiou-o até nós. Precisamos de sua bênção.

Ruff abriu a boca, mas ficou mudo. Até que Korin o segurou pelo ombro:

— É *claro* que o Irmão Ruff pode abençoá-lo! Ele é muito milagroso, ontem mesmo estava conversando com São Arnaldo sobre receitas de torta de fígado. São íntimos. Eu, como chefe da guarda, garanto que nosso bom Irmão Ruff pode nos abençoar e nos garantir uma boa noite de sono, em segurança. Não é mesmo, Irmão Ruff?

— Claro — Ruff engoliu em seco. Então fez o gesto da auréola de São Arnaldo sobre a cabeça do velho. O homem saiu aliviado, e logo havia uma fila perante Ruff, todos pedindo a mesma graça. No fim, até mesmo os clérigos que não possuíam magia quiseram ser abençoados.

— Essa gente precisa se sentir segura — sussurrou Korin. — E o líder natural é você. Apenas não esqueça que era *eu* quem, na verdade, conhecia o caminho.

Mas a noite não foi segura. Em plena madrugada, quando o terceiro grupo de aldeões fazia o turno de guarda, o acampamento foi atacado por um bando de lobos deformados. Não eram as criaturas ferozes e nobres que ocasionalmente eram vistas no bosque, e sobre as quais Ruff lera muitas vezes. Eram animais corcundas, com dentes tortos e olhos vermelhos, salivando de frenesi e fome ao se aproximar dos aldeões.

O grito das sentinelas acordou Ruff e Korin, que se ergueram de um salto, agarrando as armas no mesmo instante. Investiram contra dois lobos que mordiam a perna de um garotinho, tentando arrastá-lo para a escuridão. A criança berrava e se debatia, mas foram os golpes dos dois amigos que fizeram com que os lobos a largassem. Outros lobos vieram, surgindo no topo da colina e saltando para baixo, contra o agrupamento de humanos. Os aldeões lutaram com tochas e pedaços de pau, tudo que tinham à mão. Dunnius e Niccolas usaram suas maças, mas nenhum dos dois era um guerreiro. Ruff agradeceu ao santo quando os lobos decidiram fugir — ante um uivo do que parecia ser o líder, todos deram meia-volta e correram. Três deles haviam morrido, e dois aldeões tinham ferimentos sérios.

O resto da noite foi intranquilo. A guarda dobrou, todos temerosos de que a alcateia voltasse mais tarde. Ruff e Korin colocaram suas armaduras, preparando-se para o possível ataque. Descansaram poucas horas, sentados com as armas no colo. Acordaram de manhã com dores pelo corpo todo — dormir de armadura forçava os músculos, obrigava a posições desconfortáveis e esfolava a pele. A tensão também não colaborara.

O grupo ainda tentou assar os três animais mortos. Mas, na primeira mordida da carne dos lobos, descobriram que era rançosa e repugnante. Um aldeão insistiu em comê-la, acabou vomitando tudo. Não tinham suprimentos para todos, então o desjejum foi magro. O pão e a carne-seca que haviam levado do mosteiro acabaram naquela refeição.

Precisavam seguir viagem — para algum lugar; não sabiam qual. Os dois aldeões feridos pelo ataque dos lobos não tinham condições de viajar. Ruff Ghanor rezou a São Arnaldo para que os curasse. O santo atendeu, mas então Ruff sentiu que sua fé e sua força de vontade já estavam esgotadas. Logo no início da manhã, não podia mais contar com a magia do santo pelo resto do dia. Eles teriam de se virar com sua força e os parcos milagres de Dunnius e Niccolas.

— Para onde vamos? — alguém perguntou.

Todos os olhos se voltaram para Ruff.

Ele, por sua vez, procurou o olhar de Dunnius e Niccolas. Até mesmo de Korin. Mas Dunnius tentava costurar os próprios robes, numa demonstração surpreendente e um pouco cômica de falta de jeito. Korin aproveitava um instante para tirar a armadura de couro e esfregar os próprios ombros doloridos. Niccolas notou seu pedido mudo e devolveu-lhe um olhar significativo. Não podia decidir. Não sabia o que fazer.

Ninguém, na verdade, sabia o que fazer.

Mas as pessoas se voltavam ao protegido do prior. Ao milagreiro. A Ruff Ghanor.

— Não podemos ficar aqui — decretou Ruff. Assim que falou, surpreendeu-se consigo mesmo. Não sabia aonde o pensamento levaria, nem o que ele mesmo queria dizer. — Precisamos arranjar um novo lugar onde morar. Uma aldeia ou cidade que nos acolha. Primeiro vamos achar uma estrada. Então seguiremos por ela até encontrar um lugar apropriado. Todos os dias, duas duplas de caçadores vão procurar comida para o grupo. Se um membro de uma dupla for atacado, o outro corre de volta, para pedir ajuda.

Esperou que alguém apontasse falhas no plano. Que questionasse sua autoridade. Por um instante, esperou até mesmo que alguém o repreendesse e o chamasse de garoto-cabra.

Mas nada disso aconteceu.

Os aldeões e os clérigos assentiram. Então quiseram saber para onde caminhariam naquele dia e quais seriam as duas primeiras duplas.

— Vamos por ali — disse Ghanor, apontando uma direção aleatória.

E as pessoas seguiram-no.

Nenhum deles conhecia os arredores. Embora houvesse pessoas na aldeia que tivessem viajado e fossem capazes de chegar até uma estrada, a maioria morrera no ataque. Os poucos que haviam sobrado nunca tinham ido pela direção em que o túnel levara. Nem mesmo Korin, que soubera identificar o caminho até o túnel, conhecia a região a partir dali.

Portanto, foi pura sorte que fez com que, após um dia e meio de caminhada, eles chegassem a uma estrada.

A paisagem já começava a ficar diferente. Ruff nunca enxergara muita coisa além do que existia ao redor do mosteiro: a montanha, o bosque, o terreno escarpado. Lera muito, olhara diversas ilustrações. Mas nunca enxergara de perto mais do que um punhado de plantas. Mais do que algumas formações geológicas. Para ele, as coisas mais simples eram novas. Perto da estrada, o terreno deixava de ser tão acidentado. E, quando começaram a seguir por ela, dos dois lados havia uma planície. Aos poucos, o ambiente tornou-se verdejante. A relva era saudável, fresca, e Ruff passou a apreciar a viagem, mesmo que não soubesse para onde ia.

No quinto dia, aproximaram-se de uma floresta, e o otimismo revelou-se infundado.

Não era como o bosque perto do mosteiro. Era uma floresta verdadeira; densa e escura. Cortada pela estrada, mas aparentemente selvagem para um lado e para o outro. Ele nunca enxergara tanto verde, tanto desconhecido. Não soube o que fazer, então disse para que montassem acampamento na orla. Achou que, com tempo para pensar e recebendo alguns conselhos, poderia tomar a decisão certa.

— O que fazemos agora? — perguntou para Korin.

— A estrada segue para a floresta — disse o guarda, dando de ombros.

— Mas não sabemos o que se esconde lá. Talvez seja melhor contornar a floresta, procurar outro caminho.

— Mas então estaremos andando a esmo. Vai ser difícil achar uma estrada de novo.

Ruff consultou-se também com Dunnius e Niccolas e nenhum deles oferecia qualquer ideia a mais. Era preciso tomar uma decisão. E não havia com quem compartilhá-la.

Para piorar, o Irmão Dunnius falou:

— Por que não reza a São Arnaldo? Talvez a luz dourada apareça de novo para guiá-lo.

O clérigo sugeria que Ruff Ghanor fosse especial. Achava que ele receberia atenção divina extra.

— O que você está dizendo, Dunnius?

— A luz dourada! — o outro gaguejou. — Aparentemente você foi guiado por um sinal do santo. Não há razão para que ele não mande mais um sinal.

— Você não pode estar pensando assim. Os aldeões eu entendo, mas... Você me criou! Sabe que não sou especial, não sou milagroso. Sou apenas Ruff.

— Você é Ruff *Ghanor*. Conte quantas pessoas têm sobrenome entre nós. E quantas são capazes de operar milagres? E quantas derrotaram mortos-vivos? Você é o escolhido de São Arnaldo. Ou algo muito parecido.

Ruff nunca se sentira tão sozinho.

À noite, cedeu à pressão: rezou, implorou para que a luz dourada surgisse de novo. Precisava ser guiado.

Mas nada surgiu. De manhã, ele ainda precisava decidir, e enxergava todos como quase estranhos.

— Vamos pela floresta — disse, como se ouvisse um ator falar palavras por sua boca.

Embrenharam-se entre as árvores.

O caminho era escuro, e mesmo de dia às vezes eles precisavam de tochas. As copas das árvores fechavam-se sobre suas cabeças, impedindo a passagem do sol. A estrada deixava de ser uma trilha larga, própria para carroças e grupos de viajantes passarem lado a lado, e tornava-se estreita, mal admitindo duas ou três pessoas ao mesmo tempo. A vegetação consumia parte das laterais da estrada. Raízes compridas tornavam o chão traiçoeiro. Vinhas e cipós atravessavam o caminho e precisavam ser cortados. O barulho de insetos ficava cada vez mais intenso.

E não havia rastro de outros viajantes. Durante todos aqueles dias, eles não encontraram ninguém, e agora a presença de outros seres humanos no mundo parecia quase improvável. Ruff raciocinou que era o que Zamir desejava — um povo amedrontado, incapaz de circular de aldeia em aldeia. Incapaz de trocar informações. Cada vila ou cidade isolada contra o tirano. Dividindo a população, o dragão fora capaz de mantê-la esmagada.

E os temores não eram infundados. Antes que terminassem o primeiro dia atravessando a floresta, foram atacados.

Ruff não conhecia o nome daquelas criaturas, mas isso não diminuía sua ferocidade. Eram pequenos humanoides, com pouco mais de um metro de altura, mas tinham bocas enormes e repletas de dentes pontiagudos. Eram cobertos de pelos e seu rosto escuro mostrava dois grandes olhos vermelhos. Suas mãos também eram desproporcionalmente grandes, com garras afiadas. As criaturinhas atacaram com um alarido infernal, um misto de uivo e grito de guerra. Pulavam das árvores, surgiam correndo pelo chão. Mataram o primeiro aldeão antes que a maioria sequer os enxergasse. Ruff e Korin reagiram antes de quaisquer outros, com martelo e espada. Um golpe era suficiente para matar uma das feras — mas, a cada uma que caía, duas outras vinham em seu lugar. Elas mordiam pescoços, rasgavam tendões. Os aldeões debatiam-se em agonia.

— Fiquem próximos! — gritou Ruff, brandindo seu martelo e destroçando vários dos monstrinhos com cada golpe. — Não se dispersem!

Os aldeões obedeceram e, num grupo compacto, conseguiram montar uma defesa, à base de pedaços de pau, socos e chutes. Enfim, depois de minutos que pareceram eternos, o ataque cessou, e as coisas voltaram para a floresta, carregando dois cadáveres. Ruff e Korin sangravam. Diversos outros estavam feridos. Mais uma vez, a magia divina dos clérigos foi usada nos ferimentos dos aldeões. Os guerreiros continuaram machucados.

Ruff sentia dores a cada passo. Desde o ataque dos lobos, tirava a armadura por poucas horas a cada dia. Quando acamparam para almoçar (devorar os últimos restos do que haviam conseguido caçar dois dias antes), ele tirou as botas, já prevendo o que veria. Seus pés estavam em carne viva. Sem tirar os calçados e forçando a marcha por tanto tempo, a pele não resistira. Ruff pensou em reclamar, mas então olhou para o lado e viu uma aldeã.

Ela perdera os sapatos. Na certa, antes calçava sandálias — o que a maioria da população usava nos meses de calor. E na certa as sandálias não haviam resistido ao abuso constante. A mulher andava de pés descalços.

Ruff ergueu-se e estendeu suas botas para a mulher.

— Fique com elas.

A aldeã resistiu, mas ele não aceitou uma recusa. As botas eram grandes demais, mas protegeram os pés já bastante feridos, e Ruff Ghanor viu a expressão de alívio no rosto dela quando deu alguns passos e não precisou enfrentar terra molhada, raízes, pedras e espinhos com as solas nuas.

Essa tarefa ficou para ele. Mas, para sua surpresa, genuinamente não se importava. Sentiu um prazer desmedido ao saber que ajudara alguém, suas orelhas pareceram queimar de satisfação. Meio envergonhado de si mesmo, comeu rápido e ordenou que retomassem marcha.

Atrás dele, os sussurros impressionados aumentavam.

Saíram da floresta depois de mais dois dias, mas não sem antes sofrer outro ataque. Desta vez de estranhos insetos do tamanho de cães, que cuspiam ácido. Um aldeão morreu. Ruff conhecia cada rosto, e eles eram ainda mais próximos agora, sendo tão poucos. Cada ausência súbita doía fundo, mas ele não deixava os sobreviventes esmorecerem. Eram apenas vinte e um, e ele jurou para si mesmo que iria mantê-los vivos.

Deixando a floresta, estavam de novo em uma planície. Um barulho conhecido indicou a proximidade de um rio, e Ruff agradeceu ao santo. Eles se desviaram da rota por algumas horas para chegar até o curso d'água. Encheram os cantis e se banharam. Antes que voltassem à estrada, um aldeão chamou Ruff, os olhos baixos. O homem tinha alguma experiência nos ermos, fora caçador na juventude, mas um ferimento antigo na perna o deixara manco e acabara com aquela carreira. Tudo que lhe restava era experiência.

— Veja isso, senhor.

Ruff quis corrigir o tratamento, mas então prestou atenção ao que o homem dizia. Ele mostrava alguns gravetos quebrados, vegetação pisoteada.

— São pegadas. Pegadas de coisas que caminham sobre dois pés.

Ruff levou o aviso a sério. Conduziu todos de volta à estrada. Ao entardecer, Korin avistou pela primeira vez o bando de goblinoides selvagens.

Não eram soldados de Zamir — pelo menos não pareciam. Não vestiam armaduras. O guarda viu-os de longe, contra o sol que se punha, e conseguiu divisar suas armas: machados rústicos, feitos de pedra, lanças que eram pouco mais do que pedaços de pau afiados. Cerca de meia dúzia, mas Ruff temia que fossem perigosos demais.

Os goblinoides estavam perseguindo-os de longe, procurando um momento para atacar ou esperando que alguém se desgarrasse do grupo. Ruff fez com que os aldeões continuassem caminhando durante a noite, sem pausa para descansar. As crianças reclamavam, mas seus pais e suas mães pediam que fizessem silêncio, sussurravam cantigas enquanto os carregavam. Todos temiam que o choro fosse um chamariz para os goblinoides, abrisse-lhes o apetite e sugerisse vulnerabilidade.

Todo o grupo estava exausto quando enxergaram os goblinoides no horizonte, na manhã seguinte. Ruff ordenou que todos continuassem na marcha, e ficou para trás, encarando os perseguidores. Korin permaneceu com ele; Dunnius e Niccolas foram postos no comando. Os dois amigos ficaram parados, esperando as criaturas. Os goblinoides chegavam mais perto, cautelosamente. Ruff Ghanor tinha os pés esfolados e sujos. Mal conseguia erguer o martelo, tão desgastado estava por dormir de armadura. Mais de um ferimento em seu corpo estava feio, ameaçando uma infecção. Ainda por cima, ele e Korin carregavam os livros, pois ninguém mais no grupo era capaz. Ruff respirou fundo e torceu para que sua aparência não fosse tão infeliz quanto era sua situação real. Levantou o martelo acima da cabeça e gritou:

— Criaturas, vocês se aproximam de Ruff Ghanor, o campeão do mosteiro de São Arnaldo! A vingança divina é minha! Afastem-se se não quiserem morrer!

Os goblinoides continuaram avançando.

Ruff então rilhou os dentes e desceu o martelo no chão, com toda a força que lhe restava.

Nada aconteceu.

Sentiu-se gelar. Nunca fora capaz de entender como criava os terremotos, mas o poder sempre surgia em horas de necessidade. Naquele momento, no entanto, foi só um golpe seco, inútil, contra a relva inocente. Os goblinoides continuavam chegando perto, cada vez mais confiantes. Olhando para trás, o clérigo ainda podia ver os aldeões em fuga.

Ruff ergueu-se. Tinha uma última ideia antes de precisar recorrer ao combate. Encheu os pulmões de ar e bradou:

— Não me deixam escolha! Que a chama de São Arnaldo os queime!

E, numa explosão de fé que ele nem sabia possuir, uma coluna de chamas desceu do céu. Um dos goblinoides foi pego em cheio, tornando-se uma massa enegrecida. As outras criaturas gritaram e começaram a correr, dispersas.

— Fujam! — gritou Ruff, sentindo as pernas moles de alívio. — Fujam ante a ira do santo!

Pensou em quão patético ele mesmo parecia. Quase podia ouvir a zombaria de Korin. Então olhou para o lado e o amigo tinha o rosto mais sério do mundo. Olhos arregalados e mandíbula firme. Uma expressão de assombro e orgulho.

Naquela noite, os sobreviventes começaram a falar sobre Ruff Ghanor, o Santo de Pés Descalços. Contaram uns para os outros a história de como o rapaz dera aos goblinoides todas as chances para se render, e até mesmo escolhera não usar contra eles o poder do terremoto. Então, quando não havia mais alternativa, falou com a voz de São Arnaldo, e bastou uma frase para que o céu ardesse e os monstros fugissem ante seu poder.

Começava ao redor dele uma lenda. Na verdade, a lenda começara há muitos anos, quando ele foi achado. Naquele momento a lenda apenas se incendiava — Ruff era um farol de esperança em meio à desolação.

No dia seguinte, eles enfim avistaram outro ser humano.

Era um mascate. Sua carroça abarrotada de produtos — panelas, potes, instrumentos variados, tecidos, especiarias, perfumes, brinquedos, inutilidades — era puxada por um boi. Ele se sentava na boleia, e seu filho pequeno e magro ficava atrás com os produtos.

Korin interpelou-o:

— Sabe dizer se há uma aldeia aqui perto?

Ao ouvir aquelas palavras, o homem começou a rir. Seu filho se interessou, então examinou o grupo de sobreviventes, apontou para alguns deles e também caiu na risada.

— Qual é a graça, posso saber? — Korin botou a mão no cabo da espada, mas Ruff segurou seu braço.

— De onde vieram? — o mascate disse, num sotaque esquisito. — Vivem na floresta? São macacos? — E voltou às gargalhadas.

Korin estava armado, e eles estavam em maior número. Mas, de alguma forma, a zombaria daquele sujeito era suficiente para fazê-los sentir-se vulneráveis. Ruff entendeu que o mascate ria do sotaque de seu amigo e das roupas esfarrapadas que todos usavam.

— Viemos do mosteiro de São Arnaldo — Ruff disse, tentando remediar a situação.

— São *Arnaldo?* Nunca ouvi falar. É um desses santos de miseráveis, por acaso?

Ruff ficou surpreso. Não quis falar nada, mas a resposta era sim. São Arnaldo era um santo dos miseráveis. Nunca lhe ocorrera que aquilo pudesse ser um demérito.

— Não importa — disse Ruff. — Apenas responda. Existe uma aldeia por aqui?

— Várias — o homem cuspiu no chão. — Se seguirem no caminho onde estão, chegarão a uma cidade. Lago de Pó. Mas, com essas roupas e esse jeito de falar, duvido que os deixem entrar.

Ruff ficou mudo de novo.

— Tem visto soldados de Zamir? — falou depois de uns instantes.

— Aqui não temos problemas com nosso senhor! — o mascate apressou-se em garantir. — Só quem sofre com Zamir é quem arranja confusão. Ninguém em Lago de Pó quer isso.

— Não! — Ruff não se conteve. — Zamir...

— Não importa — Korin interrompeu-o. — Pode nos ajudar com algo? Precisamos de roupas novas para conseguir entrar na cidade.

— Não posso ajudar em nada — o homem fechou a cara e, instintivamente, inclinou-se para bloquear a visão de sua mercadoria.

Ruff balançou a cabeça e fez menção de seguir, mas Korin tinha outra ideia:

— Vamos fazer um escambo então. Temos algumas coisas para oferecer. Em troca, preciso de tecido, linha, agulha e tinta.

Naquela noite, Korin juntou um grupo conspiratório, e eles trabalharam em algo, escondidos ao redor de uma fogueira secundária. Ruff chegou perto.

— O que estão fazendo?

— Você não vai gostar — disse o guarda. — Então é melhor nem ficar sabendo.

Ruff Ghanor sentiu-se estranhamente insultado. Mas, frente à cara brincalhona do amigo, preferiu dar um sorriso amarelo e voltar ao grupo maior. Dunnius havia preparado a fogueira. Ficara horrível, soltando muita fumaça e oferecendo pouco calor.

— O que vamos fazer quando chegarmos a Lago de Pó, Irmão Ruff? — quis saber alguém.

O rapaz hesitou um momento. Niccolas pediu aos aldeões que tivessem paciência e não incomodassem o líder, mas Ruff decidiu responder.

— Vamos fazer justiça — disse.

Os sobreviventes do mosteiro ficaram olhando-o, como se fosse um profeta. Ruff de repente não sabia o que fazer com o próprio corpo, sentia-se um garoto. Mas todos o fitavam com seriedade absoluta, inclusive Dunnius e Niccolas. Ele imaginou como aqueles dois podiam esquecer que ele era só uma criança, um menino que não sabia nada. Mas já começara a falar, e agora não havia mais volta. Precisava dizer o que estava pensando desde o ataque, desde que vira Áxia sendo levada pelo tirano.

— Vamos fazer justiça — repetiu Ghanor. — Vamos nos alimentar, vamos nos armar e vamos descobrir onde fica o covil de Zamir. Então vamos até lá e vamos matá-lo.

As palavras desceram como uma pedra. Não parecia haver um som nas planícies, nem mesmo um inseto. Korin, furtivamente, escutava e sorria com o canto da boca.

— Como? — o Irmão Dunnius deixou escapar, recebendo uma cotovelada repreensiva de Niccolas.

— São Arnaldo irá nos revelar uma maneira. Mais do que isso, o prior irá nos revelar uma maneira — Ruff Ghanor indicou as sacolas cheias de livros. — Existe um modo de derrotar Zamir. Só precisamos descobrir.

No dia seguinte, eles avistaram a cidade murada de Lago de Pó, e Ruff viu no que Korin estivera trabalhando. Ficou verdadeiramente furioso por algum tempo, mas o amigo achava muita graça, e ele não conseguiu manter a raiva em meio às gargalhadas.

Na verdade, cheiraram Lago de Pó antes de avistá-la. A cidade era cercada por uma muralha, e erguia-se como uma rocha estranha em meio à paisagem, mas a fumaça e o fedor que emergiam dela precediam-na. Os aldeões faziam caretas uns para os outros, imaginavam o que poderia ser aquele cheiro. Ruff surpreendeu-se: por mais informações que possuísse sobre cidades, a realidade era muito diferente. Quando chegaram perto de Lago de Pó, depararam-se com uma infinidade de pessoas também tentando entrar. Algumas estradas secundárias convergiam na entrada da cidade, e havia famílias, mercadores, fazendeiros, pedintes e gente de todos os tipos fazendo fila no portão. Dois vigias com armaduras de talas de metal, antigas e desgastadas, conferiam papéis, ouviam histórias, examinavam rostos e tomavam decisões sobre quem podia ou não ingressar na cidade.

Ruff e os sobreviventes encaixaram-se na fila, incertos de como proceder. À frente deles estava uma família de fazendeiros, que carregava duas carroças cheias de verduras para serem comercializadas na cidade. Com um olhar de desprezo nada sutil para os aldeões, a família se afastou, sussurrando entre si. Mais uma vez, Ruff sentiu um espinho fundo de humilhação. Eles estavam esfarrapados e sujos. Carregavam algumas armas, e a tensão era evidente em seus rostos. Mas de quem era a culpa?

— Perdemos tudo por causa de Zamir — Ruff ofereceu aos fazendeiros, tentando conquistar simpatia, por alguma razão.

— Não queremos ouvir nada sobre isso! — o patriarca da família disse. — Se são maus elementos, fiquem longe! Não quero problemas com nosso senhor.

As pessoas na fila continuavam entrando ou sendo rejeitadas. Algumas, barradas no portão, nem tentavam argumentar, apenas iam embora de cabeça baixa. Outras insistiam, chegavam a erguer a voz. Ruff viu os vigias sacando as espadas para um casal com um bebê. Outras pessoas barradas apenas pagavam, e então eram admitidas.

Tudo isso em meio ao fedor que emanava da cidade. A concentração de gente fabricava odores de excremento, urina, comida, animais, coisas apodrecendo. Isso sem falar na maldita fumaça. O povo do mosteiro estava acostumado com a presença de um ferreiro, um padeiro e outros profissionais que geravam muita fumaça em seu trabalho. Mas aquela cidade parecia ter uma legião de ferreiros dentro do espaço exíguo dos muros. A fumaça ardia nos olhos, criava uma espécie de nuvem sobre as construções.

Os fazendeiros foram admitidos na cidade. Aparentemente eram conhecidos dos vigias do portão e considerados gente de bem. Quando chegou a vez do grupo de Ruff, ele não conseguiu completar uma frase antes de ouvir:

— Não.

O vigia tinha o mesmo sotaque estranho do mascate, dos fazendeiros e de todos lá, exceto o povo do mosteiro. Na verdade, *eles* eram os esquisitos: estavam longe de casa, e o jeito como falavam era considerado bronco e caipira. Apenas pela entonação da voz, eram taxados de ignorantes, mesmo que carregassem sacolas cheias de livros.

— Nós precisamos... — começou Ruff.

— Não — repetiu o vigia, com mais ênfase, colocando a mão no cabo da espada. — Vão embora, mendigos.

— Não somos mendigos! E se fôssemos, qual o problema?

— Lago de Pó não quer miseráveis que nem sabem falar direito. Vão embora. Seu lugar é na depressão.

— Como?

— O lugar de mendigos é na depressão, fora da cidade. Afastem-se!

E empurrou o clérigo.

Ruff teve o reflexo de agarrar o pulso do homem e torcer seu braço. Ele era lento e barrigudo; seria fácil. Mas conteve-se. Aquela seria a reação de um garoto. Ruff Ghanor agora era o líder de seu exíguo povo. Eles o olhavam com esperança. Mais do que esperança: *certeza* de que ele saberia o que fazer. Os dias de torcer o braço de vigias mal-educados haviam ficado para trás; agora ele deveria ser respeitável.

— *Sabe com quem está falando?* — adiantou-se Korin.

Ruff fechou os olhos, envergonhado.

— O que... — começou o vigia.

— Este é Ruff Ghanor, o Santo de Pés Descalços! Burgomestre da Vila de São Arnaldo e prior de um mosteiro.

— Não parece nada além de um mendigo.

— Ruff Ghanor é um nobre! — Korin bradou. — E aqui está seu estandarte!

Então mostrou aquilo em que estivera trabalhando nas noites anteriores. Ruff já vira o pano, já sentira raiva e já ouvira as risadas do amigo. Mas agora Korin estava sério. Parecia até mesmo acreditar no que dizia. Desenrolou o tecido preso a um galho comprido e deixou o vigia do portão ver o brasão que retratava uma cabeça de cabra. O brasão que ele mesmo inventara para o recém-declarado burgomestre Ruff Ghanor.

— Este é Ruff Ghanor, nosso protetor, e eu sou capitão de sua guarda! Conosco há dois homens santos, e a fúria dos deuses cairá sobre você se não nos deixar entrar!

Korin tinha o peito inflado. Ostentava o estandarte com orgulho. O povo, mais atrás, parecia também se sentir maior, mais protegido, por aquele pedaço de pano que não significava nada.

Mas, Ruff notou, na verdade significava algo. Significava muita coisa. Era tudo que eles possuíam, agora que suas vidas haviam sido roubadas. Não havia mais a torre com a face de São Arnaldo, mas havia Ruff Ghanor com a cabeça de cabra.

— Por que não disse que era um nobre? — falou o vigia, para a surpresa de Ruff. — Passe, por favor.

E os sobreviventes do mosteiro entraram em Lago de Pó, com seu sotaque estranho, suas roupas esfarrapadas, sua sujeira e seu líder de pés no chão.

Lago de Pó recebera seu nome, diziam, porque há muito tempo ficava às margens de um enorme lago. Ainda havia resquícios de um pequeno porto, de onde, séculos atrás, haviam partido balsas para levar viajantes às margens opostas. Mas Zamir, com seu fogo e sua magia, havia secado o lago. Assim, a cidade erguia-se na borda de uma enorme depressão. O povo do mosteiro logo descobriu que, enquanto os mais abastados viviam na “cidade alta”, em casas e prédios de tijolos, os miseráveis amontoavam-se em casebres feitos de madeira e restos, no lago seco. A depressão ficava fora dos muros, encostada na cidade das pessoas de bem. Muitos dos que não eram admitidos dentro das muralhas rumavam para o lago seco. A miséria aceitava todos.

Ruff e Korin lideraram o povo pelas ruelas de Lago de Pó. Eram estreitas, cercadas por construções de dois ou mais andares. Tudo parecia escuro, porque não havia muitos espaços abertos. O chão era de terra batida e, no meio de cada rua, havia uma espécie de vala central, onde corria o esgoto. Ruff teve ânsia de vômito ao ver que quase pisava nos dejetos. Comerciantes gritavam por todo lado, anunciando seus produtos. Homens e mulheres atravessavam em sua frente, xingando-os por atravancar o caminho. Os aldeões olhavam tudo com assombro, notando cada detalhe. Apontavam a altura dos prédios, a aglomeração no pequeno mercado, o modo diferente como as pessoas se vestiam. Assim, anunciavam aos quatro ventos que eram visitantes — e visitantes ingênuos. Isso os marcou como possíveis vítimas. Um aldeão gritou surpreso, avisando que perdera sua bolsa, na qual levava meia dúzia de moedas de cobre. Quando Ruff se virou, só conseguiu enxergar um ladrão mirim correndo a distância, para então desaparecer na multidão. Ele tentava pensar em algo a fazer quando um cavalo quase o atropelou. O ginete amaldiçoou-o por não prestar atenção, então sumiu numa esquina.

— Fiquem juntos! — Ruff gritou acima do alarido, e alguns cidadãos de Lago de Pó acharam muita graça. — Não se dispersem ou podem se perder.

Dunnius e Niccolas esforçavam-se para manter a coesão do grupo.

De repente, Ruff avistou algo familiar, e sentiu um alívio imenso. Numa rua transversal, passava uma pequena procissão de clérigos. Era um grupo de dez ou doze, erguendo um estandarte que ele reconheceu como o símbolo de Santa Galateia. Não usavam robes de tecido marrom com capuzes, como os monges de São Arnaldo, mas hábitos púrpuros, com chapéus altos e elaborados, bordados com fio de ouro. Ruff abriu um sorriso enorme, aproximou-se e fez uma mesura para o líder da procissão. O homem olhou-o com frieza, retorceu a boca por ter sido interrompido em seu cântico sagrado e em seu caminho enlameado.

— Irmão — começou Ruff — somos refugiados do mosteiro de São Arnaldo, a dez dias de viagem daqui. Precisamos de ajuda.

— Não sou seu irmão — foi a resposta do clérigo.

Ruff deu um passo para trás.

— Você deve me tratar por *eminência*, mendicante.

Então seguiu.

O acólito que ia mais atrás, balançando um turíbulo que exalava fumaça de cheiro doce, tentou ajudar:

— Oferecemos caridade ao anoitecer. Se chegarem cedo à igreja, podem conseguir um pouco de sopa, ou até mesmo uma cama de palha. Mas as vagas são poucas.

Se quisessem desfrutar da generosidade clerical de Lago de Pó, precisariam ficar o dia inteiro na fila. Então dormiriam. Mas, se quisessem um prato de sopa e uma cama na noite seguinte, precisariam repetir o processo mais uma vez. E assim por diante; gastariam todos os dias na fila para a caridade, nunca conseguiriam cumprir qualquer objetivo — não sairiam da miséria, muito menos derrubariam um dragão tirano.

Mas Korin não estava satisfeito com a resposta do clérigo. Correu para alcançá-lo e pôs-se a sua frente.

— Este homem também é um clérigo, *eminência!* — a voz carregada de sarcasmo. — Ele lidera nosso povo e realiza milagres!

— Não seja ridículo, jovem — disse o homem trajado em púrpura. — Ninguém faz milagres. Desde a morte de Santo Otto, há mais de cem anos, os únicos milagreiros são charlatões.

Korin não teve resposta. Trocou um olhar pasmo com Ruff, e então com Dunnius e Niccolas. Em Lago de Pó *não havia magia divina.* Vivendo no mosteiro, eles haviam tomado os milagres como certos. Nem todos os clérigos eram capazes de operá-los, mas sempre havia aqueles que canalizavam a fé para realizar o impossível. Até mesmo o Irmão Dunnius, com toda sua distração e seu jeito confuso, podia curar os feridos.

Em Lago de Pó, não se conhecia nada daquilo. Mais de uma vez viajantes haviam chegado ao mosteiro e sido curados pela magia. Esses viajantes poderiam ter levado notícias dos milagres consigo, podiam ter espalhado a esperança e a fé. Mas, mais uma vez se notava, Zamir mantinha o povo ignorante e isolado. As pessoas não trocavam informações. Conhecimento novo era desacreditado.

Ruff logo viu que não teria ajuda daqueles clérigos.

Os sobreviventes do mosteiro seguiram pela cidade, procurando algum lugar que os acolhesse. Todas as hospedarias cobravam preços abusivos — uma noite para apenas um deles acabaria com os recursos do grupo todo.

Portanto, saíram da cidade. De cabeça baixa, atravessaram os portões, derrotados pela inclemência urbana. Foram ao lago seco.

— Eu disse que seu lugar era na depressão — falou o vigia, mas Ruff não respondeu.

No lago seco havia um ajuntamento fétido de construções precárias. Tudo ameaçava desabar a qualquer momento. Os mais desafortunados ali nem mesmo tinham casebres — dormiam no chão, abraçados ao pouco que possuíam, para que não fossem roubados durante o sono.

Mesmo naquele lugar miserável, a acolhida não foi melhor. Os refugiados do mosteiro foram recebidos com desconfiança. Alguns habitantes fizeram questão de exibir facas e outras armas simples — como alguns dos recém-chegados estavam armados, era importante demonstrar prontidão à violência.

— Esta é nossa casa por enquanto — anunciou Ruff para o grupo, após escolher um local afastado e pouco sujo. — Nossa vida irá melhorar no futuro, com a bênção de São Arnaldo, mas por enquanto isso é o que temos. E precisamos ficar juntos! Todos irão trabalhar. Reuniremos algum dinheiro. E então cumpriremos nosso destino.

Os sobreviventes olhavam-no com esperança — ou quase. Forçavam-se a acreditar. Mas a realidade atual era mais uma noite ao relento, numa cidade onde eram escorraçados apenas por serem vítimas.

Ruff Ghanor notou que eles precisavam de algo a mais. Precisavam de ânimo. Pessoas derrotadas nunca estariam à altura do desafio enorme que lhes havia sido imposto.

— São Arnaldo nos protege! — tentou. — Não estamos sozinhos!

Alguns assentiam, mas sem muita convicção.

Ruff respirou fundo.

— Eu sou Ruff Ghanor, o campeão de São Arnaldo! Vocês estão sob *minha* proteção! Nada irá lhes acontecer. Porque, se algo ou alguém ameaçá-los, será tragado pela terra!

Os aldeões empertigaram-se.

— Eu sou Ruff Ghanor, seu líder, e este é meu estandarte! A cabeça de cabra será erguida com orgulho, no dia em que derrotarmos Zamir! Vocês são o povo escolhido! *Meus* escolhidos!

Os aldeões se ergueram e gritaram o nome de Ruff. Levantaram os punhos e chamaram-no de Santo de Pés Descalços. Amaldiçoaram o nome de Zamir e deram graças a São Arnaldo.

— Como vamos fazer isso, Ruff? — disse Korin, num sussurro.

— Não faço a menor ideia. Você começou com essa história de estandarte.

Mas então, no meio da noite, os miseráveis do lago seco foram despertados por um brilho. O povo da cidade não viu nada, pois estava enfurnado em suas casas, ou em tavernas, o céu bloqueado por telhados ou fumaça. Mas, ao relento, os mais pobres enxergaram uma luz dourada no céu. Forçaram os olhos e viram que, do núcleo ofuscante, erguia-se uma espada.

— Ruff! Ruff! — Korin despertou-o.

A luz se movia lentamente, parecia convidá-lo. Ruff Ghanor reuniu suas armas e deu ordens aos aldeões meio despertos.

— É um sinal! São Arnaldo me chama, e eu seguirei a luz dourada! Korin, você…

— Eu vou com você, é claro.

Ruff sorriu e decidiu não contradizê-lo.

— Irmão Niccolas, você ficará responsável por nosso povo.

— E eu? — disse Dunnius.

— Esta é minha ordem, Irmão Dunnius — Ruff sorriu com firmeza. — E você vai obedecer.

Dunnius assentiu. Naquele momento, mal conseguia lembrar que, tantos anos atrás, achara aquele homem como um garoto, numa caverna, selvagem e quase mudo.

— Nós iremos atrás da luz que nos guia! — anunciou Ruff Ghanor, sob seu estandarte. — E voltaremos com as respostas para derrotar o tirano!

Em seu íntimo, rezava para que pelo menos alguma parte daquilo desse certo.

14 Estrela guia

— QUEM TEVE A ideia idiota de seguir essa luz? — disse Korin, após nove dias.

— Eu — Ruff olhou para trás. — Mas você teve a ideia idiota de me acompanhar.

Em menos de um mês, os dois haviam visto mais das terras onde viviam do que em toda a vida até então. Após a destruição do mosteiro e a peregrinação forçada até Lago de Pó, puseram-se a desbravar os ermos de novo, atrás da misteriosa luz guia que surgira para Ruff na caverna, muitos anos antes, e de novo em momentos cruciais. Eles não viam a coisa se mover, mas ela sempre estava um pouco mais longe — como um farol, indicava um caminho. E os dois assumiam, por fé e falta de opção, que era um bom caminho a ser seguido. Na verdade aquela poderia ser uma grande armadilha de Zamir. Mas Ruff Ghanor tinha fé nos deuses, no santo, no destino que o prior garantia que estava reservado para ele. E Korin tinha fé em Ruff. Assim, ambos embarcaram em mais aquela viagem às cegas.

O terreno além de Lago de Pó continuava verdejante; um mar de colinas com vegetação rasteira e ocasionais bosques. Mas, após alguns dias seguindo a luz, de novo a terra se tornou pedregosa e escarpada. O verde diminuía gradativamente, e então eles enxergaram montanhas. Em silêncio, sem nunca admitir um para o outro, Ruff e Korin rezavam para que seu destino não estivesse nas montanhas, pois tudo ficaria mais difícil.

Mas, é claro, a luz guiou-os para lá.

No início do décimo dia, parecia não haver um metro quadrado de terreno plano à vista, nem um palmo de grama para aliviar a travessia. O chão era irregular, repleto de rochas pontudas e cortantes. Tudo era cinza, marrom e preto — as cores das pedras, uma paisagem lúgubre e desolada. Os dois aprendiam bastante sobre a terra que era seu lar, e que nunca haviam conhecido: era um lugar inclemente. Talvez por influência dos séculos de domínio do dragão, talvez por azar da natureza, não parecia haver muita abundância de vegetação. Não havia muitos lugares onde criar animais ou viver em paz. Enquanto cresciam, o terreno ao redor do mosteiro parecera-lhes rude, até mesmo perigoso. Mas, entre uma floresta assolada por monstros, uma estrada com goblinoides selvagens e uma vastidão onde nada nascia, as memórias já eram idílicas. Dariam tudo para enxergar um bosque ameno, como o que existira encostado à aldeia.

Mas só havia pedras. Malditas pedras até o infinito. Ruff Ghanor desejou pegar o deus que havia inventado aquele lugar e dar-lhe umas bofetadas. As pedras esfolavam-lhe os pés, que já estavam esfolados. Produziam novos cortes. Espetavam-lhe as solas. Cada passo doía. Sem a obrigação de curar ferimentos sérios de outras pessoas, ele podia usar um pouco da magia do santo para estancar o sangramento, mas sempre havia machucados novos. Quando dera suas botas à mulher necessitada, ele se sentira muito bem consigo mesmo. Mas, pensou, a prova de que não era um santo, e sim um sujeito qualquer, era que se ressentia da pobre coitada. Se ela surgisse ali, em sua frente, Ruff lhe tomaria as botas de volta.

Ou achava que faria isso.

— Muito bem, chega — disse Korin.

Ruff não entendeu.

— Você vai calçar minhas botas. E fim de papo.

O jovem clérigo se sentiu corar de vergonha. Será que estivera falando em voz alta?

— Não, você não disse nada, Ruff. Você *nunca* diz nada, seu bastardo estoico. Mas você deixa uma trilha de sangue há dias, e minha paciência se esgotou. Vamos trocar. Calce essas porcarias.

— Não — Ruff apertou o passo. — Eu fiz a escolha. Eu arco com as consequências.

Em resposta, Korin tirou as botas e deixou-as encostadas em uma pedra. Então seguiu andando.

Após alguns minutos, ficou claro que nenhum dos dois iria ceder.

— Você é um imbecil, Ruff. Não quer minhas malditas botas? Ótimo! Veja o que faço com elas!

Korin correu de volta, apanhou os calçados e começou a girá-los acima da cabeça.

— Lá vão! Se você não quiser, ninguém mais vai usá-las!

— Não faça isso, seu mentecapto! — gritou Ruff, a metros de distância.

— A culpa é sua!

— Precisa levar uma surra para aprender?

O clérigo correu até seu amigo, agarrou as botas e arrancou-as de sua mão.

— Ótimo! Vou usar essas porcarias! Feliz agora?

— Estou saltitando de alegria, seu bosta!

Seguiram, agora Korin de pés descalços. Cada passo doía.

— Ei, Ruff!

— O quê?

— Andar assim é uma merda. Devolva minhas botas.

— Nem pensar.

Nos próximos dias, revezaram-se para usá-las.

No décimo segundo dia, já andavam numa inclinação constante. Como fora perto do mosteiro, paredões erguiam-se de súbito pelo caminho, formando uma espécie de labirinto. Uma das trilhas levou-os ao que parecia uma antiga cidade.

Abandonada.

Tudo era feito de pedra; impossível dizer há quanto tempo aquilo estava largado. A cidade parecia ter crescido espontaneamente do chão, pois casas em ruínas, muralhas e grandes prédios tinham a mesma coloração cinzenta das pedras do solo. Parte da cidade era mesmo escavada na pedra viva, brotando de uma encosta. Ruff e Korin vagaram pelas ruelas que pareciam corredores de algum castelo a céu aberto. Armas nas mãos, mas não havia nenhum ser vivo por ali, hostil ou amigável.

Curioso: as soleiras das portas, os tetos, os degraus esculpidos eram todos pequenos demais. Como se fossem feitos para crianças. Os dois entraram em uma construção central, que parecia mais estável que as outras, e tiveram de ficar o tempo todo abaixados. Quem quer que vivesse naquele local era muito menor do que um homem adulto.

Mas a luz dourada continuava chamando em direção às montanhas, então os dois deixaram a cidade abandonada, sem nenhuma resposta, e voltaram a segui-la.

O fim da jornada foi uma escalada verdadeira. Não estavam mais numa inclinação, mas realmente montanha acima. Não possuíam equipamento de escalada, apenas contavam com mãos e pés para se agarrar precariamente às rochas. Mas a luz chamava para cima, e eles seguiam. Depois de horas de subida, conseguiram descansar em uma reentrância quase horizontal. Comeram uma das últimas porções do que haviam conseguido caçar e coletar no início da viagem, e continuaram escalando à tarde. Quanto mais subiam, mais a temperatura caía, até que os dedos doíam apenas pelo contato com a pedra gelada. O temor era constante, pois os olhos lacrimejavam com a ventania que não parava de soprar, e as mãos ficavam dormentes pelo frio. Conseguiram continuar vivos, ainda que famintos e fracos, por mais dois dias.

Quando acabou a água em seus odres, a luz dourada sumiu. Não havia mais um farol indicando o caminho.

Mas estavam quase no topo da montanha, e havia uma entrada estreita.

— Quais são as chances — disse Korin — de entrarmos nessa caverna e sermos recebidos por odaliscas seminuas servindo um banquete?

— Quais são as chances de que a luz dourada tenha se enganado e que o objetivo estivesse no meio do bosque, lá perto do mosteiro?

Ambos deram um riso fraco.

— Sabe — disse Korin — quando entrei numa caverna em uma montanha pela última vez, encontrei a pessoa mais irritante do mundo. Desde então, minha vida só vem piorando.

— Talvez agora possamos encontrar uma cabra.

Forçaram-se a escalar os últimos metros, então estavam na boca da caverna.

Mal conseguiam passar pela entrada; precisaram se espremer para dentro. Korin passou antes. Ruff retirou seu equipamento, jogou tudo para dentro, e então conseguiu passar. Estavam em um túnel serpenteante. Mais à frente, um vago brilho dourado, ainda os chamando. Usando essa luminosidade, não precisavam de tochas e assim seguiram de imediato. Mas, após algumas curvas, a luz foi ficando mais fraca, como se estivesse cada vez mais distante, e então sumiu. Eles acenderam as tochas e continuaram.

A trilha descia suavemente. Ruff e Korin notaram que a pedra não era mais gelada: pelo contrário, parecia morna sob seus pés. Quando tocavam nas paredes do túnel, também sentiam como se houvesse algum tipo de aquecimento por trás das rochas. Estavam preocupados com a sede, mas rachaduras no teto e nas laterais do túnel revelaram minúsculos córregos de água quase limpa. Estava gelada, e ambos chegaram à conclusão de que se tratava de neve do topo da montanha, derretida. O calor não parecia natural. Era como se o interior da montanha gerasse seu próprio aquecimento.

O túnel descia cada vez mais, e ficava cada vez mais largo. Eles chegaram a uma bifurcação, e não havia maneira de descobrir o caminho certo — se é que havia caminho certo. Uma das trilhas subia, a outra continuava descendo. Escolheram ir cada vez mais fundo, e foram recompensados por um aumento ainda maior no calor.

Ruff e Korin agora suavam. Os cabelos estavam úmidos, as gotas salgadas ardiam nos olhos. A temperatura parecia abafá-los, deixá-los moles e retardar seus movimentos. Era como andar por um mingau quente. Novas bifurcações se apresentaram, e eles sempre escolhiam o caminho que levava mais para o fundo, e que era mais quente.

— Podemos estar fazendo a maior bobagem de nossa vida — Korin deu um meio riso.

— Estamos no caminho certo — Ruff disse em voz firme.

O guarda surpreendeu-se com a seriedade do amigo. Ambos haviam suportado aquela jornada com humor, mas Ruff sabia ser intenso.

— Nada mais faz sentido — continuou o clérigo. — Ou a luz dourada é um sinal, ou vamos morrer aqui, perdidos e decepcionando todos que nos conhecem. Se nosso destino for a morte, então nada mais importa. Caso contrário, estamos no rumo certo.

— Muita gente morre sem destino nenhum.

— Sou um clérigo, e acredito que São Arnaldo olhe por mim.

Sem notar, Korin também ficou sério. Deixava seus medos transparecerem.

— Clérigos também morreram no ataque ao mosteiro, Ruff. Quase *todos* os clérigos morreram.

— As pessoas sempre morreram para que eu pudesse cumprir algo — disse Ruff; e Korin sentiu um frio na espinha. — O prior falou isso mais de uma vez. Rion, o irmão de Áxia, morreu talvez como um teste para mim.

Estavam parados agora. Ruff ia na frente, mas virou-se para fitar Korin.

— Tudo isso *precisa* fazer algum sentido. E, se não fizer, eu vou *fazer* com que faça sentido! Não vamos morrer aqui, porque nosso povo *não pode* ter morrido em vão.

Então foram interrompidos por um som sibilante. Uma voz melodiosa e desafinada, como uma cantiga infantil tétrica. Era uma voz aguda, que parecia vir de todos os lados. Dizia:

— *Garotos tão bons... Tão bons e tão puros...*

Nenhum deles deixou escapar uma exclamação de surpresa, ou perguntou o que era aquilo. Ao ouvir a voz, entraram imediatamente em mentalidade de batalha. Conheciam o perigo, e não hesitavam.

— Mostre-se! — ordenou Ruff.

Em resposta, ouviu uma risada. A esta, juntaram-se outras. Risadas múltiplas, vindas de toda parte, agudas e dissonantes como uma dezena de sinos amassados. Ruff e Korin rilharam os dentes, resistiram ao impulso de cobrir os ouvidos com as mãos, pois sabiam que era melhor ficar de armas em punho.

— *Garotos excelentes* — disse a voz. — *Garotos cheios de bondade.*

— O que é isso, Ruff? — Korin murmurou.

O jovem clérigo tinha uma suspeita. Mas achou melhor não falar nada.

— Vamos apenas continuar — disse Ruff Ghanor.

Seguiram pelos túneis, ouvindo a cacofonia de vozes e risadas. Em melodias distorcidas, as vozes zombavam deles, chamavam-nos, convidavam-nos a continuar. E o calor aumentava. Agora já era difícil prosseguir. Os olhos ardiam com a temperatura, a boca secava. Logo a sensação quente começou a vir em ondas, como a batida de um coração. Os espaços entre as ondas de calor eram quase um alívio, mas então o pulso quente vinha ainda mais forte.

— *Continuem, garotos. Venham para nós.*

Korin sentiu um asco primordial, instintivo. O som daquelas vozes lhe dava uma espécie de nojo, sentia-se sujo após ouvi-las. O som agudo era como um inseto entrando por seus ouvidos.

— Quero matar essas coisas, sejam o que forem — rosnou o guarda.

— Fique firme, Korin. Apenas fique firme.

— Você sabe o que eles são, não sabe?

— Fique firme.

Então dobraram uma esquina e a cacofonia aumentou. As risadas multiplicaram-se, causaram dores nos ouvidos, e os donos daquelas vozes surgiram. Emergiram das rachaduras na pedra, andando no teto e nas paredes. Eram figuras humanoides, magras e compridas. Seus corpos eram vermelhos e negros. Cada um deles era mais alto que Ruff ou Korin. Suas juntas dobravam-se de maneiras estranhas, com flexibilidade demasiada. Sua boca era imensa, tinha dezenas de dentes pontiagudos. Seus olhos vermelhos eram globos pulsantes, ocupando boa parte de sua cabeça.

E todos possuíam chifres.

Os chifres eram longos, retorcidos. As criaturas sorriam muito, exalavam cheiro de enxofre. Quando abriam as bocarras, línguas compridas e sinuosas chicoteavam o ar.

— *Venham, garotos. Bons garotos.*

— São demônios, Korin.

Ruff tentou contar quantos eram, mas as coisas mesclavam-se umas com as outras, corriam nas paredes e no teto como aranhas, escondiam-se em reentrâncias, pareciam estar em todos os lugares. Achou que fossem cinco ou seis, depois pensou que eram dez ou mais. Podiam ser dois ou três. As risadas ecoavam pelo túnel, os demônios aproximavam-se lentamente, circundando-os por cima e pelos lados. As garras das mãos e dos pés faziam barulho ao encostar na pedra. Ruff e Korin estavam de costas um para o outro, girando lentamente para se manter de frente para as criaturas. Cada um carregava uma tocha, então só tinham uma mão livre, não podiam contar com escudos.

O clérigo sentiu seu coração bater mais forte. Muito lera sobre sacerdotes sendo acossados por criaturas abissais como aquelas. Os demônios realmente provocavam um asco atávico. Era possível sentir a imundície de sua maldade na pele.

— Não! — Korin gritou, de repente. — Calem a boca!

O guarda balançava a cabeça, tentando se livrar de vozes que só ele mesmo ouvia. Junto à cacofonia que ecoava pelo corredor, a mente de Korin era tomada por outras palavras, ainda mais enervantes.

— Eles estão dizendo algo para você? — perguntou Ruff, mas não teve resposta.

— Calem a boca! Calem-se e venham lutar!

— O que eles estão falando?

— Você não está ouvindo, Ruff?

O clérigo não escutava.

— Não vou fazer isso! — rugiu Korin.

Os demônios circundavam-nos, rastejando por todos os lados. Ruff sentiu uma lambida em sua nuca, por trás; a língua imensa de uma das criaturas tocou-o, e sua saliva era quente e repugnante. Os demônios se afastaram, todos ao mesmo tempo, para então correr de novo na direção deles.

De repente, um dos seres abissais pulou para os dois. Ruff esquivou-se para um lado; Korin escapou para o lado oposto. A criatura ficou no meio da dupla, deu uma gargalhada e saltou para cima. As demais correram para ocupar o espaço deixado por ela, grudando-se com mãos e pés nas paredes e no chão, mantendo Ruff e Korin separados.

O clérigo quase perdia seu amigo no emaranhado de formas negras e vermelhas. A luz das tochas era instável, e os corpos dos demônios tapavam boa parte da luminosidade, como se exalassem escuridão.

Ruff viu-se cercado. Sozinho. Então ouviu de novo:

— Não! — era a voz de Korin. — Desistam! Calem a boca!

— *Garotos tão bons...*

— O que eles estão falando para você, Korin?

— Cale a boca você também! E lute!

E então Korin atacou um demônio a sua frente.

As gargalhadas transformaram-se numa gritaria. Rosnados, rugidos e guinchos, como se uma matilha de cães estivesse os cercando. Ruff piscou, pareceu despertar e enxergou o amigo correndo à frente, golpeando com a espada contra um dos corpos sinuosos que escalavam a parede.

A espada de Korin encontrou o couro fervente do demônio, e o metal chiou no mesmo instante. Sangue negro e pútrido esguichou da criatura; a lâmina começou a se corroer. Korin não parecia notar aquilo, ou então não se importava. Puxou a espada e gopeou de novo, desta vez uma estocada. O demônio recuou e saltou sobre ele.

Ruff Ghanor virou as costas às criaturas que o ameaçavam e investiu contra o demônio que atacava seu amigo. A coisa caíra sobre Korin, derrubando-o de costas. Embora fosse maior que o guarda, o demônio ficava com as mãos e os pés sobre o corpo dele, encolhido numa posição grotesca. Arreganhou os dentes e preparou uma mordida, mas o martelo de Ruff encontrou sua boca antes que pudesse completar o movimento.

Os dentes do demônio voaram, mas a cabeça do martelo começou a chiar e derreter. Ruff sentiu uma chicotada em suas costas — era a língua de uma das criaturas. O toque fez a cota de malha brilhar de calor, abriu um corte no tecido metálico e um talho em suas costas. A queimadura e o corte produziam uma agonia insuportável, e Ruff achou que o metal derretido fosse grudar em sua pele. Largou a arma e tentou tirar a cota de malha tão rápido quanto podia. Sentiu uma mordida funda no ombro. Enfim se livrou da armadura. Viu sua carne borbulhando onde fora perfurada pelos dentes da coisa. O martelo e a tocha no chão. Korin ajoelhado com a espada derretendo, agora apenas meia lâmina presa ao cabo.

— *Chega!* — urrou o clérigo.

Fechou as mãos em punhos, e nem mesmo precisou encostar nas paredes. Sua voz reverberou por todo o túnel, e a pedra começou a tremer e rachar. Rombos se abriram onde os demônios estavam, forçando-os a correr. As fendas perseguiam-nos. E, à medida que a rocha tremia e era destruída, ele se sentia mais forte. A dor nas costas e no ombro cessou, e o túnel parecia ser consumido por si mesmo. Era o poder de Ghanor. Mas não era mais como antes — não era um mero terremoto. Os rombos na pedra não obedeciam à gravidade. A rocha foi sugada para cima, para os lados. Simplesmente sumia, como se fosse desintegrada. E ele berrava mais alto, com mais força. O túnel tremia cada vez mais, como se a destruição alimentasse a si mesma. Os demônios agora estavam em fuga desabalada, e Ruff via que, desde o começo, haviam sido apenas dois. Duas criaturas patéticas usando ilusões, truques de luz e sombra, artifícios e enganação para parecer estar em maior número.

— *Fuja, fuja, fuja!* — era a ladainha dos demônios.

Os demônios tinham medo.

Estavam *apavorados.*

— *É mesmo ele, fuja, fuja, fuja!*

— O poder do santo pertence a mim! — bradou Ruff Ghanor. — Fujam, seres do abismo imundo!

O tremor cessou. Os demônios sumiram. Nenhum som podia ser ouvido no túnel, exceto um apito baixo no fundo dos tímpanos, efeito do ruído monumental que recém acabara. Korin estava encolhido no chão, protegendo a cabeça e a nuca com os antebraços.

— Acabou? — disse o guarda.

— Acabou — Ruff foi até ele e lhe ofereceu uma mão, ajudando-o a se levantar.

Korin limpou as roupas, tentando recobrar a normalidade. Segurou o cabo da espada arruinada, examinou a lâmina derretida e balançou a cabeça. Mesmo assim a guardou: era melhor do que nada. Ruff também ficou com seu martelo semiderretido. Recolheu a cota de malha do chão e vestiu-a de novo.

— O que eles disseram para você? — quis saber o clérigo.

— Não interessa.

— Interessa sim. O que eles falaram?

— Você não ouviu nada?

— Algumas palavras. — Ruff lembrou e sentiu um calafrio. — Mas parece que você ouviu mais.

— Não quero falar sobre isso, Ruff. Esqueça.

O jovem clérigo deu de ombros.

— No fim, eles estavam assustados — Ruff quebrou o silêncio de novo.

Korin não falou nada.

— Os demônios têm *medo* de mim, Korin.

— Você é o sujeito mais esquisito que já conheci.

Eles tiveram esperança de que, sem os demônios, o calor arrefecesse, mas o contrário aconteceu. A temperatura aumentou cada vez mais. Eles seguiram pelos túneis, sempre escolhendo os caminhos que levavam mais para baixo. Ocasionalmente ouviam risadas agudas, que sabiam pertencer aos demônios, mas eram longínquas. O calor também continuava vindo em ondas, uma pulsação torturante que parecia empurrá-los para trás.

— Você sabe, Ruff — disse Korin. — Calor, demônios... E nosso caminho levando cada vez mais para baixo... Você tem certeza de que vamos gostar do lugar onde chegaremos?

Depois de algumas horas, começaram a ouvir um clangor ritmado. Como se algum martelo muito grande batesse numa bigorna descomunal. De início, não era exatamente um som, mas uma vibração que tomava o túnel inteiro. Então se tornou discernível, e ficou mais e mais alto, até que eles precisavam gritar para ouvir um ao outro. O calor era mais forte do que nunca, o ruído era ensurdecedor. Então puderam descartar as tochas, pois um brilho laranja e avermelhado iluminava o caminho.

Eles emergiram numa antessala e encontraram uma escadaria, o primeiro sinal de algo construído dentro da montanha. Desceram-na em direção ao brilho, ao calor e ao som. Enfim, chegaram ao pé das escadas. Ao clangor, juntou-se o som de gritos, como em uma câmara de torturas.

Estavam em uma caverna imensa, larga como o mosteiro. O teto tinha dezenas de metros de altura. No centro de tudo, um enorme fosso, de onde emergia fogo e de onde se originavam os gritos. Toda a caverna era dominada por uma enorme e elaborada forja. Contra uma parede, uma bigorna colossal recebia golpes de um martelo grande como um homem, operado por um mecanismo complexo de contrapesos e roldanas.

Mas, em meio a todo aquele aparato, só havia um ser vivo.

Uma figura atarracada e barbuda, trajada em um avental de couro. Musculoso e suarento, o homenzinho manipulava o martelo imenso por alavancas, ao mesmo tempo em que comandava outros mecanismos em sua forja magnífica.

Virou-se para Ruff e Korin.

Forçou os olhos na direção deles, como se não enxergasse direito. Então os esfregou e sacudiu a cabeça; parecia não acreditar no que via. Cheirou o ar e deu um meio riso para si mesmo, como se estivesse surpreso. Secou o suor do rosto e limpou as mãos no avental. Quando abriu a boca, sua voz saiu rouca e enferrujada, como se não fosse usada há muito tempo.

— Visitantes? — disse o homenzinho. — Não recebo visitantes há pelo menos um século. Geralmente os demônios mantêm os curiosos afastados.

— Viemos até aqui guiados por uma luz divina! — Ruff Ghanor ergueu a voz acima dos gritos que vinham do fosso.

O homem atarracado começou a rir.

— Luz divina? Pois está no lugar errado, garoto alto! Aqui é a Forja do Inferno.

15 O anão e o inferno

SE AQUELE ERA um fosso para o inferno, o homem atarracado era o demônio menos ameaçador do que os dois podiam imaginar. Não sussurrou em suas mentes ou os atacou. Apenas os examinou de cima a baixo, riu de novo e continuou trabalhando em seu aparato monumental, voltando a produzir o clangor rítmico das batidas do martelo gigantesco contra a bigorna.

Ruff Ghanor deteve-se, olhando ao redor. A caverna era repleta de prateleiras, cada uma forrada de armas e armaduras metálicas. Eram objetos de todos os tipos, desde maças e martelos até espadas e machados. Armaduras de criatividade infinita, de placas peitorais a cotas de talas. Elmos no formato de cabeças de feras, peças feitas de aço colorido. Tudo fabricado com uma precisão e uma delicadeza como ele jamais vira.

Sobre o fosso, de onde vinham os gritos, havia uma espécie de crisol gigantesco. Por um sistema complicado de calhas e correntes, o minério que estava dentro desse crisol se derretia e era depositado sobre a bigorna, ante um puxão do ferreiro. Tudo era interconectado e funcionava perfeitamente, sob o comando de um só homem.

— O que é este lugar? — disse Ruff.

— Já falei! A Forja do Inferno. Se vão continuar com perguntas idiotas, podem ir embora. Tenho muito trabalho a fazer.

Ruff e Korin se entreolharam. As ondas intermitentes de calor, eles notaram, vinham do imenso fole que se inflava e voltava a se fechar, atiçando as chamas no fosso. A cada vez em que o ar era soprado, fazendo o fogo aumentar, os dois ficavam tontos.

— Não! — Ghanor exclamou, acima das batidas. — Fomos guiados até aqui! Deve haver um propósito! Quem é você?

O homenzinho olhou por cima do ombro.

— Meu nome é Thondin. — Secou a testa com um pano sujo, parou de martelar e foi até eles, a mão estendida em cumprimento. — Passo tanto tempo longe de pessoas que quase esqueço da educação. E você, quem é, rapaz? E seu amigo? E por que são tão altos?

Ruff apertou-lhe a mão, gaguejou antes de responder.

— Sou Ruff Ghanor. E este é Korin. E somos assim... Porque assim nascemos. Todos são assim. Por que você é tão baixo?

Thondin franziu o cenho.

— Todos...? Ah, já sei! — Thondin deu uma nova risada. — São humanos, não?

— Bem... Sim.

— Humanos! É claro! Humanos vivem tão pouco que sempre esqueço que existem. Mas faz sentido. São humanos. Humanos costumavam me incomodar o tempo todo, é claro que vocês são humanos.

— Humanos incomodavam-no? — disse Korin. — Vá para o inferno você também.

— Já estou quase lá, humano.

Ruff puxou pela memória e de repente entendeu.

— Você é... Um anão?

— Não sou uma pedra e nem um maldito demônio. Então, estando enterrado nesta montanha, devo ser um anão.

O clérigo não evitou um sorriso. Lera sobre as diversas raças que habitavam o mundo. Nem todas eram hostis e bestiais, como os hobgoblins de Zamir. Havia aquelas que eram apenas arrogantes, como os elfos. E as reclusas e quase desconhecidas, como os anões. Anões eram exímios mineradores, ferreiros e cervejeiros. Diziam as histórias que eles viviam nos subterrâneos, sempre à procura de riquezas para saciar sua ganância infinita. Mas os relatos sobre cidades de anões eram poucos e duvidosos. Há muito ninguém ouvia falar de uma verdadeira comunidade anã.

— Um anão! — Ruff entusiasmou-se com a descoberta.

— O último visitante que tive sabia quem eu era. Mas vocês vieram às cegas. O que querem?

Ruff demorou a responder.

— Já disse: fomos guiados até aqui. Pode nos dizer o que você faz? Por que este seria nosso destino?

Thondin era o maior dos ferreiros anões. Vivia num reino subterrâneo de sua raça, sem contato com o mundo exterior.

— Há quanto tempo foi isso? — Korin interrompeu a história.

— Muito tempo, humano impertinente. Depois de alguns séculos, você para de prestar atenção ao tempo. Ele para de importar.

Thondin era o maior dos ferreiros anões, e isso era sua maldição. Vivia em uma cidadela anã, no subterrâneo, com milhares de conterrâneos.

— É a cidade de pedra que encontramos abandonada aqui perto? — Korin interrompeu de novo.

— A cidade está abandonada? Bem, faz sentido que esteja. Mas não, não é essa cidade, humano irritante. Essa cidade surgirá muito tempo depois nesta história. Agora cale a boca e ouça.

Thondin trabalhava na poderosa Guilda dos Ferreiros e Armeiros. Fabricava as melhores peças que os anões jamais haviam visto. Reis e príncipes disputavam suas criações. Ainda muito jovem, enriqueceu com seu trabalho. E nada lhe dava maior prazer do que forjar o metal. Cada objeto era mais perfeito, em forma e função, do que o anterior. Em suas mãos, o metal se moldava a formas que ninguém jamais vira. Mostrava-se igualmente flexível e resistente, por técnicas que o próprio Thondin desenvolvera.

E assim começou seu sofrimento.

Rico e aclamado, Thondin casou-se com uma anã que o amava mais do que tudo. Os dois tiveram uma extensa prole. Passaram-se os anos, e o ferreiro viu sua esposa envelhecer.

Ele, no entanto, continuou jovem.

A esposa de Thondin morreu de velhice, enquanto ele permanecia vigoroso. Desesperado, o anão procurou uma resposta para sua própria vitalidade, mas ninguém sabia explicá-la. Seus filhos envelheceram. Seus netos e bisnetos envelheceram. Ele continuava imutável.

Logo sua comunidade já mudara tanto que ele mal a reconhecia. Os rostos com quem convivera não passavam de figuras em livros de história. Seus descendentes eram muitos, mas todos afastados dele mesmo. As pessoas encontravam-se, apaixonavam-se, tinham filhos e morriam. Juntas. Todas, menos Thondin. Thondin, saudado por gerações de nobres e plebeus como o maior artesão de todos os tempos, vivia isolado. Apesar de si mesmo, acabou fascinado por outra anã, e teve outro casamento. Passou décadas procurando algo que o fizesse envelhecer e morrer, ou que desse à nova esposa o dom da imortalidade. Mas não achou, e teve de suportar mais uma esposa e uma prole crescendo, envelhecendo e morrendo perante seus olhos.

Tudo era efêmero, exceto o metal. O metal era eterno.

Amargurado, Thondin afundou-se cada vez mais em seu trabalho. E assim se tornou mais e mais habilidoso. Chegou ao limite natural dos materiais com que trabalhava.

E, então, transcendeu-o.

Não havia como deixar uma placa de aço ainda mais forte, ainda mais leve. Não havia como tornar o fio de uma lâmina ainda mais cortante, mais letal. Assim, ele desenvolveu técnicas que concediam novas propriedades ao metal. Suas marteladas eram tão precisas, seu toque era tão magistral, que o aço se tornava algo mais.

Algo mágico.

Thondin era capaz de modificar a natureza dos metais. Fazia com que uma armadura concedesse ao usuário a capacidade de voar ou de se tornar invisível. Os machados que forjava queimavam ou congelavam suas vítimas. Thondin entendia o metal como ninguém antes entendera e sabia retirar dele seu potencial místico.

Então, após anos trabalhando em uma única peça — um elmo no formato da cabeça de uma águia — Thondin compreendeu. Extraiu daquele objeto seu potencial mágico, e esse potencial era o conhecimento. Ao segurar o elmo pela primeira vez, Thondin olhou nos olhos de águia e fez a pergunta que o atormentava há séculos:

— Por que sou imortal?

O metal deu-lhe a resposta. O metal nunca o decepcionava.

A verdade era que, por ser único, Thondin era preservado. Havia nos anões o potencial para a imortalidade, desde que fossem expoentes exemplares de uma de suas artes. Talvez um dia houvesse existido o maior dos guerreiros anões, imortal por sua habilidade de combate. O maior dos mineradores, talvez perdido num infinito labirinto subterrâneo. Mas, naquela época, só se conhecia Thondin, o maior dos ferreiros e armeiros, impedido de morrer porque era a personificação da arte anã da forjaria.

Thondin fez mais uma pergunta. Então compreendeu que aquele elmo era poderoso demais para continuar existindo. Destruiu-o, antes que algum nobre ambicioso usasse-o para adquirir conhecimento que não deveria ter.

— Você *destruiu o elmo?* — desta vez, Ruff interrompeu. — Mas ele poderia dar respostas! E nós precisamos...

— De respostas sem esforço, certo?

O clérigo ficou calado.

— Eu conheço o poder dos objetos, humano tolo. Algo que pudesse responder suas perguntas logo iria revelar conhecimento que nem você e nem ninguém deveria ter.

— Qual foi a segunda pergunta? — disse Korin.

— Eu perguntei ao elmo como poderia ser mortal. E, é claro, ele respondeu.

Thondin poderia morrer se não fosse mais único. Se ensinasse a alguém sua arte.

— Entende o perigo daquele objeto? — o anão estava sério. — Eu perguntei a ele como matar algo imortal, e ele respondeu. Poderia ter lhe perguntado como conquistar um reino. Como desafiar os deuses. E ele teria respondido. O elmo era perigoso demais. Precisava ser destruído.

Thondin não tinha amor pelos objetos. Sabia que eram só ferramentas. Amava sua arte, e amara suas esposas e seus filhos. Agora só queria se juntar a eles, na morte. Então reuniu os melhores ferreiros dentre os anões e tentou lhes ensinar seus segredos.

Por longas décadas, aprendizes chegaram e foram embora, e nenhum deles tinha o potencial para igualá-lo. Thondin tentava lhes explicar as sutilezas do metal, os segredos que o minério escondia, mas era como tentar falar com cães. Estendeu sua busca às outras raças. Humanos e elfos foram até a cidadela dos anões, mas nenhum conseguia entender o que o mestre tentava ensinar. Não havia palavras em nenhuma língua para descrever aqueles conceitos.

Thondin continuava imortal.

Sua fama se espalhou para o mundo todo, e agora gente de todos os povos vinha encomendar suas peças. Em troca, ofereciam-lhe pedaços de reinos, riquezas sem fim, segredos mágicos. Mas ele não precisava de nada daquilo. Um reino só traria mais problemas. Ele já era rico demais. E já conhecia o único segredo que lhe interessava. Ninguém podia lhe oferecer a morte, o único prêmio que ainda desejava. Os mais ricos príncipes e mercadores perseguiam-no com ofertas e mais ofertas. Sua insistência ameaçava acabar com o único amor que lhe restava: o amor por seu trabalho.

— Então eu cansei — disse o anão, com um sorriso triste. — Simplesmente fiquei cansado demais e desisti. Não queria mais forjar para os reis. Queria ficar em paz.

Thondin recusou todas as encomendas e trabalhou num objeto para si mesmo. Passou meses martelando aço, forjando-o em uma pequena e delicada agulha ornamentada. Refinou a agulha até que extraiu dela seu potencial: era uma bússola. Mas, em vez de indicar o norte, apontava para o grande objetivo do anão.

— Então fui embora.

Durante a noite, Thondin reuniu a agulha, seu melhor martelo, um punhado de seus objetos mais úteis e foi embora. Deixou a cidadela dos anões e, guiado pelo objeto que forjara para isso, pôs-se a procurar algo.

— O quê? — quis saber Korin.

— Lembre-se, humano, eu queria morrer. Tentei achar um portal para o inferno.

E achou.

Após mais de um ano seguindo a indicação da agulha, Thondin desceu ao fundo de uma montanha e encontrou um fosso de onde emergiam gritos e chamas infernais. Era mais quente do que a maior chama que ele fora capaz de produzir, e o anão teve esperanças de que afundar ali fosse pôr fim a sua vida.

Jogou-se no fosso.

Foi apenas queimado. Caiu pelo que pareceram meses, até que sentiu garras e correntes agarrando-o, enredando-o. E então içando-o para cima de novo.

O inferno rejeitou Thondin.

Mas ele não desejava mais voltar a seu povo, muito menos à superfície. Assim, ao longo das décadas, construiu sua oficina magnífica, fazendo o metal lhe revelar os mecanismos necessários para que tudo funcionasse. E, nas entranhas da montanha, descobriu metais diferentes. O fosso para o inferno modificava os veios de minérios naquelas rochas. Surgiam metais ainda mais resistentes e leves, com ainda mais mistérios a serem revelados. Thondin tornou-se melhor do que nunca — e, assim, ficou ainda mais longe da morte.

Após vários anos, surgiram três aventureiros anões, que haviam conseguido desbravar a montanha para chegar até ele. Thondin descobriu que seu povo havia organizado uma imensa busca para descobrir seu paradeiro. E haviam construído uma cidade na encosta da montanha, apenas para enviar seus filhos mais bravos na tentativa de tirar o anão de seu isolamento, convencê-lo a forjar objetos de novo.

Mas uma montanha infestada de demônios mantinha os curiosos e gananciosos longe. Thondin não sabia quantos haviam morrido tentando chegar até ele. Após algum tempo, os anões apenas pararam de surgir ali.

— Tudo é transitório, humanos. Uma cidade de pedra pode parecer sólida. Pode parecer eterna. Mas, depois de alguns séculos ou milênios, ela se torna apenas ruínas. E então pó. Assim também são as pessoas, e assim também é a memória.

Silêncio.

— E então? — disse Thondin. — Estão interrompendo meu trabalho para ouvir uma história que não tem moral ou mesmo fim. O que querem?

— Precisamos matar um dragão — disse Ruff Ghanor.

Thondin franziu o cenho, como se tentasse lembrar de algo. Foi lentamente voltando a sua forja, e recomeçou o trabalho.

— Um dragão? — teve de gritar, para ser ouvido acima das próprias marteladas. — Lembro dos dragões! Entraram em polvorosa muito tempo atrás. Mais ou menos na época em que os reinos começaram a ser destruídos. As pessoas morriam aos milhares!

Ruff abriu a boca, mas ficou em silêncio. Não conhecia nada daquilo.

— Quando...?

— Já disse para não me perguntar quando, humano! Não sei quando foi isso! Foi na época do Devorador de Mundos.

Ruff e Korin se entreolharam.

Ruff e Korin passaram algumas horas na caverna, tentando fazer com que o anão falasse. Thondin concentrava-se na bigorna, não dava atenção a dois rapazes altos demais com seus problemas de gente que vive pouco e habita a superfície. O anão deixou que ficassem, até mesmo lhes dirigiu um riso ou um comentário sarcástico vez ou outra. Mas tratava-os como distração.

— Precisamos saber mais sobre os dragões! — Ruff insistiu, aos gritos.

— Pensei que precisassem matar um deles.

— Não sabemos como! Precisamos descobrir mais!

O anão riu.

— Boa sorte! Venho há séculos tentando matar a mim mesmo. Descobri como, e não cheguei a lugar nenhum.

Thondin berrava e martelava. Discorria sobre imortalidade, sobre o inferno, sobre ser o maior dos ferreiros, como se tudo aquilo fosse natural. Para Thondin, o metal era o centro da vida. O resto eram detalhes.

— Você falou sobre algo chamado o Devorador de Mundos — Ruff gritou para ser escutado. — O que é isso?

— Os humanos já esqueceram o Devorador? — Thondin secou o suor e deu uma risada. — Suas memórias são mesmo curtas! Não me admira que morram tão rápido.

— Essa coisa tem a ver com o dragão? — gritou Korin. — Se tem, precisamos saber mais!

— Tem tudo a ver com o dragão, garoto alto.

Thondin acionou seus foles, soprando uma ventania nas chamas infernais, que brilharam com mais intensidade, ofuscando os dois humanos. Ruff e Korin sentiram as pernas bambas com a golfada de calor.

— Houve uma época em que os deuses estavam furiosos — continuou o anão. — Pelo menos era o que os clérigos de minha raça diziam. Por alguma razão, eles estavam insatisfeitos. Foram anos de tempestades e maremotos, de vulcões e pragas. Uma bela bosta!

— Por que os deuses estavam furiosos? — quis saber Ruff. — Os deuses nos protegem. Concedem poderes a seus santos e clérigos.

— Não pergunte a mim! E também não me peça para forjar uma escada que leve até o paraíso. Certa vez me pediram isso, mas achei que só traria problemas. De qualquer forma, os deuses estavam furiosos, e todos esses desastres não foram suficientes para aliviar o mau humor deles. Precisaram de algo ainda mais horrível.

— Mais horrível que maremotos, tempestades, vulcões e pragas?

Thondin parou de martelar por um instante. Voltou-se para eles e disse:

— Muito mais. O Devorador de Mundos.

Aquelas palavras de alguma forma carregavam um tom ameaçador intrínseco. Ruff e Korin sentiram uma espécie de arrepio fundo, um medo vago que tinha a ver com memórias ancestrais. Era uma sensação parecida com a que experimentaram quando encontraram os demônios: como se lembrassem de algo que nunca haviam testemunhado e que temessem.

— Eu não vi o Devorador de Mundos — disse Thondin. — O que foi uma pena, porque talvez o bicho conseguisse me matar. Na época, eu deveria ter tido a ideia de encontrá-lo e me jogar em sua boca. Mas não adianta ficar se arrependendo de oportunidades perdidas, não é?

Korin olhou para Ruff e fez um gesto com o dedo indicador na têmpora, sugerindo que o anão era louco.

— O Devorador de Mundos era um monstro — continuou Thondin. — Muitos sortudos morreram em suas mandíbulas. Mais do que isso. Montanhas e colinas foram destruídas, florestas viraram cinzas. Cidades foram reduzidas a poeira. O mundo estava acabando. Anões, elfos, humanos... Não importava. Ninguém estava a salvo do Devorador. Lembro quando a cidadela onde eu morava recebeu milhares de refugiados de reinos anões que caíram.

— E o que você estava fazendo na época? — perguntou Korin.

— Trabalhando na forja, é claro. Na verdade, eu estava com esperança. Imaginei que, se não houvesse mais mundo, eu também poderia ser destruído com todo o resto.

— Você *queria* que o mundo acabasse?

— Não queria. Apenas não tinha muito apego. Reis me pediram armas para enfrentar o Devorador, e eu as forjei. Mas você não pode tirar do metal potencial que não está lá. E nada tinha o potencial para vencer aquela coisa.

— O que aconteceu então? — perguntou Ruff.

— Vieram os dragões.

Thondin voltou a martelar.

— Se achávamos que as coisas estavam ruins com o Devorador, elas pioraram quando os dragões vieram! — o anão deu uma risada cheia de humor negro. — De uma hora para a outra, surgiram hordas deles. Dragões por toda parte! Quem sofreu mais com isso foram as raças que viviam na superfície, porque dragões gostam de voar. Mas eles também invadiram o subterrâneo. E alguns apareceram nas entranhas da terra, como se tivessem nascido lá! Enfim, os dragões atacaram o Devorador de Mundos. Exércitos de dragões. As batalhas destruíram reinos inteiros.

— E o que aconteceu? — Korin perguntou.

— Você está aqui, não? Eu estou aqui. O mundo não acabou. Os dragões venceram.

O fole soprou uma ventania nas chamas, e a caverna toda se iluminou com o calor infernal.

— Mas as coisas não ficaram melhores — disse Thondin. — Os dragões batalharam entre si. Escravizaram povos. Nada nunca fica melhor. As pessoas não ficam melhores. Só envelhecem e morrem. Por isso gosto do metal. O metal fica melhor!

Ruff e Korin ficaram calados por um tempo, ouvindo as marteladas.

— Um dos dragões escravizou nosso povo — disse Ruff, a mão do lado da boca na tentativa de amplificar a voz. — Por isso vamos matá-lo.

— Acho que lembro de um dragão se estabelecendo aqui. Um dos mais poderosos.

— Sim! — Ruff exclamou. — É Zamir, o tirano!

Thondin parou o trabalho de novo, deu um meio riso.

— Zamir. Os demônios já sussurraram este nome. Demônios falam muita bobagem, mas às vezes vale a pena prestar atenção no que dizem. Se eles temem ou respeitam algo, é algo importante.

— Os demônios daqui ficaram com medo de meu amigo! — disse Korin.

— Duvido! Mas, se for verdade, seu amigo é importante — e voltou a martelar.

Ruff engoliu em seco. A barulheira e o calor não permitiam a introspecção. Mal permitiam que ele pensasse direito.

— Precisamos matar o dragão! — Ruff repetiu. — Precisamos de armas!

Thondin deu uma gargalhada.

— Quer que eu fabrique armas para matar um dragão?

Ele gritou que sim.

— Não fabrico armas nem para reis, humano!

— Diga seu preço!

— Não tenho preço. Não há nenhuma riqueza no mundo que me interesse.

Ruff cerrou os punhos, apertou a mandíbula. Korin conhecia aquela expressão. Era o jeito do amigo quando estava prestes a fazer algo muito ousado. Ou muito idiota.

— Eu lhe ofereço a morte! — gritou Ruff Ghanor.

Thondin parou de martelar.

— O que disse?

— Eu lhe ofereço a morte — falou Ghanor, ofegante. — Você nunca encontrou um aprendiz a sua altura. E se *eu* for esse aprendiz? E se eu dominar suas técnicas para que você possa morrer em paz?

As chamas do fosso crepitaram. As vozes do inferno gritaram de dor, ao longe.

— Nenhum anão jamais conseguiu isso. Nem mesmo os maiores mestres.

— Ensine-me — Ruff Ghanor ergueu o queixo, desafiante. — Posso dominar os segredos do metal. Ensine-me e, antes que você morra, fabricaremos juntos as armas para matar Zamir.

O som do fogo parecia convidar Thondin.

— O que faz você pensar que pode ter sucesso onde tantos falharam? — o anão provocou.

— Você não me conhece, mestre Thondin, mas sou Ruff Ghanor. Venho fazendo o impossível desde que me lembro. E fui trazido a esta caverna por alguma razão.

— Muito bem — disse o anão, voltando a martelar. — Mas antes, prove seu valor. Quero que me traga algo.

16 | Arcanium

RUFF E KORIN seguiam pelos túneis da montanha.

— Quero que me tragam algo — dissera o anão.

E agora Korin retrucava, entre dentes:

— Para quem fica na retaguarda, falar é fácil.

Desde que se estabelecera na montanha, Thondin descobrira os minérios exóticos que ela escondia. O fosso para o inferno modificara aquelas rochas, modificara os veios que corriam por seu interior. Havia na montanha metais mágicos, capazes de ser transformados em objetos ainda mais extraordinários pelas mãos habilidosas do mestre. Thondin testara vários deles, e a cada um dera um nome. O metal mais raro e mais poderoso que encontrara fora batizado de Arcanium.

Assim, Thondin deu a Ruff Ghanor a missão de trazer-lhe o Arcanium. Caso conseguisse, poderia treinar nos segredos da forja.

Os dois humanos se embrenharam em outros túneis da montanha, seguindo uma rota descrita pelo anão. Não tinham armas, além do martelo semiderretido e do que sobrara da espada. Thondin não lhes permitira levar nenhuma das peças que ele forjara ao longo dos anos. Sua benevolência fora apenas lhes conceder duas tochas e algumas ferramentas para minerar — nenhum deles seria capaz de usá-las como armas.

Afastavam-se do calor, subiam e desciam inclinações. Conseguiram água coletando o que escorria pelas rachaduras na pedra. Saciava a sede, mas tinha cheiro de enxofre, era quente e pesada. Quando começaram a ficar com fome, souberam que estavam com problemas de verdade.

Não havia animais para serem caçados na montanha. As únicas coisas que podiam ser abatidas lá eram os demônios que eles haviam encontrado antes. Mas Ruff e Korin não estavam desesperados o bastante para comer carne de demônio, e esperavam nunca estar. Acharam alguns cogumelos crescendo num canto e os coletaram.

— Tem certeza de que isso não é venenoso? — disse Korin.

— Não tenho certeza de nada.

— Tendo em vista o lugar onde estamos, é possível que esses cogumelos tenham crescido no esterco de demônios.

Ruff sentiu o estômago se revoltar ante a perspectiva.

— Não importa — disse o clérigo. — O que quer que sejam, podemos contar com São Arnaldo para nunca nos deixar passar fome.

Ruff ajoelhou-se e fez uma oração. A luz branca do santo brilhou em suas mãos e banhou os cogumelos. Nada parecera mudar em sua aparência ou em seu cheiro, mas ele tinha fé. Os fungos estavam purificados. Ruff e Korin comeram-nos. O gosto era horrível, mas os cogumelos foram nutritivos e os mantiveram fortes.

Todo o assombro da grande câmara com o fosso ficara para trás. Não havia mais as ondas de calor, ou o barulho das marteladas titânicas.

Mas, à medida que progrediam, começaram a sentir algo pior.

No começo, foi um formigamento na pele. Ruff chegou a pensar que estivesse imaginando coisas e não quis alarmar o amigo. Mas o formigamento aumentou. Seus braços e suas pernas pareciam estar sendo espetados por milhares de minúsculas agulhas. Então um gosto amargo começou a se formar em sua boca, vindo de lugar nenhum. A essas duas sensações, juntou-se uma espécie de nojo e relutância. Algo no corpo de Ruff tentava afastá-lo do caminho, fazer com que desse meia-volta. Era um misto de repugnância e medo.

— Demônios — disse Korin, entre dentes.

Os dois haviam tido sua primeira experiência com demônios há menos de um dia, mas não havia como pensar que era qualquer outra coisa. O ar ficou pesado. Havia uma impressão de maldade, como se algo horrendo fosse acontecer a qualquer momento.

O primeiro ataque ocorreu logo depois que eles começaram a ouvir as vozes esganiçadas. Três criaturas como as que haviam visto antes tentaram matá-los, com suas garras e seus dentes. Korin defendeu-se, mas foi Ruff quem afugentou as coisas, batendo com as mãos espalmadas nas paredes e fazendo a rocha tremer.

— *Garotos tão bons...* — sussurraram os demônios, com suas vozes enervantes. — *Garotos puros.*

Cerca de uma hora depois, chegaram a uma intersecção e encontraram cinco formas humanoides esquálidas e chifrudas esperando para emboscá-los. Ruff invocou o terremoto. Sentia-se mais e mais forte a cada vez que fazia isso. As rochas se quebraram, as fendas aumentaram no solo e no teto. E, embora a maioria dos demônios tenha conseguido fugir, um deles foi esmagado por um desabamento. Os dois humanos viram o sangue negro e malcheiroso da criatura empoçar-se no chão. Uma garra ficou visível sob as pedras e moveu-se em espasmos enquanto a criatura terminava de morrer. Então ficou imóvel e se dissolveu numa nuvem com cheiro de enxofre.

Ruff e Korin ouviram berros e lamentos dos demônios logo após essa morte.

— Eles têm medo — disse o jovem clérigo. — Eles têm medo do poder de São Arnaldo, Korin.

O outro engoliu em seco.

— Não, Ruff. Eles têm medo de *seu* poder.

Os dois seguiram, sentindo a presença dos demônios a cada passo. A ladainha era contínua em suas mentes e seus ouvidos. Elogios a sua bondade e a sua pureza.

Ruff Ghanor olhou para Korin. O guarda permanecia firme, mas era possível ver que se esforçava. Ele estava suando, tremia de leve. Não conseguia evitar olhadelas rápidas para Ruff.

— O que eles estão falando? — perguntou o clérigo.

— Nada.

— Lembre-se, são demônios. O que quer que estejam dizendo, é mentira.

— Eu sei. Mas, porcaria, é difícil ouvir isso o tempo todo.

— O tempo todo?

— Não se preocupe comigo, Ruff. Vamos em frente.

Seguiram por mais alguns metros. Então Korin segurou a cabeça, rosnou como se lutasse com uma dor lancinante.

— O que eles estão dizendo, Korin?

Korin não respondeu, porque o que ouvia era terrível demais:

— *Por que você está aqui? Por que perdeu sua casa? Por que perdeu tantas pessoas? Por causa dele. Ele não é seu amigo. Só está usando-o. Ele traz a morte consigo. Ele tem sua missão, e todos pagam o preço por ela. Ele não se importa com você. Importa-se mais com a vadiazinha que abre as pernas para ele do que com quem o segue e o protege há anos. Por que você continua protegendo-o? Por que segue quem só lhe traz sofrimento? Você se importa com ele, mas ele não se importa com você.*

— O que eles estão dizendo?

— Não importa!

— Ponha um fim nisso agora. Enfie sua espada nele. Mate-o. Mate-o com a espada. Enfie a espada em suas costas. Vai ser fácil. Bom garoto. Garoto puro. É fácil. Mate-o com a espada.

Korin respirou fundo e rilhou os dentes.

— Não me pergunte o que eles estão dizendo, Ruff. Apenas siga.

— Você não precisa aguentar isso sozinho. São mentiras, e estou de seu lado. Pode falar.

— Você não quer saber! — Korin esbravejou. — Deixe comigo! Preocupe-se em encontrar o tal metal!

— Viu? Ele o despreza. Acha que você é uma criança. Acha que precisa protegê-lo. Acha-se superior. Mas sempre foi você quem o protegeu, desde o início. Você sempre esteve atrás dele, como um cão. Aceitando migalhas. Veja como ele se acha superior. Ele se acha um santo. Ele se acha melhor do que você. Todos pensam isso. Agora você pode provar que todos estão errados.

Ruff continuou em frente, olhando para o amigo de tempos em tempos. Korin também seguiu, meio curvado, como se tivesse um grande peso nas costas.

— Você não é respeitado por ninguém. Todos o veem como um palhaço. Você faz piadas e segue o escolhido. Todos pensam que você não é um homem, é só um cão. Prove que estão errados. Basta um movimento. Segure a espada e enfie nas costas dele. Vai ser rápido. Vai ser fácil. E você será respeitado.

Korin grunhiu. Ruff murmurou uma prece rápida ao santo e, por um instante, enxergou além do mundo físico. Formas negras e translúcidas estavam sobre os ombros, as costas e a cabeça de Korin, agachadas e sussurrando. O clérigo entendeu que seu amigo, a cada passo, estava carregando aqueles seres abissais. Um peso enorme. A visão se dissipou, e o guarda parecia estar apenas com dor de cabeça e cansado.

Então Ruff também começou a ouvir algo. Por baixo da cacofonia de antes, das risadas e dos elogios a sua bondade, escutou uma pergunta:

— Tem certeza de que ele é forte o bastante para aguentar?

Ruff sentiu o gelo do terror invadindo-o. Ele mesmo fora treinado desde sempre na doutrina de São Arnaldo. Exercitara mente e corpo. Meditara para fortalecer sua vontade e lera sobre as provações a que os clérigos eram submetidos. Estava preparado para enfrentar a tentação dos demônios.

Mas Korin era só um guarda.

— Ele está pensando em traí-lo — ouviu Ruff. *— É um traidor sujo; não é puro como você. Você é o santo. Ele vai traí-lo. Vai atacá-lo com a espada. Você precisa se defender. Vire-se e esmague a cabeça dele. Esmague*

sua cabeça com o martelo. Um golpe, e acabou. Vai ser fácil. Você nunca mais precisará desconfiar. Garoto bom. Garoto santo.

Ruff balançou a cabeça, tentando se livrar do falatório. Os demônios não paravam um instante. As vozes surgiam umas por cima das outras, com elogios a sua bondade, convites a atacar Korin, evidências de que o amigo iria traí-lo. Algumas vozes falavam rápido, outras deixavam cada sílaba se prolongar, doendo ainda mais.

E, apesar de si mesmo, Ruff começou a duvidar do companheiro. Ele estaria também ouvindo coisas semelhantes. Korin não era tão forte quanto ele mesmo. Impossível exigir dele a determinação de um clérigo especialmente treinado. Korin podia fraquejar, podia se deixar levar pelas palavras venenosas dos demônios. Talvez fosse melhor se defender. Afinal, Korin não era tão forte.

Não era tão puro.

— *Ele o despreza* — diziam as vozes na mente de Korin. — *Ele o despreza e o trata como um servo. Ele sempre se achou especial. Ele sempre foi tratado como alguém especial. Ele merece uma dose de realidade. Merece ser posto no mesmo lugar que todos os plebeus. Merece sangrar um pouco. Só um pouco. Um pouquinho, para sentir como é. Vamos. É fácil. Só um gesto. Estique o braço. Ataque-o com a espada. Faça-o sangrar. Assim ele será como todos.*

Ruff Ghanor virou-se lentamente, tremendo um pouco, como se soubesse o que Korin escutava.

— *Vamos* — ouviu o clérigo. — *Agora. Ele está prestes a golpeá-lo. Vamos. Esmague a cabeça dele. Seja mais rápido.*

Ruff ergueu o martelo.

— Calem a boca! — gritou Korin.

O clérigo notou o que quase fizera e abaixou a arma, envergonhado.

— *Ele não tem culpa. É só um guarda. Não é especial. Vai traí-lo. Mas não é culpa dele. Ele é um traidor. Não é puro. Não é culpa dele. Você precisa agir. Esmague sua cabeça com o martelo. Enterre-o e faça todos os ritos. Ele vai ao paraíso. Será um ato de piedade.*

— *Ele se acha muito especial. Ele nunca passou por nenhuma dificuldade. Sempre foi paparicado. Ele acha que todos devem ser seus servos. Ele o vê como um cachorro fiel. Mostre a ele que você é um homem. Corte-o com a espada.*

— Eles estão tentando nos dividir — disse Ruff. — Não conseguem nos matar, então querem que nós mesmos façamos o serviço. Eles têm medo de nós.

— Têm medo de *você*, Ruff.

O clérigo suspirou.

— É verdade. Têm medo de mim. E querem que você me mate, porque não conseguem.

Korin deu uma risada desconfortável, pois não sabia mais o que fazer. As palavras dos demônios pesavam sobre ele.

— O que eles estão falando? — quis saber Ruff.

— Que você é um santo.

Silêncio.

— O que mais?

— Que você pisa em todos para alcançar o que deseja. Que você não é um de nós, é *especial,* e que nos despreza.

— Bem, esse é o maior monte de bobagens que já ouvi.

— Não, não é. Você não despreza as pessoas comuns, mas não vamos fingir que não é especial. Por isso é tão difícil ouvir essas coisas, Ruff. Eles mentem, mas também falam a verdade.

Ruff segurou o ombro do amigo.

— Eu não vou pisar sobre ninguém para conseguir o que quero.

— Você não pode garantir isso.

— *Veja como ele tem inveja. Você é um santo, ele é só um traidor invejoso.*

— Claro que posso! — exclamou Ruff. — Nunca vou sucumbir!

— *Veja como ele se acha especial. Ele é o santo, você é o cão vadio.*

— Muitos já pagaram por sua missão, Ruff. Muitos já sofreram.

— Ninguém sofreu como eu!

— Ninguém? Nem mesmo os que estão mortos?

— Não foi culpa minha! Eu tenho um dever!

— E vai fazer tudo que for preciso para cumpri-lo, não?

— Você está falando loucuras, Korin.

— *Agora ele acha que você é louco. Ele o despreza. Para ele, você é um louco, um idiota e um cão. Veja. Ele vai lhe oferecer uma migalha. Um afago. Então vai botá-lo na coleira.*

Ruff chegou perto do guarda.

— Deixe que eu exorcize os demônios, Korin.

— *Ele tem a solução para tudo. Ele é o santo. Você é um incapaz.*

— Não chegue perto de mim — disse Korin.

— Não seja idiota! Eu tenho a magia de São Arnaldo! Posso tentar expulsar os demônios que estão sobre você!

— Não preciso de sua benevolência!

— É claro que precisa! — gritou Ruff. — Você é só um guarda!

— Posso lidar com isso sozinho!

— Não pode! — o clérigo urrou. — *Eu* sou o escolhido de São Arnaldo! *Eu* sou o Santo de Pés Descalços! *Eu* sou descendente da linhagem de reis! *Eu sou Ruff Ghanor, e a mim pertence o terremoto! Obedeça!*

E, na mente de Ruff, os demônios prosseguiam:

— *Ele o acusou. Ele é um traidor. Está corrompido. Matá-lo agora seria um ato de piedade. Vamos. Mate-o. Esmague sua cabeça com o martelo.*

Korin tinha a espada semiderretida na mão. Estava tremendo. Ruff não podia garantir que o guarda não iria atacá-lo. Seu martelo ainda podia esmagar um crânio. Seria fácil se livrar da dúvida. Das acusações. Do peso morto. Bastava atacar uma vez, antes que ele mesmo fosse atacado.

— *Vamos, faça. Esmague sua cabeça com o martelo.*

Ruff Ghanor ergueu a arma.

Korin jogou a espada no chão.

— Mate-me, Ruff! — urrou o guarda. — Se quer mesmo isso, mate-me!

Korin arremessou o elmo longe, exibindo a cabeça.

— Porque eu não vou ceder aos demônios! Eu não vou atacá-lo! Pode me matar se quiser, eu não vou traí-lo!

— *Ele é um traidor sujo.*

Ficaram se olhando um tempo. Ruff com o martelo erguido, pronto para um golpe. Korin desprotegido e desarmado.

— *Ele é um traidor.*

— Não, não é — disse Ruff Ghanor, em voz alta. — Ele é um homem muito melhor do que eu.

O clérigo também largou o martelo, e então abraçou o amigo.

— Ajude-me, Korin. Ajude-me. Preciso de sua força.

— Ainda bem que você notou isso, seu idiota. Não vou deixá-lo sozinho, você morreria em dois minutos!

Abraçaram-se forte.

Os dois ouviram uma gritaria dos demônios. As criaturas chiaram e blasfemaram, como se estivessem em contato com algo doloroso e nojento. Ruff viu, num relance, os demônios que estavam sobre o amigo fugindo, suas formas translúcidas com medo do que aqueles dois possuíam.

Korin, desde o início, não fraquejou. Manteve-se firme, fiel, e Ruff entendeu que não era e nunca seria um traidor. Ruff, por sua vez, pediu a ajuda do amigo. Admitiu não ser tão forte quanto ele, e aquele gesto fez com que o guarda soubesse que ambos eram iguais.

Aquela amizade era poderosa demais para as palavras do abismo.

E então um rugido ensurdecedor preencheu os túneis. Bandos de demônios vieram sobre eles de todos os lados. Surgiram da pedra, correram de passagens à frente e atrás, brotaram do chão, tentando agarrar seus tornozelos.

Não eram apenas as coisas magras que eles haviam visto antes. Eram humanoides com as mais diversas deformações. Demônios obesos, a pele semitransparente deixando ver seus órgãos, sustentados por perninhas atarracadas e com pequenas asas de morcego. Demônios altos e musculosos, seu rosto, uma máscara de ódio e fúria. Demônios com cascos de bode e quatro braços, sua cabeça dividida por uma bocarra larga e cheia de dentes.

Korin encolheu-se e foi jogado para trás pelo impacto. Tentou achar a espada arruinada no chão, mas recebeu um golpe que enviou a arma para longe. Deu de encontro a uma parede, perdendo o fôlego e batendo a cabeça, então uma garra vinda de lugar nenhum lhe rasgou o peito. Perdeu também a tocha, que se apagou ao ser pisoteada, e sentiu pés e patas sobre seu corpo. Protegendo o rosto, tentou se erguer, quando uma dor aguda e desesperada surgiu em seu ombro. Ele viu um minúsculo demônio, com a forma de um bebê de pele alaranjada e dentes pontiagudos, mordendo-o com toda a força, pendurado em sua carne. Korin golpeou a criaturinha com o punho, mas então outro demônio se jogou sobre ele — uma espécie de símio coberto de pelos vermelhos, com duas cabeças. A coisa agarrou seu braço e partiu-o como um graveto. Korin berrou, mas sua voz foi abafada pelo rugir da montanha.

— *Afastem-se!* — bradou Ruff Ghanor.

E o chão pulou sob os pés de todos. A rocha se abriu para engolir os demônios, pedras enormes caíram para atingi-los em cheio. As paredes desabaram, esmagando-os.

— Voltem ao abismo!

Em meio à dor e ao ruído terrível, Korin ouviu as vozes dos demônios:

— *Não podemos deixar que saia vivo!*

— *Matem-no! Morram, mas matem-no!*

— *Este poder...*

— *Tudo acabou!*

Sangue negro banhou o rosto de Korin, quando o martelo de Ruff esmagou a cabeça da criatura que estava sobre ele. O guarda viu seu amigo de pé, lutando com a velocidade e a precisão de um mestre. Seu rosto não traía uma gota de medo. Ele largara a tocha, cuja chama tremulava, fraca, perto do chão. Batia com o martelo, enquanto, com a outra mão, comandava o terremoto como um maestro. Ruff Ghanor era um furacão destrutivo.

O último demônio tentava se arrastar para longe, as pernas estraçalhadas. Segurava-se com as mãos nas pedras do solo e deixava uma trilha de sangue nauseabundo por onde passava.

— *Não!* — gritou Ruff.

Não o deixou viver: com um gesto rápido para baixo, fez com que uma estalactite desabasse, perfurando o tronco da criatura.

Então tudo ficou silencioso.

Korin olhou para o lado, e o demoniozinho ainda estava preso a seu ombro. Com o braço que ainda lhe restava, agarrou a criatura e jogou-a no chão. Chutou-a para longe.

O ar estava tomado pela fumaça fétida que restava dos demônios após sua morte.

— Não tenha medo — disse Ruff. — Está tudo bem.

Aproximou a mão do corpo do amigo e a luz branca de São Arnaldo brilhou sobre ele. Korin sentiu os cortes em seu corpo se fechando. O braço, contudo, continuava quebrado. Havia um limite para a magia do santo.

— Eu não estava com medo — disse o guarda.

Ruff piscou, pareceu voltar à realidade.

— Desculpe. Foi uma coisa idiota de se dizer, não?

— Bem idiota. Mas você salvou minha vida, então acho que estamos quites.

Ruff não entendia como fizera tudo aquilo. Seu treinamento de combate comandara seus movimentos sem que sua mente percebesse — isso era esperado. Mas o poder súbito que demonstrara era algo que ele não conseguia explicar. Nunca treinara para controlar os terremotos, menos ainda com tal precisão. Era algo instintivo. Há pouco tempo, tentara invocar o poder e não conseguira. Tinha a impressão de que, o que quer que fosse, fora trazido à tona pelos demônios.

— Para falar a verdade, quem está com medo sou eu — disse Ruff.

— Quem está com medo são os demônios, seu palerma.

Ruff engoliu em seco. Isso dava mais medo ainda.

Ruff improvisou uma tipoia para o braço de Korin. Eles estavam cansados demais, e já haviam perdido a noção do tempo. Dormiram algumas horas nos túneis, alternando-se em turnos de guarda, sem saber se lá fora era dia ou noite. Acordaram e prosseguiram. Ouviam a cacofonia dos demônios ao longe. Os convites para a traição continuavam, mas fracos, sussurrados de algum lugar oculto. Eram as provocações de alguém que estava apavorado.

Enfim, chegaram a um salão aberto. A luz das tochas rebrilhou na pedra, pois os veios de minério estavam aparentes. Thondin descrevera o metal; Ruff e Korin reconheceram-no. O Arcanium possuía diferentes tons de verde e azul. Estava mesclado às paredes, que emitiam um leve brilho prateado.

O poder daquele lugar era palpável. O Arcanium parecia chamá-los, exigir ser minerado e moldado.

— Será mesmo uma boa ideia? — perguntou Korin. — Extrair um metal que surgiu perto de um portal para o inferno?

— Acho que nada disso é uma boa ideia — Ruff balançou a cabeça. — Mas a luz dourada nos trouxe até aqui.

O guarda sorriu para seu amigo. O mundo de Ruff era complicado, mas ele tinha algumas respostas simples.

Fé.

Ruff respirou fundo, colocou a mão na rocha. O salão tremeu, e a pedra ao redor dos veios coloridos começou a se esfacelar. As paredes viraram poeira, caíram em minúsculos fragmentos, deixando os veios de Arcanium aparentes. Logo a caverna estava tomada de pó. Usando as ferramentas que Thondin lhes dera, eles se puseram a escavar. Demoraram vários dias. Fizeram novas expedições aos túneis, em busca de comida e água, Ruff purificando o alimento enquanto Korin guardava ambos contra a presença tênue dos demônios. Enfim, conseguiram extrair uma boa quantidade de Arcanium.

Estavam exaustos, e era só a primeira provação. Voltaram à caverna para começar o trabalho de verdade.

17 | o segundo mestre

RUFF E KORIN se abraçaram.

— Tem certeza? — perguntou o guarda.

Ruff olhou-o com um sorriso orgulhoso, mas triste. Não sabia como iria se acostumar com a caverna — o calor extremo e a barulheira não deixavam de incomodá-lo. A cada vez que olhava para o fosso, lembrava-se de que o inferno estava muito perto.

Mas aquela caverna seria seu lar. E Thondin seria sua única companhia, porque Korin estava indo embora. Ruff ficaria sozinho com o anão durante o tempo que fosse necessário para aprender os segredos da forja. Podia ser a eternidade.

— Preciso que você cuide de tudo em Lago de Pó — disse Ruff. — Lembre-se de nosso objetivo. Vamos precisar de guerreiros. De ouro para comprar equipamentos e sustentar todos. E nosso povo precisa de alguém para protegê-lo.

Korin assentiu. Não sabia quando veria o amigo de novo. Ruff Ghanor propunha-se a uma tarefa impossível. Se nem mesmo os maiores mestres haviam conseguido aprender os segredos de Thondin, como ele conseguiria?

E a resposta estava na ponta de sua língua: porque ele era Ruff Ghanor. Korin já vira o amigo fazer o impossível antes. Se Ruff fosse desistir de algo apenas porque era impossível, nunca teria chegado ao mosteiro.

Thondin entregou uma nova espada a Korin. Se antes o anão havia lhes negado quase qualquer ajuda, agora que voltavam com o Arcanium ele se mostrava mais solícito. Korin ganhara uma armadura metálica, misto de cota de malha e placas, um escudo e agora uma espada. Também recebera um mapa da montanha e das redondezas — com caminhos para evitar as maiores concentrações de demônios. Não seria uma jornada fácil;

sua sobrevivência não estava garantida. Mas também nunca estivera. A sobrevivência nunca estaria garantida. Mas Korin não tinha medo.

— Vá embora, humano chorão — disse Thondin. — Já ganhou mais do que qualquer príncipe de que me lembro! Seu amigo não precisa que continue aqui incomodando, e eu não posso sustentar *dois* garotos altos demais em minha forja.

Abraçaram-se de novo, e Korin começou o caminho de volta.

— Se ficar sabendo algo de Áxia… — começou Ruff.

— Vou fazer o que puder.

Então Korin subiu as escadas. Ruff tentou se livrar da impressão de que aquela era a última vez em que via seu companheiro mais próximo.

— Muito bem, hora de começar seu treinamento — Thondin bateu palmas e esfregou as mãos. — A primeira coisa que você deve saber é que estou com fome. E agora tenho um escravo para me trazer comida.

Ruff olhou-o de esguelha.

— Não gosto que escravos me olhem atravessado! Vamos, traga-me comida. Minhas reservas já estão escasseando. Há uma floresta de fungos em um dos túneis ao sul. Terei tempo de forjar uma ou duas peças até que você volte.

— Mas este não é o acordo — disse o clérigo. — Preciso de armas para enfrentar Zamir.

— E eu preciso de comida para enfrentar a fome. Tem ideia de quanta fome você pode ter quando simplesmente não morre?

— Tenho pressa!

Como resposta, Thondin começou a rir.

— Isso não é problema meu, humano! Ninguém mandou vocês viverem tão pouco; têm pressa para tudo! Se você tivesse o bom senso de ter nascido anão, viveria muito mais, teria muito menos pressa. E, se tivesse o azar de ser eu, teria todo o tempo do mundo!

— Enquanto estamos aqui, conversando, Zamir continua impune.

— Você me faz lembrar de por que eu parei de lidar com outras pessoas. Humanos são muito arrogantes. O mundo existia muito bem antes de você nascer, garoto, e continuará existindo sem você. Você não é o salvador de todos. Esse dragão pode esperar.

— Meu antigo mestre dizia que enfrentar o dragão era mais importante que tudo.

— E onde ele está agora?

— Morto — disse Ruff, em voz pequena.

— Desgraçado sortudo. Bem, eu sou seu mestre agora, e eu digo que meu estômago é mais importante que qualquer dragão!

Ruff tentou argumentar mais um pouco, mas era inútil. Aceitou os equipamentos que Thondin lhe ofereceu e começou a jornada até a floresta de fungos para recolher comida. Foi um trabalho perfeitamente banal, de camponês. Quando voltou, continuou numa rotina de servidão. Ele limpava as botas de Thondin, preparava suas refeições, polia suas ferramentas. Ruff estava acostumado ao trabalho servil — fora seu instinto, quando chegara ao mosteiro. Mas aquele trabalho parecia sem propósito.

E parecia infinito.

Como mestre, Thondin não era mais clemente que o prior. Talvez por séculos de isolamento, ou talvez por esquecer os limites da mortalidade, o anão exigia de Ruff atividade constante e exaustiva. Mas nada que tivesse qualquer coisa a ver com a arte da forja.

— Quando vou começar? — perguntou Ruff, cerca de três semanas após o começo do trabalho.

— Começar o quê? — Thondin gritou, entre marteladas.

— O treinamento! Quando vou aprender a forjar?

De novo, Thondin começou a rir. Ruff achou que acabaria odiando as risadas do anão mais do que as palavras dos demônios da montanha.

— Típico de alunos preguiçosos! Por isso ninguém nunca conseguiu aprender os segredos do metal! Esperam que um professor venha lhes entregar tudo nas mãos.

— Mas...

— Eu nunca tive ninguém para me ensinar o que sei, humano resmungão! Porque ninguém sabia! O metal revelou-me seu verdadeiro potencial, porque eu investiguei.

— Mas eu não sei *nada* sobre forjar metais. Com certeza você teve professores no início.

— É verdade — admitiu Thondin. — Parece que o pessoal da Guilda dos Ferreiros era mais benevolente do que eu. Bem, azar seu! Se quiser aprender, observe-me. Copie o que faço. Tente!

Ruff deixou os ombros caírem.

— Mal tenho tempo para todas as outras tarefas que você me impõe.

— Arranje tempo! Vejo que você fica muitas horas deitado, sem fazer nada.

— Estou *dormindo,* seu maníaco!

— Então espero que mate seu dragão em sonhos.

O anão achou muita graça do próprio comentário. Ruff teve ânsias de lhe dar um soco.

Mas terminou o que fazia tão rápido quanto pôde, e então se pôs a olhar atentamente tudo que Thondin fazia.

Aos dias exaustivos, somaram-se noites em claro, trabalhando, observando, lendo. Noites e dias mesclavam-se, sem o referencial do sol e com trabalho ininterrupto. Thondin possuía tratados sobre a arte da forja. Às vezes, quando seu capricho assim determinava, discorria durante horas sobre as técnicas básicas, e Ruff se esforçava para memorizar tudo. O anão podia tanto explicar cada passo do que estava fazendo quanto passar dias calado, ou apenas resmungando para si mesmo.

Thondin não era malicioso ou frio. Apenas, Ruff notou, não se preocupava tanto em ensinar. O prior, por mais rígido que fosse, vivera para moldar Ruff em uma arma contra Zamir. Já o anão fazia-lhe um favor com cada ensinamento. Thondin tinha um interesse naquilo: caso Ruff superasse-o, poderia morrer. Mas nada sugeria que um dia o humano alcançasse aquele patamar de excelência. E, de qualquer forma, Thondin não tinha pressa. Já estava vivo há tanto tempo, e há tanto tempo estava no subterrâneo, que experimentava sua passagem de uma forma completamente diferente. O que eram semanas ou meses para quem já vivera séculos?

O próprio Ruff perdeu a noção do tempo. De início, tentara contar os dias pelo ritmo de seu corpo — a necessidade de sono, a fome. Mas a rotina era tão puxada que isso perdia o sentido. Ficava acordado até muito depois de sentir vontade de dormir, não tinha tempo suficiente para comer. Só sabia que estava na caverna há semanas porque sua barba crescera e se tornara espessa.

Certo dia, abordou Thondin.

— Quero tentar.

O anão ergueu-lhe uma sobrancelha.

— Já olhei, li e ouvi por tempo suficiente. Preciso praticar na forja.

— Até que enfim, garoto alto! Pensei que fosse ficar para sempre esperando e hesitando!

Ruff suspirou e aproximou-se da bigorna.

— O que quer fabricar? — perguntou Thondin.

— Uma adaga.

— Por quê?

— Parece simples.

— Você pode aprender a forjar objetos simples. Diabos, você pode aprender a forjar os mais complicados! Mas só isso não adianta; isso é o que os ferreiros comuns fazem. Para ser o melhor dos ferreiros, você precisa amar o que faz. O ato de forjar tem que ser algo especial, seu objetivo tem que ser mais importante que tudo. Quer mesmo fabricar uma adaga?

— Sim — disse Ruff.

Lembrou-se da adaga ensanguentada na mão de Áxia. A adaga que matara o hobgoblin, tanto tempo atrás. Por aquela adaga, ele fora ordenado clérigo. Por aquela adaga, o mosteiro fora atacado. Uma adaga mudara sua vida.

— Quero fabricar uma adaga.

— Então fabrique.

Ruff empenhou-se. Usou as técnicas que observara de Thondin, lembrou-se de quase tudo que lera e ouvira. Enquanto estava martelando, esqueceu-se do mundo. Tinha a adaga na mente, visualizava o objeto e seus olhos não enxergavam mais nada.

O anão começou a guiá-lo. Corrigia, orientava. Ruff mal escutava sua voz. Apenas absorvia os ensinamentos e aplicava-os diretamente.

No fim do processo, colocou o objeto de metal em um barril de água, para que esfriasse. A água chiou em contato com o calor do metal. Ruff ergueu a adaga recém-forjada com uma grande pinça e examinou-a.

— Ficou uma bosta, garoto alto! — divertiu-se Thondin.

Ruff fechou os olhos em desânimo.

— Mas não importa! — disse o anão. — Se você achava que o primeiro objeto que forjasse ficaria bom, sua vida foi muito fácil até agora. O importante é que você estava concentrado. Estava se unindo ao metal! Eu vi em seus olhos, humano. Nada mais importava. É assim que deve ser! Apenas se conseguir este tipo de foco você será o melhor dos ferreiros.

Ruff assentiu, sério.

— Mas não fique convencido! Isso só prova que você não é um caso perdido. Agora, de volta para a forja!

Enxergando em Ruff o potencial, Thondin passou a lhe ensinar ativamente. Os dois ficavam incontáveis horas na forja. O anão falava sem parar, Ruff tentava absorver tudo. E ele fabricou outras adagas, e também martelos, espadas, escudos. E objetos mais humildes: panelas, ferraduras, elos de corrente. Era difícil manter o foco que o anão exigia quando estava forjando algo tão banal, mas Thondin dizia que essa era a marca do verdadeiro artesão.

— Qualquer um pode amar uma bela espada ou um machado. Qualquer um pode ser absorvido pelo processo de fabricar um elmo. Mas, se você quiser ser o melhor, precisa amar a forja em si! Seja fabricando uma armadura ornamentada ou a mais simples ferradura, ame a forja! Ame o trabalho! Nada mais importa.

Só existia a forja. Ruff Ghanor fechava os olhos e enxergava o brilho do metal incandescente. Seus braços ardiam o tempo todo, pelo trabalho contínuo, mas ele sabia que não podia parar.

De início, ele temeu que desaprenderia a lutar — parecia-lhe que deixava de ser um guerreiro, deixava até mesmo de ser um clérigo para se tornar apenas um ferreiro. Mas essa preocupação desapareceu. Às vezes ele lembrava das outras disciplinas, dos outros ensinamentos, e tudo era distante e desimportante. A vida era a forja. Seus músculos aumentaram, pois o trabalho de ferreiro era tão exigente quanto os mais pesados exercícios. Ele acostumou seu corpo a dormir ainda menos, a curvar-se ante as necessidades da bigorna.

Não sabia quanto tempo havia se passado quando conseguiu forjar o primeiro objeto que Thondin considerou impecável. Era uma mera ponta de lança. Mas nada poderia lhe dar mais orgulho.

— Está perfeita — disse o anão. — Muito bem. Perfeição é o começo! Agora saímos do básico.

Perfeição era só o começo. Chegava a hora dos mistérios.

— Existe um potencial oculto dentro do metal — disse o anão.

Estavam ambos sentados no meio da caverna, mordiscando cogumelos. Ruff achava que já esquecera o gosto de qualquer outra comida. Não importava; comida, assim como todo o resto, era apenas uma distração da vida verdadeira. Da forja.

— Cada pedaço de minério esconde uma vontade. Você precisa aprender a descobrir qual é essa vontade, e então fazê-la vir à tona! Existe metal com o potencial para dar-lhe respostas, como o elmo que forjei tanto tempo atrás. Seria inútil tentar transformar aquele pedaço de metal em um machado que decapitasse meus inimigos. Seria um desrespeito!

Ruff ouvia, atento.

— Da mesma forma, o metal pode *aprender.* Você deve extrair o máximo dele, guiá-lo até que realize tudo que está em seu interior. O metal é como um pupilo, garoto alto. Mas, diferente de todos os pupilos do mundo, ele nunca decepciona! Ele é sempre perfeito; você é que não pode decepcioná-lo.

— Isso não é magia?

— Ah, não comece com essa conversa de magia! Se existe algo que me dá urticária é a maldita magia! Existem metais mágicos, como o próprio Arcanium. Eles são belos e perfeitos, como qualquer metal. Mas a magia está *dentro* deles, faz *parte* deles. Trabalhar com eles é como trabalhar com qualquer metal, o potencial é apenas maior. — Thondin então fez uma careta de desgosto. — Mas existem pessoas que colocam magia *sobre* o metal. Ah, que desaforo! — Cuspiu no chão. — Elfos, em especial, vivem fazendo isso. Que disparate! Impor sua vontade sobre o metal! Tentar melhorá-lo, como se já não fosse perfeito! Nós nunca impomos magia sobre o metal, humano curioso. Apenas trazemos à tona a magia que já está dentro dele.

Ruff já dominava os metais mundanos. Passou aos metais exóticos e, enfim, ao poderoso Arcanium. Aprendeu a moldá-lo, criar com ele peças cada vez mais elaboradas. Peças perfeitas.

Mas a perfeição era só o começo.

Ruff não conseguia extrair do metal suas capacidades ocultas, como Thondin fazia. Não havia palavras para descrever os processos a que o anão submetia os metais. Ele próprio criara palavras para explicar seu trabalho, na tentativa de transmitir o conhecimento. Contudo, era um talento inato, único. Ouvir as palavras de Thondin não ajudava. Observá-lo não ajudava. Ruff não tinha ideia de como conseguiria penetrar aqueles segredos.

— É inútil! — Thondin explodiu certo dia. — Você é tão idiota quanto todos os outros! Ninguém consegue entender o que faço! Ninguém consegue reproduzir! Você é um aluno sem qualquer esperança.

— *Não* — Ruff Ghanor, exausto e trêmulo pelo esforço constante, sentiu o pavor do que estava prestes a acontecer. — Eu sei que sou capaz.

— Ninguém é capaz, humano. Nunca conseguirei morrer.

— Eu sou capaz — o clérigo repetiu.

— Mas pelo menos posso viver sem ninguém me incomodando — Thondin ignorou-o. — Pegue suas coisas e vá embora de minha montanha.

Ruff sentiu fisgadas nos olhos, controlou-se para não chorar de raiva e frustração. Não estava acostumado ao fracasso.

— Não! Não irei embora! Eu posso aprender!

Thondin olhou-o por um longo tempo.

— Vou lhe dar um prazo, humano. Você tem até nossa reserva de comida acabar.

Ruff olhou para os barris onde eles armazenavam os cogumelos. Calculou que haveria o suficiente para cerca de quinze refeições para cada um.

— Continuarei trabalhando como fazia antes de você chegar aqui — disse Thondin. — Se, quando os barris estiverem vazios, você tiver conseguido aprender algo sozinho, então voltaremos ao treinamento. Caso contrário, vai embora.

Ruff aceitou a oportunidade, e redobrou os esforços sem reclamar.

Continuava sendo o servo do anão — buscava comida, lustrava suas botas, consertava suas ferramentas. Logo no início do prazo, foi acossado por demônios em uma incursão pela montanha, e perdeu horas combatendo e fugindo. Voltou à Forja do Inferno ferido, exausto e indignado pela injustiça. Perdera tempo precioso. Ruff desistiu de dormir. Forçava-se a ficar acordado. Desmaiava de exaustão por uma ou duas horas, do lado da forja, e então acordava para trabalhar ainda mais.

Viu o conteúdo dos barris ficar cada vez mais escasso. Numa tentativa de burlar o prazo, começou a comer pouco. Pensou que faria aquela reserva durar mais. Teria algum tempo extra. Precisava de todo o tempo que pudesse ter, pois não estava mais perto de extrair qualquer segredo do metal.

Então, certo dia, Thondin resolveu se empanturrar.

O anão comeu tudo que restava nos barris. Esfregou a barriga, deu um arroto sonoro e partiu numa expedição pelos túneis.

Ruff ficou de pé, olhando os barris vazios. Estava tudo acabado. Assim que o anão voltasse, ele seria expulso. Teria de voltar derrotado, sem conseguir equipamento, sem aprender segredo nenhum. Lembrou-se do povo do mosteiro, de Korin, de Áxia. Todos eram memórias distantes. Abandonara sua gente apenas para falhar. Sentia vergonha de si mesmo. Os sobreviventes do mosteiro aclamavam-no como um protetor porque ele lutara contra meia dúzia de monstros na estrada, mas era incapaz de fazer qualquer coisa mais significativa. Não havia como entender aquilo. Era inútil.

Então Ruff pareceu ouvir a voz do prior.

— *Quer dizer que vai se dobrar perante a primeira dificuldade, garoto-cabra? Irá desistir de sua tarefa? Todos os aldeões morreram em vão?*

Ele ainda tinha algum tempo. Horas, minutos, não importava. Quando Thondin voltasse, poderia arrastá-lo à força para longe da forja. Até que isso acontecesse, Ruff Ghanor continuaria tentando.

Ruff apanhou um bloco de Arcanium e colocou-o no imenso crisol sobre o fosso. Acionou os foles, aumentando as chamas infernais. O metal esquentou, derreteu e então escorreu pelo sistema de calhas até a bigorna. Ruff agarrou a alavanca que acionava o martelo gigantesco.

E teve uma ideia.

Nunca entendera seu poder de criar terremotos, mas era capaz de usá-lo por instinto. Como um músculo que às vezes nem era lembrado ou notado, o poder estava lá — e o clérigo acionou-o ao segurar a alavanca que movia o mecanismo do martelo. Como fazia no início, quando usava seu próprio martelo para golpear o chão e criar o terremoto. Ele sempre fora capaz de transmitir seu poder por aquela ferramenta.

A energia passou da mão de Ruff até a alavanca, e então até as roldanas e os contrapesos. Ele sentiu quando a energia desconhecida chegou à gigantesca cabeça do martelo. Ruff puxou a alavanca, e a caverna ressoou com um clangor monumental.

O Arcanium soltou faíscas e pequenos relâmpagos. Ruff ouviu, sob o som da martelada, uma espécie de melodia. O metal cantava para ele. Martelou de novo, e sentiu o braço reverberar. O Arcanium se rearranjava; as minúsculas partículas que o compunham fervilhavam, pareciam estar vivas. O poder do terremoto era um condutor de sensações — transmitia sua vontade ao metal e devolvia as respostas do metal até ele. Ruff entendeu o potencial que havia dentro daquele bloco de minério derretido. Tudo que o metal podia fazer. Tudo que o metal *queria*.

Ele compreendeu. Enxergou a composição daquela substância como se pudesse ver um mundo minúsculo, oculto aos olhos de todos os mortais.

Ruff Ghanor deu mais uma martelada, e o metal cantou para ele tudo que podia se tornar.

— Então finalmente aprendeu — disse Thondin, atrás dele.

Ruff quase deu um salto. Esquecera-se de que o anão existia. Esquecera-se de tudo no mundo, exceto ele mesmo e a música do Arcanium.

— É lindo — disse o clérigo.

— É a coisa mais bonita do mundo, humano. Mas ninguém mais conhece.

Ruff sentiu uma tristeza infinita. Entendeu a frustração de Thondin. Um mundo inteiro de bela complexidade, e ninguém com quem dividi-lo. Séculos disso. O anão deveria se sentir como o único adulto em meio a crianças.

— Agora você aprenderá a ser um ferreiro — decretou Thondin, finalmente falando com um igual.

Os dois forjaram aço e Arcanium, ouviram a melodia dos metais e conversaram com eles. Mestre e discípulo tinham uma linguagem própria, algo que ninguém mais compreenderia. As palavras que Thondin criara para descrever sua arte finalmente faziam sentido para Ruff.

Anão e humano trabalharam juntos, viveram juntos, falaram sobre a vida e o metal.

— Quando cheguei na caverna — disse Ruff, certo dia — você falou sobre o Devorador de Mundos.

Thondin assentiu.

— Eu quase esqueci de tudo isso — continuou o clérigo. — Parece muito distante.

— Porque você é um ferreiro. Tudo que não é o metal deixa de importar.

— Mas algo me incomoda naquela história. Você disse que os deuses estavam furiosos. E eles enviaram o Devorador de Mundos.

— É o que lembro daquela época.

— Mas não faz sentido! Milhares de inocentes devem ter morrido. Como os deuses podem ter feito isso?

— Você é o clérigo, garoto alto. Não eu.

— E, se os dragões derrotaram o Devorador...

Ruff deixou o pensamento incompleto.

— Nunca dei muita importância para os deuses — disse Thondin. — Os clérigos tentaram enfiá-los em minha cabeça quando eu era jovem, mas depois desistiram. Eles nunca fizeram muito sentido para mim.

— Os deuses são a única coisa que faz sentido absoluto — disse Ruff. — Eles são nosso parâmetro.

— Aí está o erro, se quer saber o que eu penso. As pessoas acham que existe o bem ou o mal. Que os deuses definem tudo isso. Mas o mundo é como o metal, humano iludido. O metal transforma-se em ferramentas. E essas ferramentas são usadas para o bem ou para o mal. Você pode forjar uma espada, e então usá-la para assassinar um orfanato cheio de crianças bonitinhas! Ou pode usá-la para derrubar um tirano. A espada é má? Ou é boa?

— Homens e mulheres não são espadas.

— São sim — retrucou o anão. — Podem fazer o bem e fazer o mal, sem que isso mude quem são. E os deuses também são espadas. E o Devorador de Mundos, talvez até mesmo os dragões.

Ruff Ghanor deu um suspiro fundo.

— Não se preocupe com o que é o bem e o mal, humano confuso. Você é como o metal. E, se o que me falou é verdade, seu antigo mestre se esforçou muito para tirar de você seu verdadeiro potencial.

Ruff Ghanor colocou o elmo. Empertigou-se dentro da armadura. Segurou firme o cabo do martelo e as tiras do escudo.

Thondin olhou-o de cima a baixo. Não parecia um humano: era uma perfeita estátua de metal. A magnífica armadura de placas não deixava ver o que estava por baixo. O elmo escondia o rosto, dando-lhe uma aparência feroz e grave. O escudo, alto e largo, protegeria a maior parte do corpo, quando empunhado. O martelo era pesado, mas balanceado —

prometia morte e destruição para seus inimigos. Tudo feito de Arcanium. Tudo gravado com arabescos, runas anãs e símbolos da ordem de São Arnaldo. Havia pequenas asas dos dois lados do elmo. Porque o metal merecia ser belo. Deveria ser respeitado, bajulado, tratado como um rei. O Arcanium oferecera aos dois artífices seus segredos, suas vontades, seu potencial. Em troca, os dois haviam cultuado-o como um deus.

A armadura tinha a capacidade de absorver impacto. Mais do que atuar como uma barreira entre Ruff e quaisquer armas que tentassem feri-lo, ela devoraria a força dos golpes e depois a dispersaria num zumbido musical. O escudo estenderia sua proteção como uma redoma em volta do usuário. Mesmo que Ruff Ghanor fosse soterrado em pedras, mesmo que fosse banhado em chamas ou fulminado por relâmpagos, o escudo iria protegê-lo — a vontade do metal projetando-se a seu redor. As botas de metal impulsionariam seus pés, iriam torná-lo rápido e permitir que saltasse a grandes alturas. O martelo era quase um guerreiro por si só; sua cabeça metálica estremecia de vontade de matar. Era pesado, e um único golpe poderia quebrar uma parede, matar um inimigo com facilidade.

Mas o elmo tinha o maior poder de todos. Pensando nas capacidades daquela peça, Ruff Ghanor quase teve medo de si mesmo. Quase teve pena de seus inimigos.

Ele possuía as obras-primas de Thondin, o maior dos armeiros. E o anão admitia: suas obras-primas não haviam sido feitas por ele mesmo.

Eram obras de seu único aprendiz.

No fim, o maior triunfo de Thondin foi ensinar sua arte a um humano.

— Você me superou — disse o anão, a voz embargada de orgulho. — O metal nunca dançou comigo dessa forma. Você é um armeiro ainda melhor do que eu, Ruff.

Ruff Ghanor pensou em negar aquilo. Não sabia quanto tempo passara na Forja do Inferno. Sabia apenas que seu corpo havia mudado. Calculava que mais de dois anos haviam transcorrido, mas o tempo não importava.

Apenas o metal importava.

De qualquer forma, parecia absurdo que ele fosse capaz de forjar melhor do que o anão. Mas sabia que contradizer o anão seria crueldade demais.

Tudo que Thondin queria era não ser o melhor.

— Obrigado, mestre.

— Esta armadura, este escudo, este martelo e este elmo são meu último legado, Ruff Ghanor. Tê-lo ajudado a forjar isso foi meu maior júbilo. Você me ofereceu o que ninguém mais pôde.

Foi até o ex-discípulo. Estendeu a mão em cumprimento. Os dois seguraram-se os antebraços por um longo tempo. Então Thondin abriu um sorriso enorme e cansado.

— Você é o maior ferreiro do mundo, Ruff Ghanor. Felizmente, não é um anão. Espero que a arte não cobre de você um preço tão alto quanto cobrou de mim.

Thondin caminhou até a beira do fosso. As chamas rugiram, altas, como se pressentissem o que viria a seguir.

— Adeus — disse Ruff.

— Obrigado — disse o anão.

Então Thondin, o maior mestre ferreiro de todos os tempos, jogou-se de costas no fogo do inferno. E, sorrindo, alcançou o que mais desejava.

Quando Ruff Ghanor surgiu nos portões de Lago de Pó, a fila que esperava para entrar se dispersou. Todos olharam com assombro o guerreiro trajado em placas, a cabeça dentro de um elmo. Os vigias abriram-lhe as portas, sem ter coragem de fazer qualquer pergunta.

Ele andou decidido pelas ruas. O povo abriu caminho, mas também começou a segui-lo. Ruff não conhecia direito a cidade, mas era fácil seguir a muralha e chegar até o outro extremo, onde estava encostada a região miserável, no lago seco.

Uma pequena multidão olhava quando ele parou em frente ao muro. Quando puxou o martelo e o ergueu, alguém gritou pela milícia. Ruff Ghanor deu a primeira martelada na muralha de Lago de Pó, e criou uma rachadura.

— Pare! — gritou um miliciano.

Ruff virou-se para ele e disse:

— Nunca.

E golpeou de novo. A rachadura aumentou.

Seis milicianos se juntaram a seu redor, lanças em punho, mas nenhum teve coragem de intervir. Ruff golpeou e golpeou, até que um pedaço da muralha caiu. Ele olhou para baixo, pelo buraco formado, na direção da depressão do lago seco, e viu rostos sujos observando com assombro, os olhos arregalados.

— Povo de Lago de Pó! — gritou o clérigo. — Hoje acaba a divisão! Vocês não estarão mais separados por uma muralha! A partir de hoje, todos estaremos juntos!

Mais um golpe do martelo alargou o vão, e os miseráveis começaram a escalar a elevação de terra, subindo em direção à cidade. Quem primeiro passou pela muralha aberta foi uma jovem, vinte e poucos anos com ar cansado de quase cinquenta. Maltratada pela vida ao relento, desgastada pela pobreza, mas com olhos cheios de esperança. Ruff ajudou-a no fim da escalada e ela pulou para dentro das muralhas com um sorriso no rosto.

— Nunca deixaram que eu entrasse antes — a garota falou.

Atrás dela, vieram muitos outros. Ruff ajudou cada um. E aqueles que passavam também atacavam a muralha. Com ferramentas toscas ou com as próprias mãos, derrubavam o que separava as duas áreas da cidade. A milícia continuava ao redor, mas sem conseguir reagir à extraordinária figura blindada do clérigo. Logo os habitantes de dentro da cidade se juntaram aos que chegavam do lago seco. Também se puseram a derrubar o muro. Outros apenas se esconderam, temerosos da mudança que chegava.

— Nenhuma dessas pessoas será atacada! — Ruff Ghanor voltou-se para os milicianos. — Ninguém será incomodado! A partir de hoje, eles pertencem a Lago de Pó!

Com a certeza de que seria obedecido, deu meia-volta e foi procurar a igreja.

Não demorou para achá-la — as bandeirolas com imagens de santos e deuses eram visíveis da praça central. Caminhou até as portas de carvalho do templo.

A igreja estava fechada. Ruff Ghanor ergueu o pé e deu um chute poderoso. A tranca se esfacelou, as duas folhas de madeira foram jogadas para trás. Lá dentro, dois sacerdotes vestidos em roupas luxuosas olharam-no, apavorados.

— Reclamo este templo em nome do povo! — bradou o clérigo. — Sou Ruff Ghanor, monge da Ordem de São Arnaldo, e agora esta é a casa de todos os miseráveis!

Chegou perto de um dos sacerdotes, que tremia, meio encolhido, e segurou-lhe os mantos púrpuros.

— Todo o ouro dentro desta igreja será derretido. Suas roupas caras serão vendidas. Todas as estátuas, os móveis, as camas macias onde vocês se deitam. Tudo isso será transformado em dinheiro para alimentar os pobres.

O sacerdote balbuciou um "sim", mas Ruff não havia acabado:

— E em armas para derrubar o tirano.

O povo começou a entrar na igreja. Os mais esfarrapados, recém-emergidos do lago seco, e os que há anos viviam na cidade. Os sussurros de assombro já viravam um burburinho. Alguém disse:

— Ele voltou! É o Santo de Pés Descalços!

Nunca vira aquela gente, mas estavam seguindo-o. O povo de Lago de Pó também era seu povo. Ele não hesitou em dar uma ordem.

— Rumem à depressão! Chamem Korin, o capitão de minha guarda!

Graças à bênção de São Arnaldo e à força dos mortais, Korin estava vivo. Não foi difícil achá-lo. Sob o estandarte da cabeça de cabra, Korin havia unido os miseráveis do lago seco com os aldeões refugiados. Havia acolhido todos os viajantes que os vigias do portão barravam. Eles eram um grupo unido, quase um exército esfarrapado. Defendiam com ferocidade suas habitações precárias, seu pequeno e sujo pedaço de terra. Com trabalho duro e ajuda mútua, haviam conseguido fabricar roupas e armas.

Como os sacerdotes de Lago de Pó eram incapazes de fazer milagres, o Irmão Dunnius e o Irmão Niccolas haviam estabelecido um hospital improvisado em meio aos casebres. Lá, usavam a magia de São Arnaldo para curar os feridos. A história dos monges milagrosos se espalhou na cidade, e logo mais e mais pessoas iam se estabelecer na zona miserável, em busca de iluminação espiritual. Famílias de artesãos mudaram-se para o lago seco; nobres vieram com seu dinheiro. Principalmente, vigias da milícia de Lago de Pó desertaram, preferindo se juntar a quem tinha o poder dos deuses.

Korin havia mandado fazer uma enorme bandeira com o brasão que ele mesmo inventara para Ruff, e a cabeça de cabra tremulava alta em um forte rústico que o povo havia erguido no centro do lago seco.

Korin surgiu nas portas da igreja, escoltado por uma milícia tosca. Ainda trajava a armadura que lhe fora presenteada por Thondin.

— Quando ouvi que alguém estava derrubando a muralha, sabia que seria você.

Ruff virou-se para ele e tirou o elmo. O rosto que foi revelado era mais forte, mais duro, mais adulto. Ruff Ghanor ostentava uma barba negra espessa. Seus olhos azuis tinham mais sabedoria. De novo ele conquistara o impossível, e crescera em idade e espírito.

Os dois amigos gargalharam ao se ver, e a igreja foi tomada pelo clangor do metal quando suas armaduras se chocaram em um abraço furioso, fraterno.

— Você demorou, seu desgraçado preguiçoso — disse Korin.

— Estava aproveitando um tempo longe de sua cara feia.

E abraçaram-se de novo.

— Não somos mais meia dúzia de pobretões, Ruff! Somos agora algumas centenas de pobretões. Com armas. Dunnius e Niccolas fazem milagres. As pessoas nos seguem. A nobreza nos teme.

— Ótimo. Eu trouxe armas de Arcanium para você e mais alguns escolhidos.

Korin sorriu ante a perspectiva de empunhar uma arma feita por Thondin.

— Qual é a primeira ordem? — disse o guarda.

— Organize a tomada da cidade. Os miseráveis não ficarão mais confinados. Fique de olho nesses sacerdotes. Eles amam muito seu ouro. Reúna seus homens, vamos derrubar os nobres que se opuserem a nós e usar o ouro deles para nossa missão.

Ruff recolocou o elmo, e sua voz ressoou com um timbre metálico.

— E então vamos matar Zamir.

18 | A noite do dragão

RUFF GHANOR FINCOU a bandeira da cabeça de cabra na praça central de Lago de Pó.

A milícia da cidade circundava o local, armas em punho. Os guerreiros comandados por Korin estavam ao redor de Ruff, também com espadas e escudos em mãos. Korin trajava sua armadura de placas e cota de malha, feita por Thondin, e empunhava uma espada de Arcanium, trazida por Ruff. Nenhum dos dois tinha descoberto ainda se a espada possuía qualquer poder, mas o clérigo confiava na habilidade e na generosidade de seu segundo mestre. O escudo de Korin exibia o brasão da cabeça de cabra — não mais um desenho tosco, feito na estrada, mas um símbolo heráldico cuidadoso, obra do maior artesão da cidade, que se mudara para o lago seco meses atrás, em busca dos milagres dos monges. O Irmão Dunnius e o Irmão Niccolas empunhavam maças de Arcanium. Era uma das únicas concessões sentimentalistas que Ruff fizera a si mesmo: embora Niccolas fosse um bom lutador, Dunnius tinha dificuldade até mesmo para brandir a maça sem deixá-la escorregar da mão. Mas não poderia ficar sem uma daquelas dádivas. Havia mais três guerreiros portando armas de Arcanium, escolhidos por Korin, e Ruff Ghanor era o único que trajava armadura feita daquele metal. O restante do pequeno exército usava equipamentos conseguidos com o dinheiro da igreja e dos nobres que haviam se juntado a eles, ou então armas trazidas pelos milicianos que haviam desertado para lutar sob a cabeça de cabra.

Do alto de um pequeno forte, adjacente à praça, o barão local observava o ajuntamento, de olhos arregalados. Ele surgiu na janela, pareceu estar prestes a dar alguma ordem, mas ficou calado. Guardas barravam os portões da fortaleza, mas nenhum dos guerreiros de Ghanor fazia menção de entrar à força. Apenas observavam, sob a supervisão atenta de Korin, prontos para agir caso a violência começasse.

Era uma tarde nublada em Lago de Pó, e os ânimos também estavam sombrios.

— Milicianos de Lago de Pó, entreguem suas armas! — bradou Ruff Ghanor. — Juntem-se a seus irmãos! Lutem conosco, sob nossa bandeira! A época do medo está prestes a acabar!

O capitão da milícia da cidade olhou para cima, tentando obter alguma orientação do barão. O nobre continuou em silêncio, sem saber o que fazer. A cidade estava dividida; o povo do lago seco havia invadido as ruas antes ocupadas somente por quem tinha dinheiro. Mais surpreendente: agora, que tinham roupas dignas, comida e até armas, era difícil diferenciar quem eram os supostos intrusos. Sob a tutela de Korin, Dunnius e Niccolas, aquelas pessoas eram tratadas como pessoas. E agora, com a aparição de Ruff, tudo chegava a um ponto culminante. Boa parte da população temia Ghanor, temia seus guerreiros, ainda achava que eles provocariam um banho de sangue. Tentavam encontrar liderança no barão, mas o homem passava dias trancado em seu forte, sem qualquer comunicação, exceto ordens de aumentar o número de milicianos a seu redor. O povo da depressão abraçara a liderança do jovem clérigo. Vira com assombro os milagres que ele e os outros de sua ordem eram capazes de realizar, e acreditara que logo haveria um fim para a opressão de gerações.

E um fim para o dragão tirano.

Um punhado de milicianos deixou as fileiras da cidade, indo se juntar aos homens de Ruff. Os guerreiros da cabeça de cabra gritaram em comemoração, bateram as armas nos escudos. Os outros milicianos olhavam para seu capitão, em busca de ordens. Naquela situação, o homem deveria ordenar um ataque aos desertores, mas sabia que qualquer violência acabaria numa batalha campal.

— Não acreditamos em segregação! — continuou Ruff. — Quem não desejar nos seguir ainda é bem-vindo na cidade. Vocês não serão expulsos de suas casas ou barrados em lugar nenhum. Mas não se enganem… *Lago de Pó é nossa!*

De novo, os gritos eclodiram dos guerreiros. Muitas pessoas abriram suas janelas, também erguendo as vozes em comemoração. O barão continuou olhando tudo. Mesmo que demonstrasse medo, o nobre sabia que sua vida não corria risco. Não haveria um arqueiro para assassiná-lo ou uma adaga esperando para se fincar em suas costas. Ruff Ghanor ocupava a cidade, sem derramar uma gota de sangue.

O clérigo caminhou na direção do forte, deixando sua bandeira na praça. De imediato, Korin e um punhado de guardas seguiram-no, mas Ruff fez um gesto para que ficassem onde estavam. Então chegou até a primeira fileira de milicianos da cidade.

— Abram caminho — disse, sem alterar a voz.

Em resposta, eles ergueram os escudos.

— Isso não vai defendê-los da fúria dos oprimidos — disse Ruff, em um tom baixo e soturno. — Armas não podem matar nossas ideias. Uma mudança está acontecendo aqui, e não pode ser detida por nenhuma parede de escudos.

Os milicianos deram um passo para trás.

— Abram os portões do forte! — ordenou Ruff. — E então saiam de minha frente.

Eles não se mexeram.

O capitão da milícia atravessou as fileiras de seus homens e ficou frente a frente com Ruff. Era meio palmo mais baixo que o clérigo. Vestia cota de malha e uma placa de peito, e aquela proteção parecia uma fantasia infantil perto da armadura de Arcanium. Mas o capitão empertigou-se e falou em voz firme:

— Todos fizemos um juramento. Nosso dever é defender Lago de Pó. Defender nosso barão.

— Seu barão pode achar que faz o melhor por vocês, mas está errado — disse Ruff. — Por gerações, vocês pagaram impostos a Zamir. Foram escravizados pelo dragão. Ouviram histórias de aldeias e cidades sendo chacinadas para que ele continuasse supremo. Tiveram hobgoblins entrando em suas casas, examinando suas vidas. Por gerações, vocês temeram viajar de um lugar a outro, pois as estradas estão cheias de monstros. E todos achavam que, atrás de muralhas, estariam mais seguros.

Ele fez uma pausa, e era possível ouvir a respiração dos milicianos.

— Muralhas não adiantam! — Ruff Ghanor mirou os olhos do capitão. — Nós viemos de um mosteiro protegido por muralhas e pela magia de um santo, e nada adiantou. Nossas vidas estão à mercê de Zamir. Seu barão acha que, negando ajuda a outros, estará protegendo vocês, mas ele está enganado. Está enganado, e está servindo a Zamir. Já foi necessário servir a Zamir, mas não mais.

Então retirou o elmo, e sua expressão era de seriedade mortal.

— Não é mais necessário, pois o tirano vai morrer. Se continuarem servindo a Zamir, será por escolha. — Segurou forte o martelo. — *E não vamos tolerar quem escolher servir ao tirano.*

Ruff achou que intimidaria o capitão. Mas o homem não demonstrou medo.

Em vez disso, olhou-o nos olhos e disse:

— Eu também não.

Deu um passo ao lado, permitindo a passagem do clérigo, e ordenou a seus homens:

— Abram as portas do forte!

Encontraram o barão chorando, implorando por sua vida, em seus aposentos. Era um sujeito baixo e barbudo, gordo e rosado. Ruff não sabia como reagir, então lhe deu a bênção de São Arnaldo, porque parecia algo tão bom a fazer quanto qualquer outra coisa.

— Irei voluntariamente às masmorras! — choramingou o barão. — Apenas não me matem!

Mais atrás, a baronesa e as duas filhas adolescentes do casal assistiam ao espetáculo. Preocupado com a própria sobrevivência, o barão não mencionou as três em momento nenhum.

— Você não está preso — disse Ruff, controlando-se para não gaguejar.

— Sairei de Lago de Pó, eu juro! Apenas me dê tempo para reunir alguns pertences. Ainda tenho servos leais que me ajudarão.

— Você não está banido. Não entende? Não vamos puni-lo. Você apenas não é mais o governante aqui.

O barão secou as lágrimas e olhou Ruff com desconfiança. Sem notar, o homenzinho mostrou os dentes, como um animal acuado.

— As estradas ainda não são seguras — disse o clérigo. — *Serão,* um dia, mas ainda não. Você correrá risco de vida se sair da cidade.

O barão alternava seu olhar entre Ruff e sua família.

— Sairei ao amanhecer — decidiu.

Naquela noite, Ruff, Korin, Dunnius e Niccolas festejaram e dormiram no forte. Ruff permitiu a seus homens um pouco de esbanjamento, pois Lago de Pó estava em comemoração. Abriram barris de vinho, mataram galinhas e porcos para um banquete. O povo cantou nas ruas, finalmente unido. Ruff prestou atenção especial aos refugiados do mosteiro. O trauma quase parecia ter se desvanecido do semblante daquela gente, e eles experimentavam uma noite de alívio e promessas. Após mais de dois anos, seu líder voltara, e suas vidas estavam de novo em ascensão. Todos já davam Zamir como morto. Havia motivo para celebrar.

— Talvez nosso santificado líder não se preocupe com tais coisas mundanas — disse o Irmão Niccolas, equilibrando nos braços uma pilha de pergaminhos e um caneco de vinho — mas por acaso sabe *onde* fica o covil do dragão?

Ruff arregalou os olhos.

Estavam apenas os quatro numa das várias salas de reunião do forte. Haviam festejado com o povo, mas precisavam de um pouco de paz. E, de alguma forma, Ruff, Korin, Dunnius e Niccolas compartilhavam de um elo que não tinham com mais ninguém. O Irmão Dunnius envergonhava-se um pouco disso, mas nem com sua família tinha exatamente a mesma ligação.

— Não sei chegar ao covil — disse Ruff Ghanor, sentindo-se gelado. — Sou uma fraude.

— Talvez, mas ninguém vai descobrir — Niccolas piscou, abrindo um sorriso enorme. — Porque, enquanto você ficava forjando armas numa montanha, *eu* encontrei mapas.

Korin começou a rir de imediato.

— Precisava ter visto sua cara! — disse o guarda.

Ruff desviou os olhos, meio embaraçado.

— Imagine só Ruff Ghanor, o Santo de Pés Descalços — continuou Korin — partindo em uma jornada, sem saber aonde ia. Andando em linha reta, na esperança de que o covil de Zamir surgisse em seu caminho!

— Já entendi — Ruff sorriu, escondendo-se atrás de seu caneco.

— Ou talvez o próprio Zamir viesse até ele, sozinho, implorando para ser morto! — Afetou a voz do dragão, que por alguma razão era fina e patética: — "Ó, poderoso Ruff Ghanor, por favor, acabe com minha vida miserável"!

— Não haveria problema — o Irmão Dunnius interrompeu.

Os outros três olharam para ele.

— Como assim, Dunnius? — quis saber Niccolas.

— Mesmo se não houvesse mapas, não haveria problema. Ruff seria guiado até lá.

Korin deu uma risada forçada:

— Você não pode *realmente* acreditar que...

— Sou um monge — Dunnius sorriu. — Tenho fé. Tenho fé em Ruff desde que o encontramos naquela caverna.

Silêncio.

— Por São Arnaldo, estou *muito* bêbado — disse o Irmão Dunnius.

E todos caíram na gargalhada.

Noite adentro, a filha mais velha do barão não desgrudava de Ruff. O clérigo conversava, esquivava-se, até que a garota debruçou-se sobre ele, com um sorriso muito próximo e um convite explícito. Ruff sorriu, acariciou de leve seu rosto e disse:

— Obrigado. Mas não posso.

Após alguma insistência, ela foi embora. Ruff ficou sozinho com seu caneco, até que Korin surgiu de novo.

— Fiz força para que Dunnius e Niccolas deixassem-no em paz, e é assim que me retribui? Mandando a garota embora?

Ruff deu uma risada desconfortável. Quis saber como o amigo notara o interesse da jovem nobre.

— Ela não parava de olhar para você — disse Korin. — Bem, a maioria das garotas não parava de olhar para você, mas ela era a mais bonita. Eu sabia que, quando ficassem sozinhos, ela faria algo.

Ruff balançou a cabeça.

— Por que a mandou embora? — perguntou Korin.

— Áxia.

O guarda deu um suspiro longo, secou seu caneco.

— Ruff, Áxia...

— Ela pode estar viva. Não perdi a esperança, Korin. Ela pode estar viva. E, se estiver, não vou traí-la.

— Vocês não *são* nada! Não são um casal! Essa é a lealdade mais besta que já vi.

— Da última vez em que nos vimos, planejamos fugir juntos. Ela me chamava de amor. Se isso não é nada, então desisto de entender as mulheres.

— Ninguém nunca vai entender as mulheres, mas você pode tentar entender algumas coisas básicas da vida. Faz mais de dois anos, Ruff. Ela pode ter morrido. E...

Korin deixou a frase pela metade.

— E...? — Ruff incitou-o.

— Nada. Esqueça.

— Fale.

— Você não vai gostar.

— Fale!

— E ela não valia a pena desde o começo! — Korin jogou o caneco no chão.

Silêncio.

— Acha mesmo? — quis saber Ruff.

— Você sabe o que penso. Já falei. Na estrada, lembra?

— Desde o começo?

— Não tenho nada contra Áxia. E reconheço que ela sofreu muito. Mas não entendo o que você vê nela.

— É a pessoa mais inteligente, decidida, forte e carinhosa que conheço.

— *Carinhosa?* A garota é uma pedra de gelo!

— Ela cuidou de um irmão doente, defendeu uma velha que todos desprezavam, chorou pela mãe que mal via há anos… E ficava com raiva pelas injustiças da aldeia. Áxia é tudo, menos fria.

— Certo. Então ela só é fria com você.

Ruff não respondeu por um longo tempo.

— Acha mesmo? — disse, enfim.

— Desculpe, Ruff, mas o que está acontecendo agora não é nada novo. Sinto muito pelo que ela passou, e rezo para que Áxia esteja viva, mas você *já* ficou preso a ela antes, sem razão nenhuma. Quando éramos garotos, vocês passavam um tempo juntos e depois se afastavam. Ela não permitia que fossem um casal de verdade, e nem o deixava livre. Se tivessem ficado juntos e depois acabado, seria algo mais normal. Mas não! Ficaram anos e anos naquele jogo, e foi por causa dela. Depois, Áxia desapareceu por um ano, e você continuou se sentindo preso a ela.

— Porque, antes de ela sair, estávamos…

— Porque, mais uma vez, ela se afastou exatamente quando as coisas ficavam sérias. Se ela tivesse ido embora enquanto vocês estavam afastados, você talvez ficasse livre. Mas é *claro* que ela primeiro o prendeu, depois fugiu.

— O irmão dela morreu. As forças de Zamir nos atacaram. Então sua *mãe* morreu. Ela teve razões para ir embora.

— Mesmo assim, com ela tudo sempre acontece de forma a deixá-lo longe, mas com alguma esperança. Da última vez, ela surgiu no momento exato para ser levada embora de novo.

— Ela foi levada por Zamir!

— Mas é o que sempre acontece.

— Você está falando bobagens, Korin. Nós planejávamos fugir, viver juntos.

— Mas, de alguma forma, isso não aconteceu. Diabos, Ruff, liberte-se! Estou com você até o fim, e vamos enfrentar o maldito dragão, por mais suicida que isso seja. Se Áxia estiver viva, vamos resgatá-la, e, se estiver morta, vamos vingá-la. Mas, enquanto isso, aproveite uma noite.

Aproveite sua vida! Acho que você ainda consegue consertar a bobagem que fez se for atrás da filha do barão.

Ruff sorriu. Levantou-se, recolheu o caneco de Korin do chão e o devolveu ao amigo. Então se sentou de novo.

— Eu amo Áxia. Desde que me lembro, estou apaixonado por ela. Falta pouco para termos uma resposta. Talvez eu descubra que ela morreu, então terei perdido o amor de minha vida. Vou vingá-la, e vou tentar seguir adiante, de algum modo. Ou talvez eu descubra que ela está viva. Vou resgatá-la, e então poderemos ficar juntos. De qualquer forma, agora seria o pior momento para desistir.

— E quando teria sido um bom momento para desistir? Na montanha, por acaso? Você teria um tórrido caso de amor com Thondin? Ou com um demônio?

Ruff Ghanor riu de novo.

— Vou dormir — anunciou. — E, até encontrar Áxia, dormirei sozinho.

Foi embora, e deixou Korin suspirando em desaprovação.

Eles partiram da cidade com muitas armas e pouco planejamento.

Não levavam o estandarte à mostra, pois não desejavam chamar atenção demais. Eram cerca de uma centena, entre refugiados do mosteiro treinados desde a fuga e ex-milicianos de Lago de Pó. Nenhum deles tinha um cavalo — alguns nobres da cidade possuíam animais, mas eles eram bastante raros naquela região. Korin assumiu o comando dos homens, mas Ruff Ghanor era o símbolo e o herói das tropas. Dunnius e Niccolas ficaram para trás, cuidando do povo e administrando a cidade. Os guerreiros de Ruff Ghanor tinham armas, tinham ânsia de justiça e não tinham medo de morrer.

Ruff tentava não pensar naquilo, mas os guerreiros estavam dispostos a morrer por ele. Agora, contudo, era tarde demais para voltar atrás.

A viagem foi longa, e não desprovida de perigos. Eles encontraram monstros e salteadores, mas afastaram-nos com seus números. As estradas eram desoladas, quase sem viajantes. Era mais frequente encontrar cadáveres e esqueletos. Toda a terra dominada por Zamir era um local de medo, de isolamento.

Subiram e desceram colinas pedregosas, enormes, verdejantes. Viajaram durante tempestades, com a chuva gelada encharcando suas botas e fazendo as roupas grudar em seus corpos. Passaram por terrenos cobertos de névoa, onde mal podiam enxergar um palmo à frente. Atravessaram florestas e montanhas, dia e noite.

Passaram por duas aldeias. Na primeira, foram recebidos com pavor. As pessoas fecharam-se em suas casas, ignoraram os pedidos de Ruff para que viessem ouvir o que ele tinha a dizer. Um celeiro e uma oficina incendiados deixavam claro que atacantes de algum tipo haviam estado lá há poucas semanas. Aquela gente havia recém-experimentado a morte, e não estava disposta a arriscar qualquer desobediência. Pelas portas fechadas, Ruff falou-lhes de São Arnaldo. Procurou um templo, mas não achou nenhum sinal de devoção. Vivendo sem contato com o mundo exterior e com medo de se afastar a mais de algumas centenas de metros de onde haviam nascido, aquelas pessoas talvez nem conhecessem os deuses.

Na segunda aldeia, houve pelo menos algum diálogo. Um conselho de anciões governava o lugar e se reuniu com Ghanor. Um deles era um sacerdote, mas há décadas não tinha qualquer contato com a igreja. Ruff abençoou-os e explicou sua missão. Eles ficaram temerosos: pagavam os impostos em dia, entregavam prisioneiros à escravidão e ainda achavam que, caso não procurassem problemas, estariam seguros. O pequeno exército de Ruff Ghanor partiu sem recrutar ninguém. Mas, logo antes de irem embora, o sacerdote deu a Ghanor o objeto mais valioso da aldeia: um pequeno anel com um diamante. Poderia ser vendido em alguma cidade próspera, e os lucros alimentariam o batalhão por semanas.

Mas não havia nenhuma cidade próspera em seu caminho. Eles acharam os restos mortos de uma cidade abandonada e algumas fazendas destruídas recentemente. Em uma delas, os corpos da família ainda não haviam terminado de apodrecer. Exibiam marcas de armas, e também de garras e dentes. Os animais haviam sido trucidados, alguns estavam semidevorados. A casa fora queimada. Eram as marcas dos hobgoblins.

No meio da jornada, os guerreiros de Ghanor encontraram um batalhão de Zamir.

Não eram coletores de impostos, mas um mero grupo designado a aterrorizar a população. Trinta soldados bestiais ao todo. E — Ruff Ghanor lembrou-se da história do prior, com uma bola de gelo no estômago — arrastavam seis escravas humanas por coleiras de metal presas em correntes.

— Se estivessem carregando apenas baús de ouro, teriam a chance de entregar tudo e escapar com vida — disse o clérigo. — Mas o que fazem com essas pessoas merece a morte.

Então, com uma palavra, ele incitou seu exército contra os hobgoblins e se deleitou na matança.

Ruff entregava-se ao combate com uma satisfação infantil. A raiva que ele sentia daquelas criaturas era profunda, como se cada uma delas, pessoalmente, houvesse matado o prior, a Irmã Sibrian, o pai de Korin. Como se fossem aqueles os soldados que tivessem derrubado o mosteiro e levado Áxia embora. Quando fora encontrado na caverna, muitos anos atrás, ele lutava daquela maneira — não lutava, *matava*. E, impulsionado pelo ódio, justificado por ter visto as escravas, Ruff Ghanor pôde ser selvagem de novo. Matou e matou. O martelo de Arcanium bebeu sangue pela primeira vez. Quando eles acabaram, não restava um hobgoblin vivo.

As escravas encolhiam-se a alguns metros. Os próprios homens de Ghanor mantinham uma distância respeitosa do clérigo, impressionados por sua ferocidade bruta.

— Vocês estão livres — disse Ruff, banhado de vermelho, para as mulheres acorrentadas. Segurou a corrente, prendeu-a no chão com o pé e rompeu-a com o martelo. — Estão livres, e estarão seguras.

Ruff destacou trinta guerreiros para acompanhá-las até Lago de Pó.

— O que está fazendo? — Korin chegou perto e falou baixo. — Não podemos abrir mão de tanta gente.

— Elas não podem seguir sozinhas — Ruff não tirou o elmo para falar com o amigo. — Você viu o que existe nas estradas.

— Lamento muito por elas, mas temos uma missão! O prior sempre disse que derrubar Zamir era muito mais importante que a vida de qualquer um.

— O prior não estava sempre certo.

Silêncio. Era difícil para Korin aceitar que aquele líder decidido, inflexível, era o mesmo Ruff Ghanor com quem crescera. Era difícil aceitar que alguém de sua idade pudesse ser tão sábio.

E, ao mesmo tempo, tão idiota.

— Esses trinta vão fazer falta — disse o guarda.

— Talvez. Mas essas mulheres não merecem pagar por isso.

Trinta guerreiros acompanharam-nas até Lago de Pó. Os outros continuaram ainda por várias semanas. Seguiam os mapas que Niccolas conseguira. Ruff finalmente conhecia sua própria terra, e imaginava como teria sido quando seus antepassados haviam governado, tanto tempo atrás. Eles passaram por um castelo em ruínas — talvez antiga moradia de algum membro da família Ghanor.

Aquela era uma terra de ruínas e monstros.

Enfim se aproximavam do objetivo, o covil de Zamir. A região mais uma vez se tornava montanhosa e escarpada. O clima que haviam experimentado durante toda a viagem dava lugar a um calor sufocante. Nuvens baixas pairavam sobre a terra, mas nunca chovia. A luz era esmaecida, criava a impressão de que estavam dentro de um forno. As estradas eram ladeadas por troncos com crânios humanos fincados — comemorações de chacinas passadas, avisos para pretensos rebeldes ou apenas produtos da crueldade do dragão e de seus hobgoblins.

Eles avistaram o covil ao cair da noite.

Estavam em um terreno acidentado e pedregoso. Nenhuma vegetação nascia, exceto arbustos retorcidos e espinhentos ou ervas daninhas. Uma colina escarpada erguia-se para então descer vertiginosamente até um vale profundo.

Do outro lado do vale, estava a montanha. A morada de Zamir.

Ruff e Korin retiraram as armaduras, para serem mais silenciosos. Escalaram a elevação se arrastando, rentes ao solo. Então se postaram na beira da colina, deitados, observando o que acontecia lá embaixo.

Pontilhando o vale, havia habitações semelhantes a quartéis — prédios longos e baixos, feitos de pedra. Hobgoblins entravam e saíam o tempo todo, trocando cumprimentos marciais. Escravos humanos eram arrastados por correntes ou trabalhavam na construção de novos prédios. Algumas poucas figuras sinistras de armadura completa circulavam entre os soldados, dando ordens e coordenando-os. Eram, sem dúvida, mortos-vivos, como o general que liderara o ataque ao mosteiro.

O que mais lhes chamava a atenção, contudo, era a montanha do dragão.

Pedra enegrecida compunha quase toda a paisagem. Perto da montanha, contudo, a pedra era ainda mais escura: estava chamuscada e, em alguns lugares, derretida. Uma imensa abertura irregular na face da montanha marcava a entrada do covil. Os hobgoblins evitavam as proximidades. Observando por mais de uma hora, Ruff e Korin só viram um grupo deles entrar — levando prisioneiros humanos. Alguns minutos depois, os hobgoblins saíram, mas sem sinal dos prisioneiros.

— Foram devorados — disse Ruff, baixinho.

Dois lagartos voadores circundaram o vale. Ruff e Korin esconderam-se sob uma formação de pedras, torceram para que o resto de seu exército não fosse visto. Os monstros pousaram no vale e foram atendidos por hobgoblins. Então, da estrada principal, veio um batalhão de soldados hobgoblins, liderados por um morto-vivo, trazendo novos prisioneiros. Carregavam sacas de cereais, barris cheios de alguma bebida, caixotes com mercadorias diversas, baús de dinheiro. Produto de saques ou impostos — fazia pouca diferença. Os hobgoblins foram recebidos com festa, os prisioneiros foram divididos em diversos prédios e os mortos-vivos confabularam.

Aquela era a rotina do exército de um tirano. Um cotidiano de armas e ordens. Para os prisioneiros, uma vida curta de dor e obediência.

— Atacaremos ainda esta noite — disse Ruff.

O clérigo acabou de fazer uma prece, num círculo com Korin e quatro outros. Sentiu a presença do santo sobre eles. Então fez um sinal e seus guerreiros começaram a se mexer.

Ruff e Korin foram na frente, abaixados, vencendo a colina sem dificuldade. Trajavam suas armaduras, mas não faziam barulho — era a magia divina em ação. Contudo, teriam pouco tempo sob a proteção de São Arnaldo.

Alcançaram o topo da colina rapidamente, pularam com agilidade, seguidos pelos quatro outros guerreiros que haviam recebido a proteção divina. Nenhum dos seis fazia barulho. Eles correram em silêncio, rentes aos morros e às colinas, mantendo-se longe das tochas, e então chegaram às primeiras sentinelas hobgoblins. Antes que as criaturas pudessem dar o alarme, já haviam recebido um martelo no rosto, uma espada na garganta. As cabeças de dois outros hobgoblins rolaram pelo chão, e o último foi silenciado com uma flechada na testa.

Continuaram avançando. Evitaram um morto-vivo, esconderam-se atrás de um dos prédios compridos, mataram mais um grupo de sentinelas. O ataque seguia como planejado: silencioso, preciso, até que alcançassem o covil.

Ruff Ghanor aguardava um alarme a qualquer momento. Por mais sucesso que tivessem, os corpos que deixavam para trás seriam vistos mais cedo ou mais tarde. Até mesmo um prisioneiro poderia denunciá-los sem querer.

Enfim, chegaram perto da montanha. A abertura, por onde os soldados haviam levado os prisioneiros antes, era alta, acessível apenas depois de escalar algumas grandes rochas, e seus lados eram derretidos. O calor ali era maior do que nunca, e Ruff lembrou-se da forja de Thondin.

A magia de silêncio estava quase acabando. Ele olhou para Korin e fez um sinal afirmativo, sinalizando que aquele era o momento.

Então rezou a São Arnaldo para que o plano desse certo.

Ruff Ghanor gritou, quebrando a proteção do santo; ergueu seu martelo tão alto quanto pôde e o desceu com toda a força no chão. Um estrondo monumental ressoou pelo vale, e inúmeros desabamentos começaram instantaneamente. Rachaduras se espalharam pelo solo, e um prédio ruiu em poucos momentos. O vale foi tomado pela gritaria: hobgoblins correndo por todos os lados, pegando em armas, tentando entender o que acontecia. Mas as criaturas caíam, desequilibravam-se com o terremoto, eram atingidas por pedras rolando. Os lagartos voadores guincharam e ganharam os ares.

— Agora! — ordenou Ruff. — Ataquem!

Korin levou uma trombeta de guerra aos lábios e assoprou, gerando um lamento contínuo e grave. Um brado de guerra ergueu-se do outro lado da colina, e os guerreiros de Ruff desceram correndo, armas em punho.

— São Arnaldo! São Arnaldo!

Gritavam a própria fé e, sob a cobertura do terremoto, atacaram os hobgoblins confusos. Lâminas encontraram costas, pescoços. Os primeiros soldados monstruosos não tiveram tempo de fazer uma parede de escudos antes que fossem mortos pelo ataque surpresa. Mas o tremor também afetava os guerreiros de Ghanor: um deles caiu, seu pé foi pego em uma fenda e partiu-se. O homem berrou de dor.

— Mantenha-os vivos, Korin! — gritou Ruff.

— Faça nossa morte valer a pena! — respondeu o guarda.

Então Korin foi encontrar os homens que desciam a colina, cortando hobgoblins por todo o caminho. Viu um dos seus cair, mas as criaturas bestiais ainda estavam confusas. Os prédios desabavam, os hobgoblins não conseguiam sair de seus alojamentos. Korin deu uma última olhada para trás e viu Ruff Ghanor sumindo na abertura da montanha, martelo em punho, para enfrentar o dragão.

Ruff adentrou a caverna, esperando soldados, guardas, monstros, o próprio Zamir.

Não encontrou nada.

Correu à frente, acompanhando um túnel largo, iluminado por tochas. Já estava ansioso pelo combate. Acontecesse o que acontecesse, ele não aguentava mais. Não queria mais adiar aquilo. Sua vida culminava naquele momento, e ele precisava lutar com Zamir, acabar com a espera e a antecipação. Não tolerava a ideia de que o dragão nem mesmo o conhecia, e ele devotara-se desde o início a vencê-lo. A espera de anos era insuportável, precisava terminar naquela noite.

Ruff ouviu passos correndo para perto dele, e seu coração acelerou. Achou que estaria pronto quando fosse a hora, mas pegou-se rezando a São Arnaldo. Estava com *medo*, queria combater e ao mesmo tempo não queria que o momento chegasse.

Havia uma esquina à frente. Os passos se aproximavam.

Ghanor sentiu-se enjoado, o coração na garganta. Então dobrou a esquina, e estacou.

Áxia jogou-se em seus braços, sobre a armadura, passando por entre o martelo e o escudo. Abraçou-o forte, pressionando o rosto contra seu elmo.

— Você veio, meu amor — ela disse, sorrindo e chorando ao mesmo tempo. — Você finalmente está aqui.

19 Zamir

Áxia usava um vestido vermelho, bordado com fios negros. O tecido agarrava-se a seu corpo esguio. Seus cabelos continuavam revoltos, mas agora tinham sinais de cuidados. Ruff achou que nunca vira seu sorriso maior. Ela estava mais linda do que ele se lembrava.

Áxia afastou-se, segurando os ombros dele, para olhá-lo melhor.

— Olhe só para você! — ela disse, secando as lágrimas. — Está tão diferente. Tão bonito! Você parece o maior dos guerreiros, metido nessa armadura, Ruff. Estou tão *orgulhosa!*

Ele hesitou. Ainda tinha o escudo e o martelo em mãos, não sabia o que dizer. Acabou decidindo-se por:

— Como me reconheceu?

— Eu nunca poderia confundi-lo com mais ninguém.

Colocou as duas mãos nos lados do elmo e retirou-o. Revelou a face rígida de Ruff Ghanor.

— Você deixou a barba crescer. Ficou ótimo.

Então ficou séria. O olhar perdido, profundo, de quem quer mergulhar em outra pessoa. Ergueu-se na ponta dos pés e aproximou os lábios dos dele.

— Eu sabia que você viria, meu amor.

Áxia beijou-o, e tudo deixou de existir.

O combate lá fora, os homens que morriam e matavam gritando seu nome. O estandarte da cabeça de cabra, até mesmo seu amigo Korin. As armas de Arcanium, o período de dois anos aprendendo a arte da forja, a vida e a morte do ferreiro Thondin. A missão que recebera do prior. A vingança pelo mosteiro. Nada importava, nada existia, porque ele estava beijando Áxia mais uma vez. Tudo, de alguma forma, ficaria bem, porque ela reafirmava seu amor por ele.

Ruff deixou o martelo cair no chão, usou a mão livre para segurá-la perto de si. Pegou-a com força e decisão, Áxia soltou um minúsculo gemido. Encaixou o corpo sinuoso na forma abrutalhada de Ghanor com a armadura, e ele viu que ela estava corada.

— Eu queria muito me deitar com você aqui mesmo, meu amor — ela sussurrou. — Você não imagina o quanto. Mas nós temos algo a fazer.

Ela se afastou devagar, desencostando as coxas, os seios, a barriga, os braços. Deixando as pontas dos dedos ficarem só mais um instante sobre a armadura, numa carícia vista e não sentida. Ruff achou que fosse enlouquecer, mas piscou e voltou ao mundo real.

— O que está acontecendo, Áxia? Por que você está vestida assim? O que isso significa?

As implicações vieram-lhe numa enxurrada. Ele sentiu gosto de bile na língua. Tinha certeza das respostas, embora quisesse negá-las.

— Venha comigo — disse Áxia.

— Não! — Ruff recolheu o martelo e colocou o elmo de volta. — Meus homens estão lutando lá fora. Estou aqui para matar Zamir!

Ela deu um meio riso.

— Isso não vai acontecer, querido. Mas, se você quiser, a luta lá fora pode cessar.

— O que...

— É melhor assim, não acha? Paz, enquanto você vê o que precisa ver. Enquanto ouve o que precisa ouvir.

Ela ficou calada, de olhos fechados, durante alguns instantes. Murmurou palavras sem som, fez gestos com as mãos, e um pequeno rastro de pó esverdeado surgiu a sua frente. Ela abriu os olhos de novo e anunciou que já havia dado as ordens: a batalha cessara.

— Áxia, o que isso significa?

— Não se preocupe. A luta já acabou. Alguns de seus guerreiros morreram, alguns dos hobgoblins de Zamir morreram. Mas agora chega.

Ruff deu alguns passos fortes até ela.

— Como assim? O que fez?

— Calma. Você vai entender.

Áxia pegou sua mão direita com suavidade, tocando-a como se Ruff não tivesse um martelo em punho. Então andou a sua frente, trazendo-o consigo. Ruff olhava os arredores, tentando achar alguma pista do que acontecia.

— Korin virá atrás de mim.

— Não. Ninguém vai nos incomodar.

E Áxia conduziu-o pelo túnel, que se abriu na maior caverna que ele jamais vira. Era um salão do tamanho de uma aldeia. O chão era forrado de ouro, objetos de arte, joias, armas e outros tesouros. As paredes eram cobertas de prateleiras com livros e pergaminhos, até onde a vista alcançava.

E, no centro de tudo, o imenso dragão vermelho.

— Bem-vindo, Ruff Ghanor — disse Zamir.

A aura de medo ao redor do dragão era forte. Ruff mal conseguia olhar nos enormes olhos amarelos da fera. Suas escamas percorriam todos os matizes do vermelho. Encaixavam-se umas nas outras como a mais perfeita armadura. O pescoço serpentino de Zamir curvava-se para que ele pudesse olhar o clérigo de cima. Suas garras, cada uma com quase um metro de comprimento, afundavam-se nos tesouros. Suas asas estavam recolhidas, mas de vez em quando agitavam-se, deixando ver os poderosos músculos por baixo do couro grosso. Zamir expelia fumaça das narinas a cada respiração. Pequenas faíscas brotavam de sua garganta quando ele falava. Sua voz era profunda e gutural. Atingia tons que um humano nunca conseguiria — nem mesmo um urso rugindo poderia se comparar. Toda a caverna estremecia de leve ante suas palavras.

Ele pronunciou "Ruff Ghanor" com um peso significativo em cada sílaba. Saboreou as palavras como quem examina a tumba de um inimigo.

— Ruff Ghanor — repetiu Zamir. — Imaginei quando surgiria aqui.

Ruff deu um passo à frente, o martelo em punho. Mantinha-se virado para Zamir, mas seus olhos dardejavam para Áxia, ao lado.

— O que significa isso, Áxia? Você...

— Eu garanti sua vida, meu amor.

Zamir não demonstrava qualquer apreensão. Olhava o clérigo como um gato olha um rato antes da mordida fatal. Um ar perigoso e divertido ao mesmo tempo.

— O que aconteceu no mosteiro? — insitiu Ruff. — Por que você voltou? Você... — não conseguiu completar a frase.

— Vamos, Ruff — disse Áxia. — Fale.

— *Você nos traiu?*

— Não.

Um alívio imenso tomou conta do peito do clérigo. Ele perguntara, e ela negara. Precisava haver outra explicação, *qualquer* outra explicação. Ela não era uma traidora. Mentalmente, Ruff Ghanor repetiu isso para si mesmo uma centena de vezes, nos momentos antes de ouvir a frase seguinte.

— Apenas consegui novos aliados, meu amor. E derrotei meus inimigos.

Então, com a mesma intensidade da onda de alívio, ele foi atingido por um vagalhão de horror. Suas pernas fraquejaram, ele viu pontos luminosos.

— Áxia...

— Fui desprezada durante toda minha vida, Ruff. Eles mataram minha mestra. Incitaram o hobgoblin contra minha casa. Deixaram meu irmão morrer. E comemoraram enquanto eu arrastava o cadáver de minha mãe. Não traí ninguém; os aldeões e os clérigos sempre foram meus inimigos.

— Áxia, o que você fez?

— Você tem ideia do que é conviver com a morte desde tão cedo? Você não conhecia a morte até há pouco tempo, Ruff. Mas eu descobri alguém que tem poder sobre a vida e a morte.

A boca de Zamir se alargou ainda mais. Aquele rosnado era o equivalente do sorriso de um dragão.

Áxia continuou falando. Ela conhecia a morte desde cedo. Mas, durante o primeiro ataque das forças de Zamir, enxergou o general Kydriax, o morto-vivo. Aquela criatura representava tudo que ela desejava: poder sobre a morte. Poder para que ninguém que ela amava jamais precisasse morrer de novo. Poder para não depender da benevolência de aldeões preconceituosos, das capacidades medicinais de clérigos desinteressados.

— Eu desapareci por um ano, Ruff. E encontrei Zamir.

Ruff sentiu a raiva se avolumando em seu peito. Olhava para Áxia e não conseguia mais ver beleza. Enxergava uma estranha. Seu rosto e seu corpo, que já haviam representado tudo que ele mais amava, eram apenas uma coleção de formas sem significado.

— Durante um ano, Zamir me ensinou muito — continuou Áxia. — Então voltei para o mosteiro e fiz um ritual para acabar com a proteção divina. Meu mestre precisava de alguém para se infiltrar lá dentro.

— Seu *mestre?* — ele rosnou.

— É claro! Eu tive outra mestra, a velha Ulma. Mas os aldeões a mataram! Eu estava aprendendo magia em paz, no bosque. Mas eles não podiam deixá-la viver! Então encontrei um mestre que podia me ensinar ainda mais, e que eles não podem matar.

— Você é uma assassina.

— E os aldeões não eram? E quanto a seu querido prior?

Todo o amor que Ruff sentira por Áxia havia se transformado instantaneamente — ou assim ele pensava. Ele se sentia tomado por um ódio absoluto. Sentia-se um idiota, por ter confiado na garota durante anos. Cada palavra dela era uma agulha comprida em seu peito, incitando a raiva.

— Você se voltou ao tirano — Ruff balançou a cabeça.

— Eu precisava de alguém para tornar tudo certo de novo.

— *Tudo certo?*

— Tudo ficaria perfeito, Ruff. Tudo *ficou* perfeito! Basta você deixar de ser cego! Eu fiz um pacto com Zamir. Os termos eram simples; ele atacaria o mosteiro, mas eu sobreviveria... — Ela sorriu, um sorriso doce como antes. — E você também, meu amor.

Aquelas palavras o deixaram tonto. Sentia nojo de Áxia, não conseguia se imaginar chegando perto dela. Mas ouvi-la chamando-o daquela forma evocou sensações antigas demais, que faziam parte dele desde sempre. Áxia fizera um pacto com Zamir para garantir a sobrevivência *dele*. Se Áxia estivesse chamando-o de meu amor, tudo ficaria bem.

— Por isso lutei a seu lado contra o general Kydriax! — Áxia continuou, ainda num meio sorriso. — Kydriax desobedeceu. Ele *sabia* que não deveria tocar em você, mas preferiu tentar se vingar. Lembra de como foi bom quando lutamos juntos? Pode ser assim sempre.

— Áxia...

Ela sorriu. Ele tinha o olhar perdido num ponto indefinido da caverna. Não conseguia olhar para ela.

— Você é uma traidora.

Então o rosto de Áxia transfigurou-se numa máscara de ódio.

— Por que você nunca está de meu lado, Ruff? O prior já está morto, e ainda assim você prefere defendê-lo! Por que *meus* inimigos não são *seus* inimigos?

Ruff voltou-se então para seu antigo amor. O elmo não deixava ver seu rosto, mas era um retrato perfeito do que estava por trás. Severidade marcial. Ruff olhava-a como uma inimiga.

— Você enlouqueceu! — vociferou o clérigo. — Ou sempre foi assim?

— Por que não pode ficar do lado da mulher que você ama, Ruff?

— Eu não amo você — ele disse sem alterar a voz.

Ela tapou a boca com a mão.

— Não é verdade — falou em voz pequena.

Ruff observou Zamir, mas o dragão não se movia.

— Fale para ele, Zamir! — disse Áxia, controlando as lágrimas. — Mostre a ele o que você me mostrou. Você vai ver como está errado, Ruff.

O clérigo deu um passo na direção do tirano, o martelo e o escudo à frente do corpo.

— Isto é mais um truque? — disse Ruff.

— Não há truque — a voz do dragão ribombou. — Apenas a verdade que Áxia descobriu há alguns anos. Eu sou Zamir, o Vermelho, e sou o guardião deste mundo.

— A hora para palavras acabou — disse Ruff Ghanor, e atacou o dragão.

O ódio acumulado durante anos explodiu em um salto e um grito. A armadura de Arcanium era mais leve que seu equivalente em aço e, naquele momento, parecia não pesar nada. Ruff pulou, impulsionado pelas botas, brandindo o martelo, e deu um urro gutural. Zamir rugiu em resposta, deixando transparecer seu instinto de fera ameaçada. Em pleno ar, o clérigo girou o martelo, num arco comprido, de cima para baixo, e a arma encontrou o nariz do dragão. O ruído surdo do impacto misturou-se com as vozes dos dois combatentes.

Zamir rugiu de dor, algum osso em seu focinho se partindo. Mas ele era rápido e feroz: antes que Ruff pousasse, seu pescoço deu um bote de serpente. O dragão mordeu a perna do inimigo, segurou-a com os dentes afiados, amassando a armadura. Então deu um repelão com a cabeça, fazendo Ruff dardejar pela caverna, a visão embaralhada pela velocidade, e soltou-o. Ruff Ghanor voou, batendo de costas contra uma parede de pedra. Em um instante, Zamir estava voltado para ele de novo, rugindo. Ergueu-se sobre as patas de trás e, esticando o corpo e dando um salto curto, já havia transposto a distância entre os dois. Atacou o clérigo com as garras frontais. O primeiro golpe o arremessou no ar, com um clangor metálico. O segundo rasgou o peitoral da armadura e jogou Ruff no chão de novo. Desta vez o humano caiu sobre o próprio pescoço. Sentiu todo o peso do corpo contra as vértebras e os músculos, cada fibra gritando de agonia. Rolou sobre os tesouros do dragão, desorientado. Recuperou a noção de onde estava, começou a se erguer, mas Zamir era implacável. Antes que Ruff pudesse ter qualquer reação, o mundo ficou laranja.

Porque Zamir urrou, abriu sua bocarra e despejou uma baforada de fogo sobre Ruff Ghanor.

O clérigo teve tempo apenas de levantar o escudo. O calor do sopro do dragão era insuportável, seu brilho era cegante. O metal da armadura aqueceu — se fosse aço, teria derretido. Ruff sentiu o corpo se banhar de suor, ficou tonto pela temperatura extrema. À voz do dragão, misturava-se o rugido das chamas. Mas o escudo à frente do corpo de Ruff bloqueou o fogo, fez com que ele se dissipasse para os lados.

Ruff Ghanor sentiu-se afundando, e viu que o ouro do dragão havia derretido sob seus pés.

— Pare, Zamir! — gritou Áxia. — Não o mate!

— Não preciso de sua piedade — grunhiu Ruff, e correu de encontro ao inimigo.

Zamir ergueu-se de novo, pronto para atacar com as garras, mas Ruff jogou-se para o lado. Evitou uma das patas imensas da criatura, rolou sobre os tesouros e ficou perto do flanco do dragão, levantando-se de um salto. Antes que a fera pudesse reagir, o clérigo golpeou com o martelo na base de sua asa. Sentiu um osso se partir sob o golpe do martelo, e sorriu de satisfação quando Zamir rugiu de dor.

Ruff começou a correr para circundar o inimigo, mas então a cauda musculosa de Zamir o atingiu nas pernas, arremessando-o de novo. Ainda em pleno ar, Ruff foi mordido no tronco, e Zamir segurou-o em sua bocarra. Ruff sentiu os dentes fazendo pressão na armadura, mas o Arcanium resistia. Seus braços estavam livres, e ele começou a bater no nariz do monstro, de novo e de novo.

— Eu sou sua morte, Zamir! Faça seu pior, e vou revidar!

O dragão apenas rosnava. Então uma martelada rompeu o couro grosso e as escamas, e o sangue jorrou. Zamir soltou Ruff, que caiu pesado no chão.

— Isso é loucura! — disse Áxia.

— Fique longe, traidora! — Ruff Ghanor berrou.

Zamir abriu a bocarra, e as chamas brilharam no interior de sua garganta.

Mas então Áxia correu para a frente de Ruff, abrindo os braços e protegendo-o.

— Não! — ela gritou. — Chega! Conte a ele, Zamir!

— Não ouvirei as palavras de um monstro!

O dragão rugiu de novo em resposta.

— Conte a ele, mestre! Fale para Ruff o que me falou!

Um brilho diferente surgiu no olhar da criatura. Era mais que mera inteligência, mais que reconhecimento, ou mesmo ambição.

Ruff achou que o dragão, por um momento, olhava um membro da raça humana com algo além de desprezo.

Admiração.

— Ouça-o, Ruff! Por favor!

— Áxia...

— Por mim.

O clérigo rilhou os dentes, mas a voz doce da garota ainda tinha poder sobre ele. Áxia virou-se para encará-lo, dando as costas ao dragão. Sua expressão era de tristeza infinita. Um rosto cheio de aflição, como quando Rion estivera para morrer. Como quando os garotos mais velhos a haviam perseguido pelo crime de ser ela mesma. Ele não conseguiu resistir.

— Muito bem — disse Ruff Ghanor.

O dragão soltou fumaça pelas narinas.

— Ele concorda em ouvi-lo, mestre Zamir. Eu imploro, conte a ele.

Sangrando, o tirano esticou o pescoço serpentino para observar Ruff Ghanor. Pareceu pensar, pesar seu próprio orgulho contra o pedido da discípula. Um rugido baixo, profundo, surgiu em sua garganta. Então:

— Você tenta me enfrentar, Ruff Ghanor. É inútil. E está enfrentando quem um dia salvou seu mundo.

O clérigo ficou quieto, armas em punho, desconfiado.

— Houve uma época em que o mundo esteve prestes a acabar — a voz trovejante de Zamir começou. — E a culpa foi sua. De todos os homens.

Ruff mantinha os olhos nele, calado.

— Os deuses estavam insatisfeitos com os mortais — o dragão continuou. — Consideravam-nos mesquinhos, gananciosos, traiçoeiros. Odiavam todas as guerras que travavam, o sofrimento que causavam. Os mortais decepcionaram seus criadores e por isso precisavam ser destruídos.

Zamir ergueu-se para falar as próximas palavras:

— Então surgiu o Devorador de Mundos. Um monstro invencível, destinado a dizimar todas as raças e acabar com as terras.

Ruff engoliu em seco. Era a mesma história que Thondin lhe contara.

— Era uma fera dos deuses — trovejou Zamir. — E quem os desafiou foram os demônios.

— Demônios? — Ruff falou, apesar de si mesmo.

— Os demônios convocaram minha raça.

Áxia interpôs-se entre os dois inimigos:

— Apenas os dragões foram capazes de enfrentar o Devorador.

— Já ouvi essa história — Ruff disse, com tom soturno.

— Mas não a conhece toda, ou não estaria aqui — falou Áxia.

O dragão fez a caverna reverberar com suas palavras:

— Juntos, nós, que os bípedes chamam de monstros, lutamos e morremos aos milhares. Mas vencemos o enviado dos deuses.

— Isso foi há muito tempo — Ghanor ergueu a voz.

— Apenas para os humanos, com suas vidas curtas — disse Zamir. — Os deuses e os dragões sabem que a guerra continua.

— Você teve sua utilidade, mas hoje é um tirano.

Áxia balançou a cabeça, com um sorriso triste. Então seu mestre falou:

— Os deuses odeiam os mortais, clérigo.

Ruff estremeceu. Ouvira a história do Devorador de Mundos pelo anão Thondin, e ponderara sobre o bem e o mal. Mas tinha fé. Usava o poder dos deuses. Fora protegido pelo santo durante toda sua vida.

Os deuses amavam os mortais. É claro que amavam. Ele aprendera isso desde criança. Zamir era um inimigo, e estava mentindo.

— Sou o único remanescente da horda que salvou todos os seres vivos — continuou o dragão. — E o perigo não acabou.

— Não! — gritou Ruff. — Você mente!

— Os deuses são nossos verdadeiros inimigos. Hoje permaneço de guarda contra eles. Se as divindades que nos odeiam criarem outro Devorador, eu irei enfrentá-lo. Sou a única esperança de todos os mortais.

Áxia sorriu.

— Vê? Ele não é maligno, Ruff. Ele tinha razão o tempo todo. Zamir é nosso protetor.

Ruff Ghanor ofegava. O corpo esfriava, começavam a surgir as dores do combate. Ele sentia gosto de sangue na boca.

— Você não é o primeiro que tenta me matar, Ruff Ghanor — disse Zamir. — Houve um período em que os homens caçavam os dragões, pois são tolos e odeiam seus protetores. Muitos de minha raça morreram. Mas eu prevaleci!

— Cale-se — rosnou o clérigo.

— Você também não será o último a me desafiar. Rebeldes surgem de tempos em tempos. Alguns, como você, têm linhagens heroicas ou nobres. Outros são meros camponeses que viram suas famílias serem mortas e pegaram em armas.

Ruff voltou a circundá-lo, cabeça abaixada e martelo em punho. Áxia ergueu a mão, numa tentativa silenciosa de detê-lo, mas ele a ignorou.

— Todos eles devotaram suas vidas a me matar. Todos se achavam predestinados. Todos tinham mestres que os incumbiram com a tarefa de me derrotar. Todos foram as últimas esperanças de aldeias, famílias ou mesmo feudos inteiros. Nenhum teve sucesso.

Áxia observava, também respirando pesado.

— Eu sou Zamir, o último dragão vermelho! Quando os deuses não quiseram mais este mundo, fui eu quem os enfrentou! Quando todos os mortais tombaram, foi minha espécie que derrotou o Devorador! Fui convocado por demônios, eras atrás. Vi a civilização dos humanos ruir frente à fúria divina, e construí meu reino sobre seus restos! Sou Zamir, o Vermelho, e esta terra é minha!

A cabeça de Ruff latejava. O inimigo chamava-o pelo nome. Conhecia sua linhagem, e não se importava. Se o que Zamir falava fosse mesmo verdadeiro, ele era invencível.

E talvez matá-lo fosse o maior crime que alguém poderia cometer.

Ruff aceitara, com relutância, que os deuses tinham punido seus próprios filhos com o Devorador de Mundos. Mas isso fora há muito tempo. O pensamento de que os deuses odiavam sua criação era terrível demais.

O tirano montava guarda contra deuses mesquinhos e vingativos.

— Você viveu sem me incomodar, Ruff Ghanor. E, se decidir morrer agora, também não será um incômodo.

Ruff tentava se convencer de que era tudo mentira. Mas Áxia acreditava. E era difícil resistir àquelas palavras. Zamir dominava a terra que um dia havia salvado. E estava pronto para lutar de novo, caso o Devorador mais uma vez se erguesse.

— Mesmo assim, você não é totalmente comum, Ruff Ghanor — disse o dragão. — Preocupei-me em aprender seu nome. Concordei com o pedido de Áxia e decidi poupá-lo. Nenhum dos outros pretensos heróis recebeu tamanha honra. Nenhum deles entendeu por que eu nunca fui vencido e nunca serei. Você pode ser especial, se me obedecer.

O clérigo parou, agarrou o cabo do martelo com mais força.

— Ajoelhe-se, Ruff Ghanor. Você tem a chance de ser meu servo.

Mais uma vez, Ruff explodiu. Urrou, correu até o inimigo. Zamir atacou-o com uma mordida rápida, mas Ruff abaixou-se e escorregou sob seu pescoço. Bateu em suas costelas, mas era um golpe curto, sem muita força. O dragão se ergueu nas patas de trás, desceu uma garra poderosa sobre Ruff. Ele bloqueou com o escudo, então atacou uma das juntas do monstro. As escamas vermelhas voaram, Ruff bateu de novo e sentiu um osso rachar. A cauda de Zamir veio-lhe por trás, na altura da cabeça, mas Ruff se agachou a tempo. Correu e girou o tronco — o martelo encontrou a pata traseira do inimigo com força máxima. Zamir rugiu, firmou-se no chão com a pata traseira ainda intacta. Usou a cauda para arremessar Ruff no ar, agarrou-o com as duas patas frontais e mordeu-o. O clérigo sentiu as garras procurando as frestas em sua armadura, forçando as placas para dentro. Resistiu a duas mordidas, então agiu quando Zamir abria a bocarra para uma terceira. Enfiou o escudo entre os dentes da fera, arrancou sangue das gengivas. Zamir soltou-o, ele caiu de pé.

— Abandone seus deuses traidores, clérigo! — exigiu o dragão. — Seja meu servo, é sua chance de sobreviver.

— Nunca.

— Ele tem razão, Ruff — disse Áxia. — Veja o modo como os clérigos sempre me trataram. Assim os deuses tratam os mortais! Eles não nos amam. Para eles, somos apenas brinquedos. Seus deuses tentaram *destruir o mundo!* Zamir nos protegeu!

— É mentira! — ele retrucou.

— Você sabe que não é — a garota continuou. — Por que não está invocando o nome de São Arnaldo, se acha que Zamir mente? Por que não reza pela proteção de seus deuses, se acha mesmo que eles estão de seu lado?

Ruff não sabia para onde se voltar. Áxia era uma traidora. Os deuses eram traidores.

— Mesmo se isso for verdade — Ruff grunhiu, devagar — nada justifica o que você fez, monstro.

— É preciso matar para manter a ordem, Ruff Ghanor — disse o dragão. — Os humanos não *querem* a paz. Se fossem a raça nobre que julgam ser, não teriam decepcionado seus próprios deuses. Os humanos são pecadores. São selvagens, brutais e gananciosos. Só respeitam a força.

— Existe mais alguém que achava que a morte era justificada para um bem maior — a voz de Áxia era fria.

— Não... — Ruff tentou.

— O prior.

Zamir observava-o com interesse. Ruff lembrou-se de crescer no mosteiro, de toda a dor que passara. De quando ficara o dia inteiro rezando, o pé quebrado, apenas para aprender a curar com o toque. Uma lição dura, que nenhum dos outros irmãos teve de enfrentar. Lembrou-se de Ulma, cujo assassinato ficara impune porque o prior não desejava perturbar a paz na aldeia.

Lembrou-se do pobre Rion, morrendo em agonia sem nunca entender o que estava acontecendo, apenas para que Ruff questionasse seu lugar no mundo. Lembrou-se de tanta gente morrendo para defender o mosteiro, porque ele mesmo não podia ser sacrificado.

E então entendeu.

— Não — disse Ruff, em voz firme.

— Ruff, eu...

— *Não,* Áxia! O prior me preparou para tudo isso. Ele *sabia.*

Ruff Ghanor ficou de pé, peito inflado e porte orgulhoso, porque tudo finalmente fazia sentido.

— Quando Rion morreu, o prior me disse que era um teste para mim. Eu deveria entender que o mundo era imperfeito. Que os deuses *permitiram* que tudo fosse assim.

Zamir abriu sua bocarra, mas Ruff não permitiu que ele falasse.

— O mundo é cheio de morte e injustiça. Os mortais são pecadores. Mas é nosso dever tentar ser melhores! Devemos ensinar o bem!

O dragão eriçou-se, arreganhou os dentes.

— Eu acredito na humanidade. Você não será mais protetor de coisa nenhuma, Zamir. *Eu* serei!

Zamir rugiu, as chamas brilharam no fundo de sua garganta.

— É seu fim, tirano! Por São Arnaldo!

A baforada de fogo recobriu Ruff Ghanor, mas o escudo protegeu-o. A luminosidade quente apagou tudo em sua visão, mas ele seguiu correndo às cegas. Desceu o martelo contra a mandíbula do monstro, enquanto ele ainda cuspia suas chamas. Os dentes de Zamir se quebraram, ele emitiu um guincho repugnante. Com um repelão, puxou a cabeça para cima, tentando se proteger da dor, e o fogo banhou a caverna inteira, incendiou livros e pergaminhos, derreteu rocha. Ruff Ghanor não cessou o ataque, bateu-lhe no pescoço, cortando sua respiração. Saltou, finalmente voltando a enxergar, e desfez-se do escudo, jogando-o no chão. Segurou o martelo com as duas mãos e caiu com a arma sobre uma das patas dianteiras. Desta vez, um grande osso se partiu, e Zamir urrou, recolhendo a pata.

— São Arnaldo! São Arnaldo!

Zamir atacou-o de novo com uma mordida, conseguiu lhe abocanhar a cabeça. Mas o treinamento e a raiva tomaram conta da mente de Ruff. Ele golpeou para cima, atingiu o olho da fera. Zamir abriu a boca, Ruff segurou-se em seu focinho, bateu e bateu com o martelo. Começou a escalar a cabeça do dragão, até montar sobre seu crânio. Agarrou o martelo com as duas mãos, desceu-o contra o topo da cabeça do inimigo. As escamas voaram. Ruff ergueu o martelo de novo.

— São Arnaldo!

Aquelas palavras, no meio de um grito, quase ininteligíveis pelo ódio, invocaram o poder do santo. O poder divino preencheu seu corpo. Ruff sentiu os músculos inchando, fazendo pressão contra a armadura. Chamas brancas cobriram seu corpo, abençoando-o com a força dos deuses. São Arnaldo estava com ele. O golpe fez um estrondo monumental, e o crânio do dragão rachou. Zamir ergueu-se, Ruff caiu para trás. O dragão abriu as asas e pulou, fugindo do pequeno humano.

Ruff Ghanor apontou um dedo acusador para o inimigo e disse:

— Maldito seja, tirano!

A caverna ficou mais escura, e Zamir sentiu dor em todo o corpanzil. Chamas negras brotaram por entre suas escamas. Sangue escorreu de seus olhos, suas narinas, sua boca, da junção de suas garras com sua carne. A maldição de São Arnaldo atacava-o, fazia-o morrer um pouco.

Zamir saltou sobre Ruff, as quatro garras prontas para o ataque e a bocarra aberta para morder. Mas o clérigo gritou:

— Basta!

E golpeou o chão.

A caverna começou a tremer e, num instante, o teto desabou sobre o dragão, em pleno ar.

Ruff mantinha-se ereto, incólume, enquanto toneladas de rocha caíam a seu redor. Apesar de si mesmo, olhou para o lado e viu Áxia — ela erguera as mãos e conjurara uma redoma protetora a seu redor.

Mas o dragão estava soterrado.

Então, após um instante de silêncio, o clérigo ouviu um rugido maior que qualquer outro. Do fundo da pilha de rochas, Zamir urrava, e as pedras voaram quando ele se libertou. As asas se abriram, as patas arremessaram destroços, o pescoço se esticou. Zamir emergiu vivo; sangrando, mas orgulhoso.

— Sou imortal! — a voz do tirano tomou conta do vale.

Havia agora um buraco enorme no lado da montanha, e Ruff enxergou as estrelas lá fora. Zamir mais uma vez cuspiu sua baforada de fogo, balançando a cabeça, preenchendo todo o ambiente com as chamas. Ruff correu e se jogou atrás de uma pilha de rochas, que se derreteu, mas o protegeu. Então o dragão se impulsionou com as patas de trás e saltou para cima. Estendeu as asas para ganhar os céus.

Ruff Ghanor viu que seu inimigo iria se afastar e emergiu de onde estava. Correu, subiu em outra pilha de destroços e saltou, agarrando-se às escamas da cauda do dragão. Zamir balançou-se, tentando derrubá-lo, mas Ruff conseguiu abraçar a cauda musculosa, então começou a escalá-la.

— Vê o que está acontecendo, Zamir? — gritou o clérigo, sem saber se o inimigo era capaz de ouvi-lo. — É sua morte!

Ruff Ghanor agarrava-se às escamas, enquanto Zamir voava. O dragão girou no ar, e o mundo girou ao redor do clérigo, mas ele se manteve firme. Aproximava-se cada vez mais do tronco da criatura, lentamente progredindo pela cauda. Segurando-se, escalando, chegou ao dorso. Era difícil se segurar, pois as escamas estavam escorregadias de sangue. Zamir dardejou com seu pescoço para trás, tentando morder Ruff, mas era inútil. O dragão estava fraco. O desabamento de toneladas de rocha mataria qualquer criatura, por maior que fosse, e mesmo o tirano estava bastante ferido.

Enfim, Ruff Ghanor chegou à base do pescoço de Zamir. Prendeu-se com as duas pernas, encaixando os pés nas escamas. A armadura de Arcanium era quase uma arma por si só: os escarpins que protegiam os pés e as manoplas que cobriam as mãos se afundavam no couro do monstro, perfurando, ferindo.

Montado daquela forma, Ruff Ghanor segurou seu martelo de Arcanium com as duas mãos.

E golpeou.

O primeiro golpe atingiu o pescoço da fera, e ressoou por todas as vértebras. Ruff bateu de novo, e algo se rompeu dentro do corpo do inimigo. Zamir tentou arrancá-lo de si mesmo com as garras, mas Ruff atacou suas patas.

O vale era distante, lá embaixo, e Ruff soube o que fazer.

Por um instante, Zamir esteve horizontal em relação ao solo, e Ruff atirou-se da base de seu pescoço para uma asa. Sentiu o vento gelado pelas frestas do elmo e, pelo que pareceu uma eternidade, voou livre, sem estar seguro em nada. Mas agarrou-se na asa, e bateu.

O osso da asa era mais frágil, e já estava ferido de um golpe anterior, na caverna. Mais uma vez, o martelo desceu, e o osso foi partido; surgiu numa fratura exposta, rasgando as escamas. Ruff bateu no couro estendido da asa, e a arma de Arcanium abriu um rombo sangrento. Zamir começou a espiralar para baixo, com o clérigo ainda agarrado, ainda golpeando.

— Você não vai sobreviver, humano! — urrou o tirano.

— *Não preciso sobreviver!*

Nada importava enquanto ele estivesse batendo, enquanto o chão se aproximava com rapidez, enquanto ele sentia na boca o gosto da morte do inimigo. Sua vida toda culminaria *ali,* no cumprimento da missão, na vingança pelo mosteiro, pelo prior e por tantos outros. Zamir estava caindo, Ruff não parava de golpear com o martelo, reduzindo sua asa a uma ruína sangrenta, e isso era tudo que existia no mundo.

— Não morrerei! — rugiu Zamir. — Já sobrevivi a isso antes! Venci o Devorador de Mundos!

O vale estava muito perto, e Ruff já divisava os hobgoblins e seus próprios soldados, as cabeças viradas para cima, olhando com espanto a batalha no céu.

— Você nunca venceu *isso!*

Ruff Ghanor bateu com força no que restava da asa de Zamir; o vale tremeu e a onda de impacto se projetou em uma esfera. Soldados humanos e hobgoblins foram arremessados para trás, as encostas das colinas se esfacelaram. E, quando Zamir caiu, as pedras do chão se abriram e projetaram escarpas imensas e afiadas, empalando seu corpanzil.

Ruff viu as rochas pontiagudas criadas por seu terremoto destroçando o corpo do inimigo. Caiu com Zamir, atingindo o solo com força, mas as placas de Arcanium protegeram-no. O metal zuniu, a magia se esforçando para absorver todo o impacto, e o clérigo aterrissou vivo. Sangrava, e sentia dores pelo corpo todo. Mal conseguia ficar de pé, mas estava vivo, e o inimigo estava esburacado pelas pedras.

Sangue de dragão escorria farto na rocha. Zamir estava de costas, as quatro patas se debatendo. Um dos olhos não existia mais, e uma das asas estava destruída. Rugiu, tentou expelir sua baforada de fogo, mas a chama saiu fraca. Lava vazou como saliva de sua boca ferida.

Ruff escalou as rochas que empalavam o inimigo. Erguia cada mão com dificuldade, grunhindo de dor. Um de seus olhos também estava fechado; sentia um lado do rosto inchado contra o elmo. Mas, pouco a pouco, subiu no morro de destroços e postou-se sobre Zamir.

Ao lado da cabeçorra ensanguentada, o clérigo ergueu seu martelo.

— Zamir, o Vermelho — proferiu Ruff Ghanor, ofegante. — Pelo que fez ao povo destas terras, em nome dos homens e dos deuses, eu o condeno à morte.

— *Não!*

Áxia surgiu, escalando a rocha pelo outro lado. Também estava ensanguentada, ferida. Seu vestido vermelho estava rasgado. Ela estava coberta de poeira. Lágrimas frescas desenhavam pequenos riachos sobre o pó em seu rosto. Ela se jogou, ficando entre Ruff e Zamir. Abriu os braços, protegendo o dragão.

— Não o mate, por favor! — disse a garota.

Ruff ainda tinha o martelo erguido.

— Ele é Zamir, o tirano. Ele destruiu o mosteiro. Ele dominou os humanos por séculos.

— Ele foi a única criatura que me acolheu.

O clérigo engoliu em seco.

— Nem mesmo minha mãe foi capaz de me ajudar, Ruff. Certamente os clérigos não foram! Depois da morte de Ulma, restou apenas ele... Apenas Zamir...

Ela se atirou sobre o corpanzil, sujando-se do líquido vermelho e borbulhante que escorria do monstro. Abraçou-se na forma grotesca e dilacerada, não se importou com o calor desconfortável das escamas e do sangue.

— Áxia...

— Zamir também respeitou você! Ele ao menos o chamou pelo nome! Não de garoto-cabra. Zamir é mais humano que o prior jamais foi.

Ruff hesitou.

— Não mate meu mestre! — disse Áxia.

— Você matou *meu* mestre! — o clérigo retrucou.

Em resposta, ela apenas o olhou, e murmurou:

— Por favor.

Ruff Ghanor viu a figura imensa e moribunda a seus pés. Viu Áxia abraçada ao dragão, implorando.

— Ele merece a morte — disse Ruff.

— Então eu também mereço. Para matá-lo, vai ter de me matar também.

Ela estava entre ele e o dragão. Ela era uma traidora. Ela havia condenado o mosteiro.

Ruff Ghanor respirou fundo e segurou firme sua arma.

O que sentia por Áxia não era ódio, ou não era apenas ódio. Uma mágoa profunda, que maculava tudo que acontecera, desde sua infância. Maculava todo aquele amor.

Mas Ruff não era capaz de matar a mulher que amava.

Abaixou o martelo.

— Zamir — proferiu o clérigo, apontando o dedo para o tirano caído — você não morrerá. Mas não ficará impune.

Sentiu o elmo zumbir. O Arcanium tinha propriedades mágicas. E os segredos do armeiro Thondin permitiam extrair a vontade do metal. O elmo de Ruff Ghanor tinha uma capacidade única, era o objeto mais poderoso que mestre e discípulo haviam criado na Forja do Inferno. O poder do elmo seria usado apenas uma vez, e nunca mais. Poderia ter um uso mais nobre, talvez, mas naquele momento Ruff não conseguia pensar em usá-lo para outra coisa. Cheio de raiva e desgosto, cheio de amor e decepção, ele invocou a magia do metal.

Ruff Ghanor falou das profundezas do elmo, e o objeto fez com que sua vontade se tornasse realidade:

— *Zamir, eu o condeno a viver como um humano.*

O dragão emitiu um grito choroso, como se aquela fosse uma punição pior que a própria morte. A voz de Ruff reverberou por todo o vale, tomou os ares e fez com que as nuvens trovejassem. O som fez vibrar o corpo do dragão. Uma luz prateada, brilhante, cegou todos ali. Zamir contorceu-se de dor e humilhação.

Quando a luz arrefeceu, no lugar do dragão estava um humano.

Um humano alquebrado, velho, ferido. Caído.

Derrotado.

Ruff Ghanor voltou seu olhar para os soldados abaixo.

— Hoje acaba o terror! Os hobgoblins irão se entregar à justiça, ou serão caçados e mortos! A partir de hoje, a humanidade está livre!

Em todo o vale, os soldados bestiais largaram as armas e correram. O solo arrasado pelos terremotos estava atapetado de cadáveres. A devastação marcava a vitória de Ruff Ghanor sobre Zamir, e alguns soldados da cabeça de cabra até mesmo tinham sobrevivido para presenciar o triunfo.

— Áxia — Ruff Ghanor voltou um dedo acusatório para seu antigo amor.

— Obrigada, Ruff.

— Não me agradeça. Você é uma traidora, e também será punida. Se realmente tem afeição por este monstro, leve-o embora daqui. Nenhum de vocês nunca mais deve aparecer nestas terras. Nunca mais deve perturbar esta gente. Este lugar e este povo estão sob minha proteção.

— Você ainda me ama.

Ruff não disse nada. Então Áxia ajudou o velho humano a se levantar. Zamir estava nu, era magro e fraco. Mal conseguia dar um passo. Mas, com a ajuda da discípula, afastou-se.

Korin surgiu no topo da rocha, ao lado do amigo. Também sangrava e andava mancando.

— Acabou — disse o guarda.

Ruff Ghanor olhou para seu amigo, como se o visse pela primeira vez. Korin sorria. Estava ferido, e sua boca mal era capaz de se mexer, pois estava inchada de alguma pancada que sofrera durante o combate. Mas, como podia, sorria.

— Korin, eu não pude...

— Acabou!

Korin abraçou Ruff, apertando-o contra o peito em uma explosão de orgulho e alívio.

Ruff então percebeu.

Tudo havia acabado.

A missão de sua vida fora cumprida.

A batalha contra Zamir estava vencida, a terra estava livre, o mosteiro estava vingado. As perguntas sobre Áxia estavam respondidas. Tudo acabara. Restava voltar a Lago de Pó e encontrar seu povo.

Então, uma forte luz dourada surgiu sobre os dois.

Era como uma estrela, mas uma espada se erguia a partir do centro.

Ruff Ghanor abraçara seu destino e triunfara. E agora surgia a luz que o acompanhava desde o início. A estrela dourada que o guiara até a caverna de Thondin. O farol que conduzira seus passos.

A luz tomou forma, revelou-se num corpo de mulher, um lindo rosto sorridente. A estrela dourada era um anjo e, finalmente, vinha para lhe contar a verdade.

20 O anjo da anunciação

RUFF GHANOR PAROU de respirar.

A noite tornou-se dia no vale. Os cadáveres de hobgoblins e humanos, os destroços e as ruínas, tudo foi iluminado pelo brilho dourado flutuando no céu, a alguns metros de distância do clérigo. Korin ergueu o braço para proteger os olhos, mas de alguma forma a luz não cegava. Apenas brilhava, reconfortante, e abria-se em sua forma verdadeira.

Era uma mulher.

Uma guerreira trajada em armadura completa, dourada como a luz que ela emitia. Enormes ombreiras faziam volume dos dois lados de seu pescoço, mas ela se movia com graça e naturalidade. Segurava uma imensa espada com as duas mãos, erguendo-a acima da cabeça. Então dobrou os cotovelos, deixando a lâmina na frente do rosto, e por fim baixou a arma, abrindo os braços e mostrando a face. Era bela. Os cabelos castanhos estavam presos em um coque displicente, a boca de lábios grossos exibia um sorriso largo. Os olhos da mulher brilharam mais do que a luz que a circundava, numa demonstração de alegria e — Ruff pensou, mesmo que não fizesse sentido — carinho.

Então um par de asas projetou-se das costas da recém-chegada, e Ruff Ghanor soube que estava diante de um anjo.

— *Ruff Ghanor* — disse a mulher, sua voz tão musical quanto o mais delicado dos sinos. — Sei que é você. Eu nunca poderia esquecê-lo.

O clérigo ajoelhou-se por instinto. Vendo o que o amigo fazia, Korin imitou-o.

— O que está acontecendo? — sussurrou o guarda.

— Sinta — disse Ghanor. — Apenas sinta, e você vai entender.

Fechou os olhos. Korin fez o mesmo, e entendeu. Não precisava de palavras, entendeu que estava na presença de algo divino.

A luz que os banhava não era percebida só pela visão. Parecia penetrar a alma, oferecendo conforto e deslumbramento. O brilho dava-lhes a sensação de que tudo ficaria bem, de que havia alguém olhando por eles. Ruff sentira aquilo apenas nas mais fervorosas comunhões com São Arnaldo, quando alcançara os maiores milagres. E mesmo assim não de forma tão direta e poderosa. Korin nunca sentira nada parecido, e desabou em lágrimas.

— Abra os olhos, Ruff Ghanor — disse a mulher.

— Você... — Ruff conseguiu falar. — Você me acompanha desde a caverna. É mesmo uma enviada dos deuses?

— Acompanho-o desde bem antes da caverna. Acompanho-o desde que nasceu. Desde que foi escolhido.

O clérigo apertou os lábios. Era verdade. É claro que era verdade. O encontro na caverna não fora um mero acaso. O prior tinha razão o tempo todo. Ele trazia a marca de nascença dos Ghanor e fora abençoado com um poder que ninguém conseguia explicar. Fora guiado por um anjo, e agora completara sua grande missão. Pela primeira vez, Ruff Ghanor sentiu-se o escolhido, no fundo do peito, sem reservas, sem dúvidas. Soube que o que fez era o certo, porque era a vontade dos deuses. E, se o que Zamir falara fosse mesmo verdade, não importava. O mundo não dependia mais de um dragão tirano para protegê-lo.

Sem notar o que fazia, assim como se ajoelhara, Ruff ergueu-se. Postou-se orgulhoso na frente do anjo, e disse:

— Desça.

Ela sorriu ainda mais. Flutuou para baixo os poucos metros que a separavam do clérigo. Quando seus pés tocaram o chão, a grama brotou em instantes. Não parecia ter peso algum, era uma criatura de pura luz.

— Muito bem — disse o anjo. — Falaremos como iguais. Dois representantes dos deuses.

— Quem é você? — Ruff perguntou.

— Sou sua guia, Ruff Ghanor. A nenhum mortal é permitido enxergar os deuses, pois ficariam cegos. Nenhum mortal pode ouvir as vozes divinas, pois ensurdeceriam. Suas mentes não podem ver os rostos das divindades, ouvir suas vozes. Então veja meu rosto e ouça minha voz, e conheça o amor dos deuses. Venho lhe contar a verdade.

Ruff sentiu o coração acelerar.

— Há muita coisa que não entendo — ele falou.

— E chegou a hora de você entender — foi a resposta. — Você foi escolhido, Ruff Ghanor. Desde antes de seu nascimento.

A cabeça do clérigo rodou. Ele tentou apagar todos os ruídos do ambiente, seu próprio batimento cardíaco, para se concentrar nas palavras dela.

A enviada dos deuses falou sobre os verdadeiros pais de Ruff. Sobre como sua mãe era uma descendente perdida da antiga linhagem Ghanor. Uma aldeã de um lugar remoto, sem nenhuma noção do poder que havia em seu sangue. Sobre como ela morreu dando à luz seu primeiro filho.

— Minha mãe está morta? — disse Ruff, com uma tristeza súbita. — Como pode ter certeza?

— Eu estava lá, Ruff Ghanor. Eu ajudei em seu parto e vi sua mãe morrer. A última coisa que ela fez foi sorrir, ao vê-lo pela primeira vez.

O clérigo sentiu uma absurda saudade de quem nunca conhecera. Por um instante, foi como se toda uma vida alternativa se desenhasse a sua frente, e então lhe fosse roubada pela realidade.

— O início de sua infância foi fogo e sangue. Você foi criado pelas mulheres da aldeia onde sua mãe morava, até que toda a vila foi massacrada por monstros. Mas você sobreviveu.

— Como?

— Peguei-o em meus braços e levei-o para longe, até um vale oculto. Já naquela época você era forte e voluntarioso. Tentou rejeitar meus cuidados. Mas deixei-o em segurança.

E então, contou a enviada, Ruff Ghanor foi adotado por uma criatura monstruosa.

Um humanoide com cabeça de touro e fúria cega. Um ser amaldiçoado, que vivia só para lutar, mas que acolheu o garoto por alguma razão — talvez por ver nele um igual. Criado entre rugidos e batalhas, o garoto aprendeu a ser monstro antes de ser gente. Mas aquele pai adotivo morreu, quando foi finalmente vencido por aventureiros.

— Você então sobreviveu sozinho, Ruff Ghanor. Caçou e colheu, roubou e escondeu-se. Talvez tivesse morrido, se eu não aparecesse para guiar seu caminho. Mas desconfio que sobreviveria mesmo assim. Você sempre teve o poder dos Ghanor. Sempre foi mais do que outros humanos. — Ela estendeu a mão. — Sempre foi o escolhido.

— Você me ensinou a lutar?

— É claro que não. Lembre-se de suas próprias palavras. No início, você não sabia lutar. Só sabia matar. Aprendeu com seu pai monstruoso. Aprendeu com os homens que mataram suas mães humanas. Aprendeu sozinho, quando teve de se defender nos ermos e nas estradas. Você aprendeu a matar porque a alternativa era morrer. E o escolhido não morreria assim.

Ele se esforçava para lembrar de tudo aquilo, mas não havia qualquer farrapo de memória.

— Eu lhe ensinei apenas uma coisa — ela olhou para cima, como se lá estivesse uma lembrança doce. — Ensinei-lhe a fala. Ensinei-lhe um pouco da civilização dos humanos, assim como a entendo.

Então, o anjo continuou, chegou o ponto culminante. Ela o guiou para a montanha ao lado do mosteiro, até o Túnel Proibido. E lá o deixou, em meio aos monstros e ao óleo negro, para que um dia fosse encontrado.

— Fiquei nos túneis por quanto tempo?

— Pouco tempo, Ruff Ghanor, mesmo que eu não tenha feito nada para tirá-lo de lá. A cabra fugitiva que levou seus irmãos a encontrá-lo não foi obra minha. Talvez nem mesmo dos deuses.

— E meu poder? O que é isso? É o sangue dos Ghanor?

A mulher ficou séria.

— Não. Este é o legado que pertence apenas a você. O poder que ninguém mais possui.

Ruff engoliu em seco, apesar de si mesmo.

— Porque, nas profundezas da montanha, existe um local sagrado, Ruff Ghanor. Um local de tamanho poder que nenhum mortal pode avistá-lo e manter sua mente intacta. Você o encontrou sozinho, pois nem mesmo eu tenho a permissão de vislumbrá-lo. Você adquiriu seu poder na Câmara da Perdição, e lá perdeu sua memória.

O clérigo balbuciou, repetindo o nome do lugar.

— Você sempre foi o escolhido — disse a mulher. — Mas, na Câmara da Perdição, selou seu destino.

— Então esse era meu destino? — ele falou. — Derrotar Zamir, como o prior achava? Libertar o povo?

— Não — ela quase riu. — Este é apenas o começo. O prior era um homem sábio, mas só foi capaz de reconhecer uma parte da verdade. Agora que Zamir está fora do caminho, você pode cumprir sua verdadeira missão.

— *Qual é meu destino?* — ele perguntou, quase sem voz.

— Seu destino é criar o terremoto, Ruff Ghanor. Seu destino é esfacelar a terra. Seu destino, que você aos poucos já está encontrando sozinho, é transformar rocha em pó, e alimentar-se da destruição. Seu destino é devorar o que está em seu caminho, matar tudo que é odioso, acabar com a maldade e a corrupção deste mundo. Já houve um antes de você, que falhou. Mas hoje você provou que é ainda mais poderoso. Você venceu Zamir; teve sucesso onde seu antecessor fracassou.

— Não...

— Você sabe o que você é.

O clérigo adivinhou as palavras que viriam a seguir. Mesmo assim se sentiu gelado e tentou negá-las. Mas a mulher envolta no brilho dourado não teve piedade. Ela exibia no rosto o maior dos sorrisos, como se oferecesse um presente valioso. O anjo abriu os braços e disse:

— Você, Ruff Ghanor, é o Devorador de Mundos.

HISTÓRIAS DE UM JOGO DE CONTAR HISTÓRIAS

RPG É ALGO muito importante para mim. Por diversas razões — porque, pelo RPG, conheci vários de meus melhores amigos. Porque, com o RPG, tive contato com leituras que me influenciaram para sempre. Mas talvez, acima de tudo, porque o RPG me ensinou a compartilhar histórias.

Todo RPGista já passou por isso: alguém pergunta o que é RPG, e precisamos nos desdobrar para explicar de maneira simples. Dizemos que é uma espécie de jogo de tabuleiro, no qual o tabuleiro é opcional, e não há vencedores ou perdedores. Dizemos que é como alguns videogames, mas passado totalmente na imaginação. Dizemos que é um teatro de improviso, mas que pode ser realizado ao redor de uma mesa, sem qualquer compromisso e sem público. Muitas vezes, essas explicações só criam mais confusão. Mas na verdade o RPG é muito simples. RPG é uma brincadeira de contar histórias *em conjunto.* É um jogo no qual o objetivo é criar uma narrativa empolgante que divirta a todos.

RPG é sobre inventar uma saga, abrindo mão do controle. É compartilhar a criação com seus amigos. Por isso é tão importante para mim.

Sempre tive vontade de ser escritor. Cresci em meio a livros, e era até natural que este fosse meu sonho de criança. Contudo, às vezes imaginava se eu teria histórias para contar. Se essas histórias seriam tão emocionantes quanto as que eu lia. O RPG acabou com essa dúvida, ensinando-me que eu não precisava depender somente de mim mesmo para criar.

Um mestre de RPG deve criar o começo de uma história, mas não seus personagens principais. Estes são os *jogadores.* Apenas fazer isso já é um grande exercício para abrir mão do controle em uma narrativa. O mestre também deve ter uma ideia dos rumos para onde a história vai, mas não pode saber ao certo o que vai acontecer. As ações dos protagonistas (criados e interpretados por outras pessoas) ditam o meio e o fim da história. O RPG me ensinou que uma narrativa não precisa surgir pronta e irretocável na mente de um criador perfeccionista. Ela pode envolver outras pessoas. Mais tarde, eu descobriria que, no mercado editorial, muitas vezes ela *deve* envolver outras pessoas — os editores e até mesmo os leitores.

Um jogador de RPG cria um personagem, mas não é totalmente livre para inventar o que quiser. Em geral, ele não pode montar um herói poderoso demais ou sem defeitos, porque as regras impedem isso. Da mesma forma, ele precisa respeitar os personagens dos demais jogadores e o ambiente proposto pelo mestre. Numa saga de fantasia medieval, um policial da Nova York contemporânea estaria fora de lugar. Num grupo que já conta com dois magos, um terceiro mago provavelmente seria redundante. Assim, o jogador aprende a moldar sua criação para se encaixar com o contexto. Aprende a trabalhar a criatividade em harmonia com um grupo de pessoas. E aprende a lidar com limitações como as regras do jogo. Quando um RPGista cria um personagem, mesmo sem usar regras, invariavelmente pensa em defeitos para ele — o jogo ensina que personagens perfeitos demais não são interessantes ou realistas. Tudo isso faz parte de um conhecimento fundamental para escritores.

Jogadores e mestres de RPG também precisam lidar com algo que muitas vezes nos assusta — o acaso. Embora o mestre crie o início de sua história e os jogadores pensem em suas decisões e ações, existe ainda um terceiro fator: os dados. Para resolver diversas situações ao longo do jogo, todos no grupo rolam dados. O resultado dessas rolagens pode significar o sucesso ou o fracasso das ações de protagonistas e coadjuvantes, e até mesmo a morte dos personagens. Talvez o mestre planejasse que o necromante maligno derrotaria os heróis e fugiria com seus itens mágicos, provocando ainda mais ódio e rivalidade com o grupo — mas os dados podem fazer com que o poderoso vilão seja decapitado com um mero ataque sortudo. Talvez o jogador esteja pronto para confrontar seu inimigo em uma batalha épica, mas os dados podem fazer com que ele nem passe pelos capangas mais reles que guardam seu castelo. No RPG, nada está escrito em pedra. Existe incerteza. E todo o grupo lida com isso, abraça essa incerteza como grande parte da graça do jogo. *Ninguém* sabe como vai acabar a história. Esses percalços podem tornar (e geralmente tornam) a narrativa ainda mais interessante para todos. Mais uma vez, isso é uma lição importante para escritores. Imprevistos acontecem. O caminho do escritor é difícil e muitas vezes tortuoso. A vida rola os dados, e devemos improvisar e criar a melhor narrativa para nós mesmos, ainda que ela não seja do jeito como imaginamos.

Quando investi na carreira de escritor, eu *ainda* não tinha ideias que julgasse realmente dignas de virar livros. Já havia escrito contos e sabia que queria contar histórias... Mas que histórias seriam essas? Contudo, eu tinha mais de uma década de RPG na bagagem, e foi isso que abriu as portas para mim.

Mostrei meu trabalho para os editores da revista *Dragão Brasil* — na época, a maior revista sobre RPG no País. Eles também escreviam e editavam o cenário de RPG *Tormenta.* Por este contato, fui convidado para escrever o primeiro romance passado no cenário. Súbito, não importava que eu não tivesse na cabeça sagas completas criadas a partir do zero. Eu não *precisava* criar tudo do zero. Já havia um mundo que abrigaria minhas histórias. Criei enredos, heróis, vilões... Mas o ambiente já estava lá. Escrevi centenas e centenas de páginas, mas tive o acompanhamento de editores. Embora eu fosse o autor, aquela era uma criação colaborativa. Exatamente como no RPG. Hoje em dia, tenho muito orgulho de meus três primeiros romances, escritos dessa forma. Eles são a *Trilogia da Tormenta,* composta por *O inimigo do mundo, O crânio e o corvo* e *O terceiro deus.* Todos são fantasias medievais e todos têm este querido cenário de RPG como pano de fundo.

Ao longo de minha vida profissional, tive muita facilidade para lidar com editores e outros autores. A mentalidade RPGista facilitava aceitar ideias e incorporá-las em minhas próprias criações. Eu não via o processo de escrever como algo "sagrado" ou que devesse ser protegido de influências externas. Não tinha ciúmes de meus personagens ou de minhas palavras. Se, no planejamento de um romance, um editor ressaltava a necessidade de retirar ou acrescentar um protagonista, eu escutava. Se, com o livro já escrito, um leitor crítico dizia que certo trecho estava muito longo, ele era encurtado. Sempre vi a escrita como uma grande sessão de RPG. Meus colegas (editores, revisores, leitores críticos, público...) são como mestres e jogadores neste grande jogo que é a literatura. Estamos todos criando juntos.

Quando me aventurei em um cenário criado por mim mesmo, essa postura foi ainda mais valiosa. Anteriormente, eu precisava me adequar ao que já estava criado. Agora apresentava um novo mundo aos leitores. Este era um terreno fértil para ser uma espécie de "tirano" com minhas próprias ideias, para me fechar a sugestões de fora. Mas quase nenhum escritor tem sucesso dessa maneira. Assim, ouvi meus editores para mostrar ao público um novo cenário de fantasia medieval. Um cenário muito parecido com a Idade Média real, no qual as batalhas são sangrentas e mortais e o povo é oprimido e enganado. No qual a magia é incerta, e pode nem mesmo existir. Este é o universo de *O caçador de apóstolos* e *Deus máquina*.

Com tanta brutalidade, crueza e violência, era preciso bastante sensibilidade para não afastar o público — para cativá-lo com o sofrimento dos heróis em vez de repeli-lo. Assim, mesmo criando tudo a partir do zero, não trabalhei sozinho. Assim como um mestre de RPG, precisei moldar minha história e meu mundo a meus colegas — e isso tornou tudo mais divertido e interessante.

Meu sexto romance foi *O código élfico*. Embora também seja uma criação "só minha", mais uma vez partiu de uma colaboração. O autor e editor Raphael Draccon me propôs uma história a partir da seguinte frase: "um grupo de cientistas cria um elfo em um laboratório". A partir dessa proposta, criei todo um mundo de conspirações, lendas urbanas e fantasia. Não importava que a semente inicial da história não viesse de mim mesmo. Eu estava acostumado a contar histórias a partir de premissas sugeridas por outras pessoas ou em colaboração com outras.

Contudo, enquanto *O código élfico* estava sendo escrito, a vida rolou dados bem ruins. Uma onda aparentemente interminável de problemas graves caiu sobre mim e minha família, e meu trabalho foi afetado. O medo e a insegurança que eu sentia na época vazaram para as páginas, na forma de uma trama muito depressiva e cenas fortes demais. O toque de terror que o livro deveria ter se tornou horror verdadeiro, que permeava a narrativa e soterrava todo o resto da história. Resultado: quando entreguei o manuscrito, ele foi considerado pesado demais. Precisaria ser todo reformulado.

Foi difícil, mas mais uma vez encarei o desafio como um RPGista. Aquilo não era um insulto. Não significava que o livro fosse ruim. Apenas era mais uma fase de colaboração com editores e público. Em um mês de trabalho intenso, todas as quase 600 páginas de *O código élfico* passaram por modificações drásticas, que trouxeram à superfície a história que eu realmente queria contar. Em tempo: todos os problemas que me atacaram naquele ano sombrio foram resolvidos. Afinal, RPGista que se preze não se deixa abater por qualquer maldição ancestral...

Então chegamos a este livro que você tem em mãos. Após seis romances nos quais o aprendizado do RPG foi tão útil, nada seria mais natural que um sétimo no qual eu voltasse a minhas raízes. Alexandre

Ottoni (Jovem Nerd) e Deive Pazos (Azaghal) conheceram meu trabalho em *O caçador de apóstolos.* Após um bate-papo divertidíssimo no Nerdcast de literatura fantástica nacional, os dois me mandaram um e-mail falando sobre "uma ideia para um projeto".

Eu já era fã do site *Jovem Nerd* há muitos anos. Bem antes da própria existência do Nerdcast, já me divertia com as outras atrações — especialmente as fotonovelas com super-heróis e personagens de *Star Wars.* Havia acompanhado a trajetória do site e respeitava muito o trabalho dos dois criadores. Quando conversamos, eles me contaram sobre a ideia de expandir o universo dos Nerdcasts de RPG com um ou mais romances, contando a história do maior herói do Reino de Ghanor. Aquilo tudo era familiar. Eu estava em casa.

Recebi todo o material que já existia sobre Ruff Ghanor — eram apenas alguns parágrafos. Ouvi repetidas vezes os Nerdcasts de RPG, controlando o riso para anotar todas as informações sobre Ruff e Zamir que eram citadas. Então elaborei uma sinopse e apresentei a Alexandre e Deive. Eles aprovaram entusiasmados, e assim começou mais uma colaboração.

O trabalho em *A lenda de Ruff Ghanor* foi divertido, leve e acima de tudo estimulante. Eu tomei o que já existia (por exemplo, o fato de haver pelo menos um santo no mundo) para expandir o cenário e criar uma mitologia. Em especial, agarrei-me à história do Devorador de Mundos e ao papel dos deuses nisso tudo para moldar o destino de Ruff. Comecei a partir do que você leu na última linha deste livro (ainda não leu? Não se preocupe, não vou estragar o fim). Então elaborei todo um contexto para essa revelação. Parti do que se sabia sobre Ruff Ghanor e apresentei personagens a seu redor para tecer toda sua vida.

Como sempre, aceitei as sugestões como um RPGista. É estranho pensar que, no início, não havia o personagem Korin. Ele foi sugestão de Deive, que disse que Ruff era muito poderoso e precisava de um parceiro mais "humano". Nas palavras dele: "Neste livro todo mundo é o Goku, precisamos de alguém que seja o Kuririn!". Nerds entenderão.

Outro fato curioso na escrita deste livro foi um erro de comunicação que acabou se tornando um grande acerto. No início, propus que toda a história fosse contada em um só volume grande. Contudo, assim que comecei a narrar a infância de Ruff, notei que só um livro seria pouco. Sugeri que a trama fosse dividida em dois livros, cada um com duas partes. Terminei a primeira parte do primeiro livro e enviei aos editores. Apenas quando falei pessoalmente com Alexandre e Deive descobri que eles achavam que aquilo era um livro inteiro!

Para mim, o livro ainda estava pela metade. Faltava muito para ser contado! Mas, naquele mesmo dia, conversando, nós três chegamos à conclusão de que o que eu tinha pensado como "primeira parte" poderia ser um romance completo. Precisaria de alguns ajustes — principalmente desenvolver melhor algumas partes para tornar a trama mais robusta e redonda. Na metade da conversa, decidimos que *A lenda de Ruff Ghanor* seria uma trilogia.

Colaboração. Mente aberta. Improviso. Lições aprendidas no RPG, que me serviram mais uma vez em minha carreira. Talvez, sem os ensinamentos do RPG, eu não conseguisse trabalhar com editores. Talvez eu considerasse minhas criações perfeitas e irretocáveis. Talvez não soubesse lidar com acidentes de percurso graves (como em *O código élfico)* ou leves (como em *A lenda de Ruff Ghanor*).

O RPG me trouxe incontáveis horas de diversão. Estimulou minha imaginação. Indiretamente, foi responsável por minha carreira. Mas, acima de tudo, tornou-me alguém mais versátil, capaz de lidar melhor com as outras pessoas. Este livro nasceu de sessões de RPG, foi escrito usando métodos aprendidos no RPG. Convido todos os leitores a experimentarem o jogo — vocês vão se sentir um pouco escritores, um pouco atores; um pouco heróis, um pouco vilões.

Quem sabe quantas sagas podem surgir daí — na ficção e na realidade?

Leonel Caldela
Julho de 2014

AGRADECIMENTOS

NÃO SE COMEÇA uma nova saga, em um novo mundo, sem companheiros. Felizmente, não precisei enfrentar esta batalha sozinho. Como ingratos não recebem as bênçãos de São Arnaldo, aqui vai meu agradecimento a quem foi fundamental neste livro.

Obrigado a todo o pessoal do Jovem Nerd, pelo profissionalismo, pela dedicação, pelo bom humor e pela confiança. A Guilherme e Rafael Dei Svaldi, por me darem uma casa desde o começo, e até agora. A J.M. Trevisan, Marcelo Cassaro e Rogerio Saladino, por acreditarem em mim há tanto tempo. A Eduardo Spohr, escritor e grande amigo, sempre com dicas, conselhos e ajuda. Ao prof. Assis Brasil, que me preparou para esta carreira.

Obrigado a Gustavo Brauner, que não me deixa esmorecer. A Lucas Borne, André Rotta e todo o pessoal do RPG, pelas ideias que usei neste livro e nos outros.

Em especial, muito obrigado aos leitores. Aos que estão comigo desde o primeiro romance e aos que chegaram agora. Aos que já entraram em contato pelas redes sociais e a quem ainda não veio conversar. A todos que escrevem em blogs, fazem resenhas, gravam podcasts. Quando falta ânimo, são vocês que me dão força.

É isso. No próximo livro, continuamos a saga de Ruff Ghanor. O melhor ainda está por vir. Até lá!

JOVEMNERD.COM.BR

JAMBOEDITORA.COM.BR